Blue Book
on Development of China's Real Estate Agent-construction Industry

中国房地产代建行业发展蓝皮书

第3版
Third Edition

中指研究院 著

企业管理出版社
ENTERPRISE MANAGEMENT PUBLISHING HOUSE

图书在版编目（CIP）数据

中国房地产代建行业发展蓝皮书 / 中指研究院著 . —
3 版 . -- 北京：企业管理出版社，2025.4.
ISBN 978-7-5164-2247-2

Ⅰ. F299.233

中国国家版本馆 CIP 数据核字第 2025KH1549 号

书　　名：	中国房地产代建行业发展蓝皮书（第3版）
作　　者：	中指研究院
责任编辑：	杨向辉　　尚　尉
书　　号：	ISBN 978-7-5164-2247-2
出版发行：	企业管理出版社
地　　址：	北京市海淀区紫竹院南路17号　　邮编：100048
网　　址：	http://www.emph.cn
电　　话：	编辑部（010）68414643　　发行部（010）68707763
电子信箱：	qiguan1961@163.com
印　　刷：	固安兰星球彩色印刷有限公司
经　　销：	新华书店
规　　格：	170毫米×240毫米　16开本　20.25印张　240千字
版　　次：	2025年3月第1版　2025年3月第1次印刷
定　　价：	98.00元

版权所有　　翻印必究・印装错误　　负责调换

《中国房地产代建行业发展蓝皮书》（第3版）编委会名单

主　　编	莫天全	黄　瑜			
副 主 编	刘　水	高院生	王　琳		
编委会成员	王俊峰	胡　冰	傅林江	蔡戈鸣	顾修铭
	华学严	何　畏	黄宇奘	吕　翼	程　敏
编 辑 部	古　超	陶淑茹	杨　骁	刘雪瑞	丁　晓
	李连成	黄　警	汪　勇	李汶沄	薛建行
	胡佳娜	程　宇	赵玉国	黄　雪	梁波涛
	袁彬彬	石　蕊	牛永勤	薛　晴	张　凯
	高小妹	殷海军	唐　懿	李　嵩	杨　帆

刘洪玉序

《中国房地产代建行业发展蓝皮书》第1版和第2版分别在2017年和2021年初面世时，正值中国房地产市场高潮迭起、发展规模屡创新高的年代，代建作为一个创新性业务总体上处于探索发展阶段，大型综合性房地产企业的代建业务对其经营业绩的贡献还没有达到被重视和关注的程度。

从2021年国家实施房地产金融审慎管理制度开始，以高负债、高杠杆、高周转为主要标志的传统房地产发展模式难以为继。面对房地产行业发展的新环境，尤其是房地产市场供求关系发生重大变化的新形势，探索新的发展模式、加快构建房地产发展新模式，成为近年房地产行业的重要任务。在这个大背景下，越来越多的房地产企业响应政府号召，顺应行业发展趋势，开始实施轻重并举的发展策略，以增强企业风险抵御能力，提高企业财务韧性和可持续发展能力，并以此作为向新发展模式过渡的重要发展方向。代建正是满足这些转型发展需求的商业模式，使得代建业务从战略上得到了高度的重视。

代建的本质是第三方房地产开发服务，是典型的轻资产业务。大型综合性房地产企业提供的代建服务，可以通过为客户提供创造性、专业化的解决方案，来提升项目投资、设计、建造、运营管理、租赁和证券化等环节的价值。代建也是用企业最好的人员、流程和技术服务，以及与承包商、供应商、渠道和销售商等建立的牢固而长期的关系，为客户提供高质量、按时、按预算、高附加值的第三方服务。

经过近4年的发展，代建行业又取得了长足的发展。一是随着代建业务在公司营业收入尤其是净利润中贡献度的提升，代建业务在大型综合性房企的战略地位显著提高；二是为满足代建需求，代建模式与时俱进不断丰富，如结合债务重组、保交房等工作出现的纾困代建就进一步丰富了资本代建的内涵；三是随着越来越多的房企涉足代建业务，市场竞争日趋激烈，品牌化、专业化、特色化等成为影响代建企业竞争力的关键因素，决定着代建企业的生存发展和优胜劣汰；四是又涌现出一大批优秀的代建企业和优秀代建项目案例，其经营模式和经营实践可为行业提供有益借鉴。

2025年是努力实现房地产市场止跌回稳、开启房地产发展新时代的关键之年，房地产代建业务也将迎来新的发展机遇。从国际大型综合性房地产企业发展的经验来看，随着房地产开发投资来源结构的变化，自有资金、债务资金越来越多地被直接投资资金所取代，代建尤其是资本代建的需求将大幅增加，代建模式也在不断发展变化。本书以"十五五"为基准时段，结合房地产市场发展新形势，预判房地产代建规模变化，剖析存在的结构性机遇，总结代建企业经营新现象，分析代建企业经营发展趋势，有关结论可以为代建企业制定发展策略提供参考借鉴。

此外，第3版蓝皮书还补充了代建发展新数据，完善了优秀代建企业新实践，及时全面地反映了代建行业发展新变化、分析了代建业务发展的新趋势。非常感谢本书编委会和一线研究人员的艰苦努力和长期坚持，感谢代建企业无私地分享其宝贵经验。相信本书对房地产代建行业持续健康发展，对加快构建房地产新发展模式，都能起到一定的促进作用。

2025年1月16日 于清华大学

刘洪玉，清华大学建设管理系长聘教授、房地产研究所所长，清华大学学位评定委员会委员、土木工程学位评定分委员会主席，清华大学国家治理与全球治理研究院兼职研究员。兼任住建部科学技术委员会住房和房地产专业委员会副主任委员，中国房地产估价师和房地产经纪人学会学术专业委员会主任委员，亚洲房地产学会（前会长）、世界华人不动产学会（GCREC）常务理事，香港大学荣誉教授等。曾主持国家自然科学基金、国家社科基金等数十项纵向科研课题，曾获国家级优秀教学成果奖、北京市科技进步奖和优秀教学成果奖、华夏建筑科技奖。享受国务院特殊津贴专家。主要研究领域：房地产经济学、房地产金融与投资、住房政策和土地管理。

陈小洪序

很高兴有机会为《中国房地产代建行业发展蓝皮书》(第3版)作序,利用作序的机会讲几点看法。

第一,以蓝皮书形式发表研究房地产代建行业(简称"代建行业")的成果很有意义。要成为蓝皮书的研究对象,研究的行业通常必须有足够的重要性。房地产代建行业就是这样的行业。这些年来代建行业发展很快,按本书的估计,可能已经占到房地产业10%左右的规模。目前,代建行业已经是主要房地产企业重要的战略性业务。本书中的几个房地产头部企业,代建规模已经占到企业规模的10%左右甚至更高的比例。而且作为轻资产服务性的房地产业务,作为轻重资产业务发展并举的基本组成部分,较长时间内对房地产业及企业的发展都会很重要。同时,解决好房地产业从高速增长向平稳低速发展的转型及由此带来的经济社会问题,房地产公司发展代建业务,不仅有利于房地产业的转型,而且对中国经济发展模式的转型,及解决中央及各地政府都很关心的房地产业结构调整与相应的资产债务关系的调整都有重要意义。

第二,本书的内容全面丰富。与第2版比较,行业背景分析方面增加了房地产新发展模式的分析内容。发展状况方面,增加了近几年规模数据,完善了评价方法体系;更新了案例,突出介绍了近几年的创新经营模式及优秀项目案例及其实践,供行业借鉴参考;介绍了国际经验,指出在发达市场经济国家,代建行业是房地产业发展的基本形态,这些研究成果对参考国际经验、分析中国房地产业的发展趋势有重要参考价值。这些内容以"十五五"为基准时段,结合房地产市场发展新形势,预判了未来几年代建规模及代建企业经营发展趋势。

第三，理论探讨与实践结合，探讨房地产代建行业发展的基本规律，帮助我们理解代建行业发展的战略关键。本书第 2 版从规模化发展、市场变化和政策影响三个方面说明影响房地产代建行业发展的主要驱动因素。第 3 版则用理论概念及模式研究分析、更丰富的数据及案例进一步讨论了影响房地产代建行业发展的主要驱动因素，同时用企业实践说明了这些因素如何影响企业的战略演进、创新及其实践。让我们更深刻地认识房地产代建行业的发展规律：本质上代建行业或者说代建业务的发展，靠的是房地产企业特有的专业化能力，基础是房地产业的规模化发展和中国房地产企业专业能力的形成及成长。微观层面看是领先房地产企业的客户理解能力及专业化的综合服务能力，客户理解和针对性的解决方案设计提供能力。覆盖从设计到工程及服务管理的综合性技术能力，及以前述能力为基础的品牌力，是这些企业代建业务成功发展的关键。

商业、资本、政府三种代建类型主要客户的识别及开发，是代建行业发展市场侧的主要驱动因素。金融客户能够成为代建行业的主要客户的事实告诉我们，房地产有投资价值。与过去指望房价会一直上升导致房地产企业及投资者行为扭曲的情况不同，目前的房地产金融投资的模式已经发生根本性的转变，即视房地产投资为稳定增长型投资。投资能够稳定增长，靠房地产本身具有的合理的刚需，靠房地产代建企业的专业化能力。房地产与技术贬值可能性大的资产不同，是同时具有投资属性和实用属性的资产或者说商品。认识房地产业资产性质的本质及其演进规律，对我们认识房地产代建行业的发展规律有重要意义。

第四，优秀企业案例为我们借鉴经验提供了很好的参考。蓝皮书重点介绍了九个企业及其代表性项目的经验。案例反映了成功代建企业的发展共性：都有较好的房地产业的发展基础及相应的能力，战略远见十分重要，以已有能力为基础针对代建业务的特殊性通过适应性开发形成综合性的代建服务能力。天时地利人和十分重要，如抓住房地产业必须结构调整的大势，抓住各级政府关心的烂尾楼问题的解决需求顺势而上获得成功发展等。同时看到每个企业的发展战略及实践都有所不同，企业都是根据自己的因素、条件及环境制定实施符合企业实际的发展战略。学习借鉴他人经验，走自己的路，企业才能成功发展。

此书可以作为行业研究参考书，一书在手，可以俯瞰全貌；作为专业案例，供房地产企业、有关的咨询机构、金融机构和教学研究机构的专业人士参考；作为进一步深入研究的入门书，本书提出了许多需要进一步研究的问题。本书值得关心房地产代建行业及房地产业发展的企业、政府部门及研究机构阅读。

是为序。

2025 年 1 月 12 日

陈小洪，国务院发展研究中心原企业研究所所长、研究员，工业和信息产业部信息通信经济专家委员会理事。1982 年 1 月、1984 年 12 月于华中工学院（现华中科技大学）分别获学士、硕士学位。1985 年 5 月进入国务院发展研究中心，在中心技术经济研究部、企业经济研究部、企业研究所工作；先后任副处级研究员、副研究员、研究员，及室主任、副部长、副所长，2000 年 11 月至 2011 年 4 月任企业研究所所长。主要研究领域为企业经济、产业经济和有关政策;2 次获中国孙冶方经济学奖。

目 录
Contents

前言 ·· 001

第一章　中国房地产市场专业化发展历程 ················ 001

第一节　"98房改"开启市场化、规模化之路 ················ 003
第二节　房地产高速增长，品牌房企初现 ······················ 010
第三节　货币宽松期，土地增值向开发增值转变 ············ 017
第四节　白银时代专业化诉求提升，房企纷纷谋求多元转型 ··· 022
第五节　提出"房住不炒"定位，行业进入高质量阶段 ··· 031
第六节　探索新发展模式，代建成为重要发力点 ············ 043

第二章　中国房地产代建起源与演变 ························ 057

第一节　房地产代建的起源 ·· 057
第二节　代建制度正式推出，政府代建成为主流 ············ 067
第三节　中小房企寻求产品增值，商业代建蓬勃发展 ······ 094

第四节　资本代建形式多样，企业不断持续探索 …… 107

第三章　中国房地产代建发展运行和竞争格局分析 …… 115

第一节　代建规模高企，市场集中度较高 …… 115
第二节　代建企业构建特色竞争力 …… 122
第三节　专业力分析 …… 128
第四节　品牌力分析 …… 141
第五节　服务力分析 …… 143
第六节　资源力分析 …… 147
第七节　创新力分析 …… 150

第四章　中国房地产典型代建企业及项目案例 …… 155

第一节　典型企业及项目案例分析 …… 155
第二节　绿城管理：中国房地产轻资产开发模式的先行者与引领者 …… 158
第三节　中原建业：五大核心优势驱动轻资产创新发展 …… 180
第四节　蓝城集团：营造精品住宅，引领美好生活 …… 188
第五节　金地管理：产品力、经营力和服务力协同创造价值 …… 198
第六节　龙湖龙智造：以龙湖智慧智造未来城市 …… 209
第七节　中天美好·光影管理："1+N"服务体系赢双业主信赖 …… 220
第八节　腾云筑科：科技服务力引领代建新模式 …… 229
第九节　凤凰智拓：全产业链赋能一站式服务 …… 238
第十节　璀璨管理：只做精品的非典型代建之路 …… 243

第五章　海外房企转型及代建模式研究 …… 252

第一节　海外房企转型研究 …… 253
第二节　美国房地产代建模式 …… 265
第三节　英国房地产代建模式 …… 271
第四节　德国房地产代建模式 …… 274
第五节　新加坡房地产代建模式 …… 278
第六节　日本代建模式 …… 282
第七节　香港地区房地产代建模式 …… 286

第六章　房地产代建发展趋势及风险 …… 290

第一节　代建市场规模及趋势分析 …… 290
第二节　房地产代建的问题与痛点 …… 296
第三节　房地产代建行业风险与防范 …… 297

参考文献 …… 303

前　言

2021年12月召开的中央经济工作会议首次提出，房地产探索新的发展模式。2024年7月党的二十届三中全会正式通过的《中共中央关于进一步全面深化改革、推进中国式现代化的决定》指出，加快构建房地产发展新模式。近几年，我国房地产市场发生深度调整，市场规模明显下降，企业竞争格局重构，行业发展重塑。目前，我国房地产发展进入新阶段，房地产在加快构建新发展模式，代建作为新发展模式的重要方向受到行业关注，百余家房地产企业涉足代建。近几年房地产代建发展呈现出鲜明的新特征，比如行业集中度有所下降，企业规模分布呈现"长尾效应"，代建发展趋势方面表现为战略化、品牌化、专业化和特色化。为及时总结房地产代建发展的新特征和新趋势，为助力房地产加快构建新发展模式，我们对《中国房地产代建行业发展蓝皮书》(第2版)进行修订和完善。

《中国房地产代建行业发展蓝皮书》(第3版)修订内容主要体现在以下方面。

第一，行业背景分析方面，加入房地产新发展模式相关分析内容。近几年政策指出构建房地产发展新模式，典型企业响应政策号召，顺应行业发展趋势，实施轻重并举策略探索新模式，代建是新发展模式的重要方向。

第二，房地产代建发展状况方面，增加近几年规模数据，完善评价方法体系。首先，精细梳理代建模式分类，如近几年出现纾困代建，将丰富资本代建的内涵，使代建的分类和内涵与时俱进，体现行业的新变化。其次，补充近几年代建规模变化数据，分析代建竞争格局。再者，完善升级评价代建企业竞争力方法体系，通过详细调研，构建了评价代建企业综合竞争力的"五力"模型，在此架构下分析代建企业经营特征。

第三，代建企业案例方面，对代建企业案例进行更新。选取优秀代建企业，梳理代建企业发展状况如管理规模、业务城市布局、经营特征、核心优势等，突出近几年的创新经营模式及优秀项目案例，特别是优秀代建企业的经营实践，可供行业借鉴参考。

第四，房地产代建发展趋势方面，预判未来几年代建规模及代建企业经营发展趋势。以"十五五"为基准时段，结合房地产市场发展新形势，预判房地产代建规模变化，剖析存在的结构性机遇，总结代建企业经营新现象，分析代建企业经营发展趋势。

总之，结合房地产发展新形势，本次修订将主要补充代建发展新数据，完善优秀代建企业新实践，分析房地产代建发展新趋势，进而全面、及时反映代建行业发展新变化，供行业参考借鉴，以促进房地产代建行业健康、快速发展，促进我国房地产加快构建新发展模式。

2025年是我国"十四五"的收官之年，亦是本书的付梓之年。"十四五"期间，我国房地产市场经历了较大波动，但是房地产行业作为我国宏观经济的重要组成部分不会改变，房地产仍有较大发展潜力。我国房地产发展进入新阶段，房地产行业在加快构建新发展模式，房地产代建作为新发展模式的重要方向，在这一过程中，亦将发挥着较大的积极作用，更多优秀的房地产代建企业也必将为行业构建新发展模式作出巨大贡献！

本书第3版修订撰写历经几个月，数十人参与，编辑部成员和相关工作人员付出了很多辛劳和汗水。特别是在企业案例撰写过程中，绿城管理、中原建业、蓝城集团、金地管理、龙湖龙智造、中天美好集团、腾云筑科、凤凰智拓、璀璨管理等优秀的代建企业不吝提供了大量的企业信息和项目资料，分享了企业在代建业务实践中取得的成功经验及对未来代建行业的期许。在此，我们代表编委会对为本书付出的各位同事、企业、专家顾问表示诚挚的感谢！由于时间紧张，不当之处，敬请批评指正。

编 者

2025年1月

第一章

中国房地产市场专业化发展历程

中国房地产市场始于1998年房改。中国房地产市场在20多年时间里，历经世界金融危机冲击、数次政府调控，在经济增长、城镇化等内外因素的推动之下，市场经历了多次起伏，房地产市场渐趋成熟。由于宏观经济环境、货币政策与政府调控政策的变化，房地产市场的量价表现出明显阶段性特征，同时在不同的市场背景之下，房地产企业的竞争格局及行业特征都在发生变化。据此，本书将中国1998年至今的房地产市场划分为以下六个阶段（图1-1）。

第一阶段	第二阶段	第三阶段	第四阶段	第五阶段	第六阶段
市场化初期（1998—2003年）	快速发展期（2004—2008年）	调整发展期（2009—2013年）	转型变革期（2014—2016年）	高质量发展期（2017—2020年）	探索新发展模式期（2021年至今）
● 1998年房改从制度上确立市场化之路 ● 市场化初期，需求集中爆发，市场供不应求	● 住房需求迸发，行业发展迎来"黄金十年" ● 房企进入快速资本化时代，企业分化开始显现	● 市场供需两旺，与政策调控博弈加剧 ● "地王"潮压缩利润空间，房企开发愈加精细化，品牌意识更浓	● 政策先松后紧，市场量价再创新高 ● 行业整合加剧，进入细分与专业化时代，房企谋求多元化转型	● 中央坚持"房住不炒"基调，各地因城施策 ● 市场回归理性，房企更加注重经营效率和质量	● 行业进入深度调整期，供需两端走弱，可售面积处于高位 ● 代建迎来发展机遇，房企纷纷成立代建平台，竞争加剧

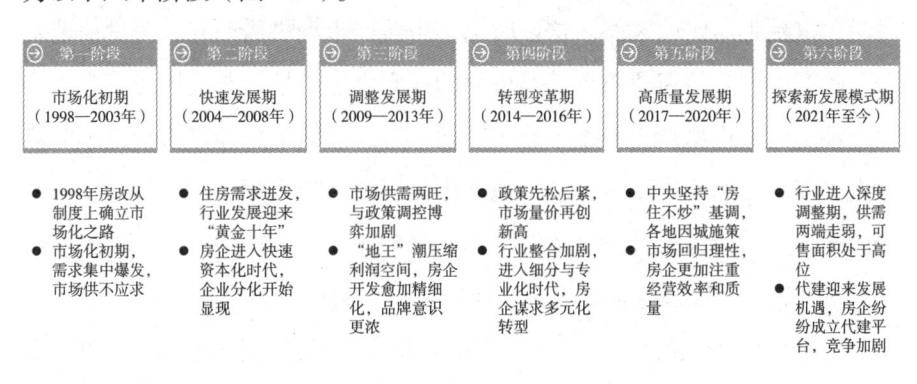

图 1-1　1998年至今中国房地产发展六个阶段

市场化初期（1998—2003年）：以1998年房改为标志，中国福利分房时代正式终结，开启了房地产市场化的发展进程。市场在房改之前量价波动较大，2001年左右开始迅速趋势性攀升。2001—2003年，销售增速保持在23%左右，投资情绪高涨，北京、上海等城市房价迅速攀升，仅2003年，北京、上海的新房价格指数同比涨幅分别达到了9.6%和27.1%。

快速发展期（2004—2008年）：中国房地产市场进入第一轮快速上涨周期，房企资本化与分化显现。2004年开始，房地产业发展迎来"黄金十年"，房地产开发投资年平均增速高达25.2%。房价也进入快速上涨周期，2004—2008年，深圳城市综合指数累计涨幅88.8%。北京、天津房价涨幅均超过70%，其中2007年北京、上海的新建住宅价格突破10000元/平方米。2004年的"831大限"后，土地与市场的关系更为紧密，也加剧了行业对资本的渴求，推动房企进入快速资本化时代，内地房企掀起一轮赴港上市热潮。A股上市房企则通过增资扩股迅速扩张，资金实力的差异导致房企分化开始显现。此阶段，经济高速增长、城镇化快速推进，房地产投资热潮方兴未艾，共同带动了住房市场的旺盛。

调整发展期（2009—2013年）：政府调控政策密集出台，城市格局逐步分化，市场供求结构持续调整。2009年，为应对世界金融危机冲击，国家出台经济刺激计划，大量资金进入房地产市场，国内房地产投资被迅速激活，重新走向扩张之路。这段时期，房地产市场供需两旺，房价快速上涨，政府调控政策密集出台，与市场的博弈更加频繁。与此同时，中国房地产市场的城市格局也发生了较大变化，一二线城市房地产市场供不应求突出，部分三四线中小城市的房地产市场开工面积大幅攀升，供过于求开始隐现。这一阶段，伴随地价开始明显攀升，尤其2010年和2013年出现的两次"地王"潮，致使行业成本快速提高，利润空间受到挤压。

转型变革期（2014—2016年）：调控政策先松后紧，市场量价创新高，竞争向规模化与专业化转变，市场集中度明显提高，白银时代来临成为共识。2014年，市场分化加剧，市场集中度进一步提升，但房地产经过上一轮的快速扩张后，供求结构发生改变。同时，房地产资本化已由投资端转向需求端，加速了中国房地产市场迈入细分与专业化时代，品牌房企的优势再度叠加，并为专业能力薄弱的开发商带来了巨大的竞争压力，房企纷纷谋求转型升级。

高质量发展期（2017—2020年）：中央坚持"房住不炒"基调，各地因城施策，房地产金融监管持续从严，相比之前更加注重供给端调控机制的建立。在此背景下，房地产市场量价回归平稳，土地市场也逐步降温，房地产行业进入高质量发展时期。在居民债务及调控政策约束下，行业告别过去以追求规模为首要目标的粗放式发展阶段，更加注重从品牌、产品、融资、营销等环节精益求精提升企业综合实力，房地产行业正式进入以"管理红利"为制胜优势的全新发展阶段。

探索新发展模式期（2021年至今）：2021年以来，受到国内外多重因素影响，房地产行业进入深度调整阶段，市场呈现出调整态势，供需两端均走弱，可售面积处于高位。房地产企业风险不断暴露，行业优胜劣汰加剧，竞争格局发生重大变化，央国企优势地位与城投公司托底作用凸显。整体来看，房地产行业亟需探索新发展模式，转变发展理念。代建业务因其具有轻资产、高盈利、抗周期等良好特征而迎来发展机遇，多家品牌房企纷纷成立各自的代建平台公司，行业竞争日趋激烈。

第一节　"98房改"开启市场化、规模化之路

始于1998年的房改，使中国正式进入商品房时代。此时市场刚刚起步，前期累积多年的需求得以暴发，加之房贷政策调整，房地产整体呈现供不应求的状态，市场规模得到快速增长，同时价格水平稳步攀升，国务院于2003年确立了房地产的国民经济支柱产业地位。1998—2003年商品房销售面积同比增速均值为24.7%，持续

呈现高速增长之势（见图1-2）。在宽松的货币政策环境下，大量的民营房地产企业开始焕发活力，房地产市场由国资企业统领的局面得到扭转。但此时的房地产企业多数发展时间不长，行业集中度偏低，追求规模化经营成为这一阶段房地产开发企业的核心诉求。

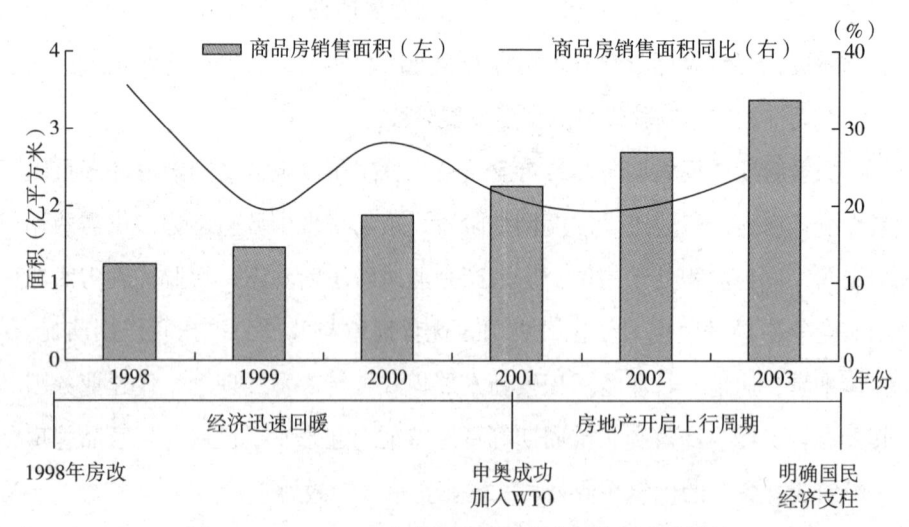

图 1-2　1998—2003 年全国商品房销售面积及同比增速

数据来源：国家统计局，CREIS 中指数据，fdc.fang.com

一、"98 房改"从制度上确立房地产市场化之路

1996 年和 1997 年房地产全行业亏损，大量房地产企业陷入资金困境。国民经济内外交困，央行开始频频降息以刺激投资，同时中央层面开始加速推动住房制度改革，意图通过住房消费拉动内需、提高经济增长。1998 年，国务院公布《国务院关于进一步深化城镇住房制度改革加快住房建设的通知》(国发 [1998]23 号)，正式宣告福利分房制度终结和新的住房制度改革开始。

房改的落地正式开启了以"取消福利分房，实现居民住宅货币化"为核心的住房制度改革，"市场化"正式成为住房建设的主题词。房改之后，房地产投资增速由1997年的-1.2%升至1998年的13.7%，并持续高速增长。1998年房改成为中国房地产市场化的分水岭，房地产投资的高增长带动固定资产投资增速趋势性攀升，房地产业对经济增长的作用持续提升，2003年国务院18号文件将房地产业定位为"国民经济支柱产业"，由此推动了经济的快速增长（见图1-3）。

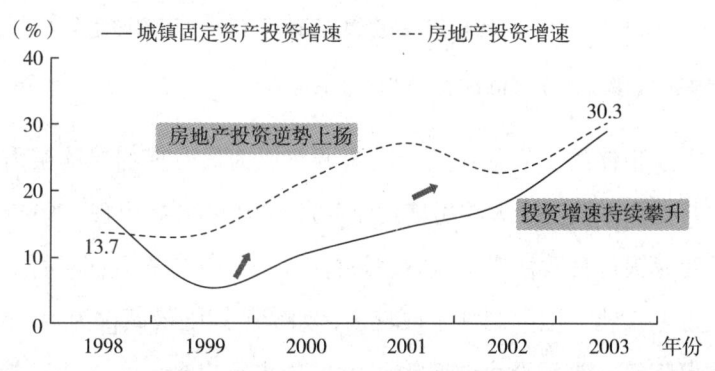

图1-3 1998—2003年我国固定资产投资和房地产开发投资额增速走势

数据来源：国家统计局，CREIS中指数据，fdc.fang.com

二、市场运行环境明显改善

房改明显改善了房地产市场运行环境，过去多年累积的住房需求集中爆发。从数据来看，房改前夕的突击建房分房使得1998年商品房销售面积同比增速一度高达35.2%，1998—2003年商品房销售面积同比增速均值为24.7%，持续呈现高速增长之势。同期商品房新开工面积增速几乎同步于销售面积增速走势，在1998年增速达到45.3%的历史高位（图1-4）。

图 1-4　1995—2004年商品房销售面积及新开工面积增速走势

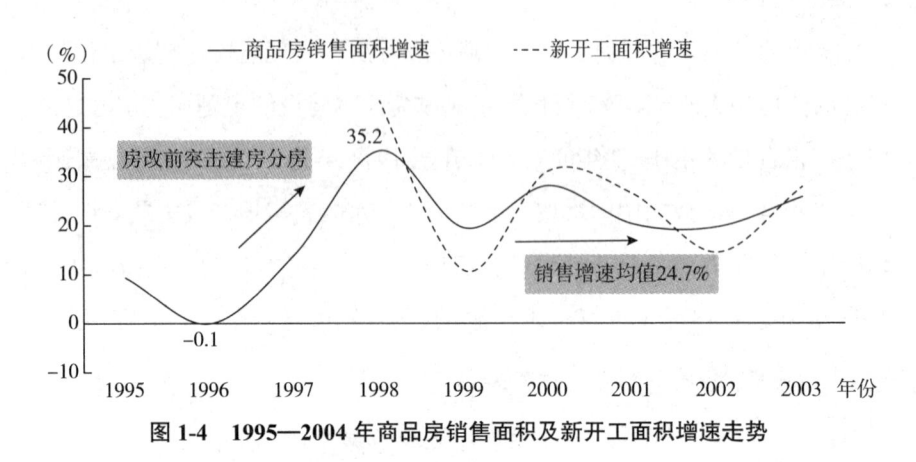

数据来源：国家统计局，CREIS中指数据，fdc.fang.com。

与房改相伴的个人住房信贷政策调整成为该时期居民购买力快速释放的重要支撑。我国个人住房信贷业务自1991年开始出现，1995年央行颁布《商业银行自营住房贷款管理暂行办法》，标志着我国银行商业性住房贷款走上正轨，但限制性条件较多，如贷款期限最高仅为10年，需提供双重保障等。为配合房改政策，1998年央行出台《个人住房贷款管理办法》，所有城镇、所有银行均可开展个人住房贷款，居民可用贷款购买所有自用商品住房。政策的实施刺激了住房贷款的大幅增长，1998年个人住房贷款较上年增加了324亿元。1999年央行下发《关于鼓励消费贷款的若干意见》，首付比例降低为两成，最长贷款期限由20年延长至30年，当年个人住房贷款增加了858亿元。2003年由于市场投资过热，央行信贷政策对开发贷和个人住房贷款均作了相关限制，其中个人住房贷款对大户型、高档住宅、别墅等项目的首付款比例和贷款利率做了相应限制（图1-5）。总体来看，在国内房地产市场化初期，个人住房贷款逐步走进了人们的生活视野，通过消费信贷杠杆提升了购买力水平，激发了旺盛的居住需求。

1991年	1995年	1998年	1999年	2003年
建行、工行成立房地产信贷部，办理个人住房信贷业务	我国银行商业性住房贷款走上正轨，但限制性条件多	诸多住房贷款限制取消，商业住房贷款快速增长	首付降低为两成，贷款期限延长至30年	央行开始适度收紧开发贷和个人住房贷款

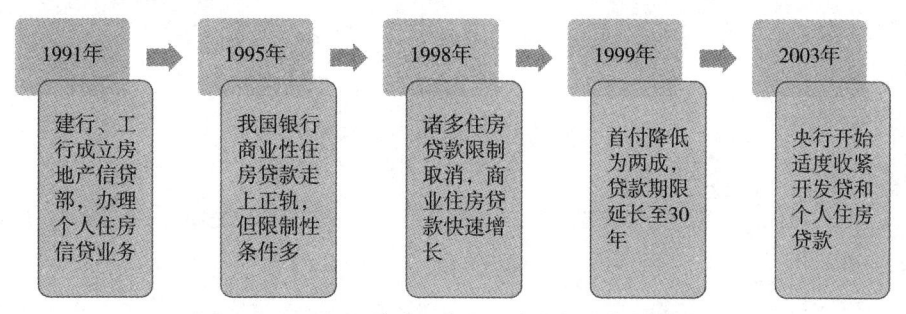

图1-5　2004年之前我国个人住房贷款政策变迁历程

三、房改三年后房价指数迎来首轮上涨

在房地产市场化初期，绝大多数城市房地产市场尚处于起步阶段，整体规模有限，北京、上海、天津、武汉等城市市场基本反映了全国市场状况。单就房价而言，从中国房地产指数系统中两个核心城市北京、上海的指数运行来看，这一阶段两城市的房价指数变化趋势基本相同：在房改后的三年内，政策变化对房价影响效果一般，但三年之后房价迎来了市场化后的首轮快速上升。

北京新建住房价格指数在1996—2002年间总体保持平稳，且稳中有升，之后指数迅速攀升，2002—2004年两年时间，指数累计增长22%。上海房价在1998年受金融危机影响同比降幅达到11.5%，2001年起开始显著上涨，2001—2004年三年期间，指数累计增长82%。特别是受2001年北京申奥成功、中国加入WTO等事件影响，市场投资情绪高涨，以温州炒房团为代表的投资客加速涌入热点城市，北京、上海等城市房价迅速攀升，2003年，北京、上海的房价同比涨幅分别达到了9.6%和27.1%（图1-6）。

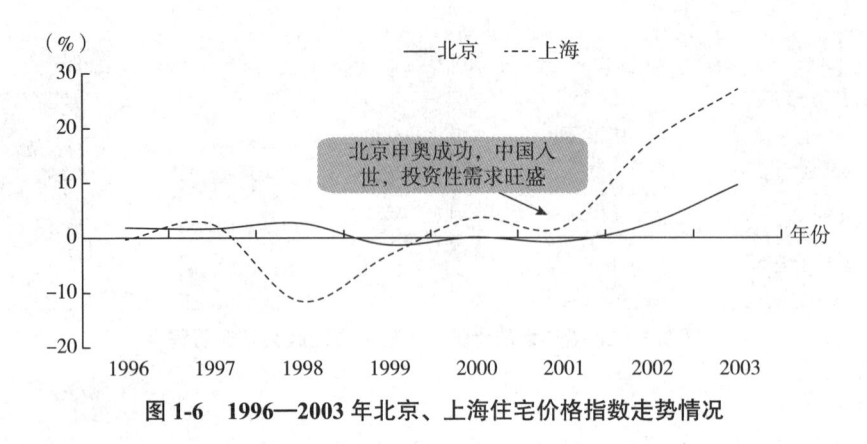

图 1-6　1996—2003 年北京、上海住宅价格指数走势情况

数据来源：CREIS 中指数据，fdc.fang.com

四、房企数量快速增长，优秀企业崭露头角

"房地产特别是住宅产业既是城市化创造出来的巨大需求和市场的受益者，又是城市化进程强有力的推动者、建设者和美容师"。1998 年房改确立了住宅货币化路径，城镇居民从福利分房开始进入商品房时代。在宽松的货币政策环境下，大量的民营房地产企业开始焕发活力，房地产市场由国资企业统领的局面得到扭转。房地产开发商的数量快速膨胀，由 1990 年的 4400 家增加到 2003 年的近 37123 家，从业人数由 14 万人增加到 120 万余人。

这一阶段，我国房地产企业良莠不齐，多数企业发展时间不长，行业集中度偏低，追求规模化经营成为这一阶段房地产开发企业的核心诉求和趋势。最为典型的万科，集中资源发展房产业务，并通过专业化经营进行跨区域房地产开发。同期，在业内具有一定的跨区域发展规模和市场影响力的企业还包括中海、华新国际、香港新世界等。除此之外，华润置地、万通、金地等多数企业仍以区域性发展为主。

尽管在市场化起步阶段，多数开发商依靠粗放的发展方式进行扩张，但企业的开发能力已与福利分房时期有明显的提高，在房屋设计和质量上开始有所作为，更加符合宜居特点和人文品位的商品房小区开始出现。从20世纪90年代的筒子楼到单元房，再到后来的多层、小高层、洋房、别墅等，中国人的居住水平发生了质的改变和飞跃（图1-7）。

筒子楼外观	走廊生活	单元房外观
小客厅风格	多层楼房外观	大客厅风格

图 1-7 居住水平的变迁

筒子楼中，多数家庭都是一居多用，厨卧客一体。厨房、卫生间多为公用，生活环境嘈杂不便。20世纪90年代末期，随着棚户区拆迁改造的推进，多数城镇家庭住上单元房。尽管户型设计仿苏式，偏紧凑，小客厅，但卫生间、厨房基本告别排队时代，居住水平上了一个台阶。市场化后出现的客厅偏大、南北通透的多层楼房使得居住体验更为舒适。

总体来看，这一阶段的房地产企业整体规模实力与当期的中国香港、美国等大型开发商在规模性和专业性方面都存在很大的差距，即使作为当时业内规模最大的万科，2003年销售额仅61亿元，净利润不足6亿元。

第二节 房地产高速增长，品牌房企初现

> 始于2004年"831大限"，全国推行经营性用地"招拍挂"制度，中国房地产进入全面发展的新阶段。这一阶段中，中国经济高速增长，城镇化稳步推进，房地产市场快速扩张，行业迎来黄金发展期，政府也于此阶段开始应用调控手段以抑制投资和房价过快上涨，但在城市快速发展的带动下，房地产市场仍保持着高速增长。此时房地产投资热度提升也加剧了行业对资本的渴求，推动房企进入快速资本化时代，资金实力的差异导致房企分化开始显现。经过一段时间的市场化和专业化磨炼，品牌房企开始诞生。

一、经济高增长和城镇化带动，行业发展迎来"黄金十年"

2004年全面推行土地"招拍挂"制度，规范了土地市场交易，并一定程度上抑制了过去"炒地皮"的行为，更多真正以开发为目的的企业进入市场，标志着中国房地产行业进入了全面发展的阶段。

2004—2008年为中国经济高速增长期，一方面，GDP年平均增速为11.6%，其中2007年GDP增速14.2%，为近20年最高；另一方面，国内城镇化战略加速推进，尤其2006年、2007年，我国城镇化率分别增长了1.4和1.6个百分点。在此背景下，2004—2008年房地产开发投资额年平

均增速高达25.2%，延续之前高速增长态势。进入2008年，金融危机爆发导致国内经济下行，GDP增速由2007年的14.2%骤然下降至2008年的9.6%，降幅高达4.6个百分点，同期房地产销售面积增速降至15%（图1-8）。但房地产开发投资增速并没有出现明显下滑态势，并且从2004—2013年整体看来，房地产开发投资额保持20%以上的年均增速，堪称国内房地产行业发展的"黄金十年"（图1-9）。

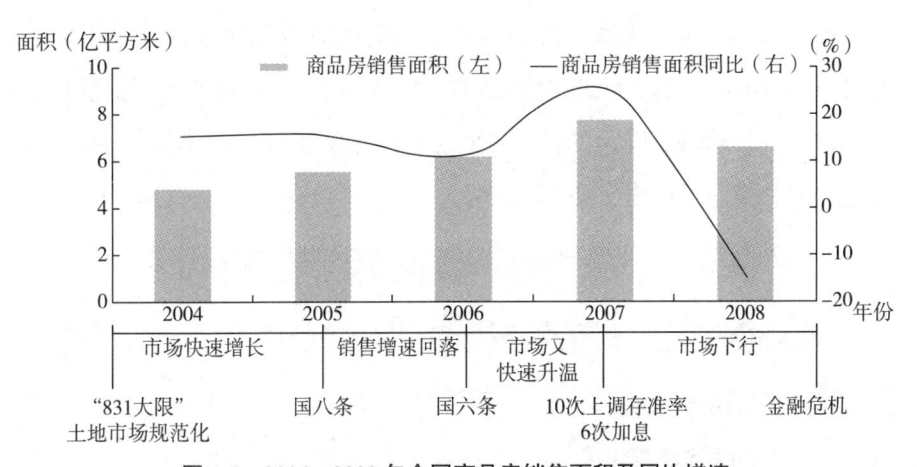

图1-8　2004—2008年全国商品房销售面积及同比增速

数据来源：国家统计局，CREIS中指数据，fdc.fang.com

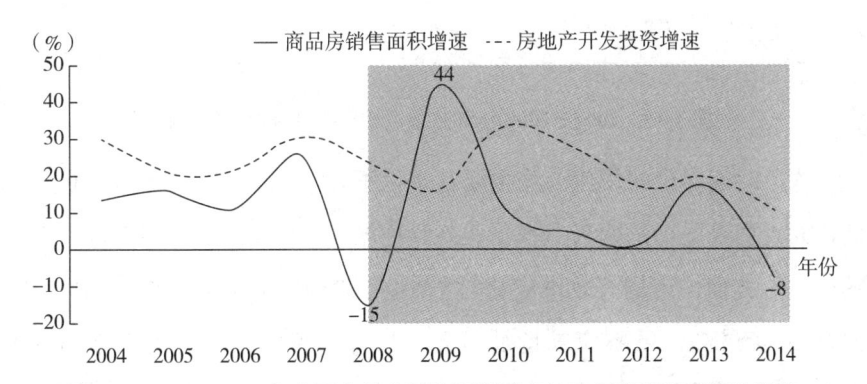

图1-9　2004—2014年全国商品房销售面积及房地产开发投资额同比增速

数据来源：CREIS中指数据，fdc.fang.com

二、多数城市价格指数普涨

2004—2008年期间，多数城市房价过快上涨，北京、上海房价破万元。中国房地产指数系统重点监测城市数据显示：深圳城市综合指数累计涨幅最高为88.8%，北京、天津累计涨幅均超70%，广州、上海超40%（图1-10），而且北京、上海新建住宅价格于2007年先后突破10000元/平方米。杭州、成都表现较为平稳，而南京波动较大，综合指数由2005年的1089点骤降为2006年的877点，主要因为政策调控下低价盘大量入市以及周边城市降价的影响，但之后筑底反弹回升，城市综合指数在旺盛的需求带动下迅速恢复上涨态势。

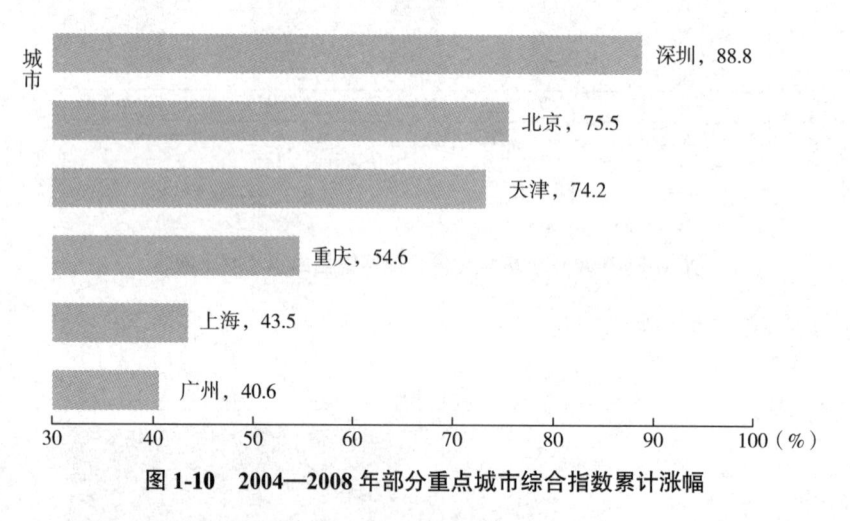

图1-10　2004—2008年部分重点城市综合指数累计涨幅

这段时期房价的快速上涨主要基于以下几个原因：一方面经济的高速增长大大提升居民的购买力水平，并且在城镇化带动下，市场需求十分旺盛；另一方面，市场有效供应相对不足，2005年商品房销售开工比0.82，为近20年最高，供不应求特征显著；另外，"831大限"后土地出让制度市场化，地价的变化在一定程度上开始影响房价的走势，以北京为例，2004—2008年，北京住宅用地成交楼面均价累计上涨98%，同期北京住宅价格指数亦累计上涨100%（图1-11，图1-12）。

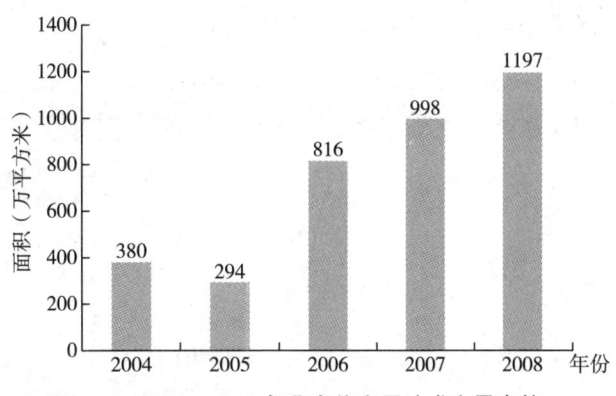

图 1-11　2004—2008 年北京住宅用地成交量走势

数据来源：CREIS 中指数据，fdc.fang.com

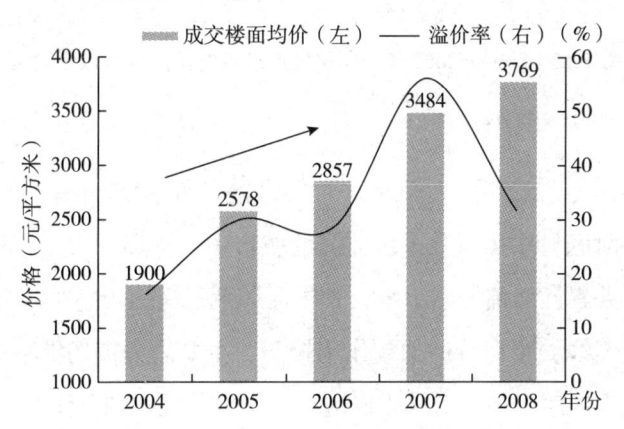

图 1-12　2004—2008 年北京住宅成交楼面价与溢价率

数据来源：CREIS 中指数据，fdc.fang.com

三、房价过快上涨、投资过热引发行政干预

2003—2004 年房地产投资过热态势引起中央的格外重视，高房价问题也一时成为社会舆论焦点。2005 年的"国八条"，对房价的调控力度空前，但在供不应求的市场特征下，政策整体效果有限。中央于 2006 年又推出"国六条"，重在调整住房供应结构，重点发展中低价位、中小套型普通商

品住房、经济适用住房和廉租住房（图1-13）。

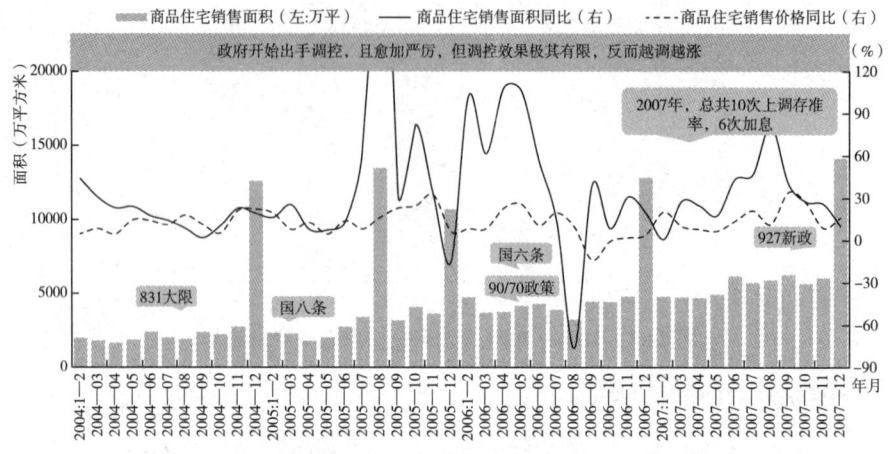

图1-13　2004—2007年中国房地产市场量价走势与政策变化

数据来源：CREIS中指数据，fdc.fang.com

在"国八条"之后，"国六条"出台前，即2005年4月至2006年5月一年多的时间，中房指数系统监测的城市中，深圳、天津、武汉、广州住宅价格指数累计涨幅均超20%，其中深圳更是高达45.3%。"国八条"对一线及热点二线城市房价的抑制作用较弱，主要因为市场供不应求，保障房供应又较为迟滞，住房需求难以满足，导致宏观调控整体效果一般。

"国八条"和"国六条"政策相继出台，房价却呈现"越调越涨"态势。央行于2007年先后10次上调存准率，6次上调基准利率均为楼市降温起到一定作用。同年8月1日，《国务院关于解决城市低收入家庭住房困难的若干意见》（即24号文）通过，被视为是房地产改革思路的根本转变。房改10年反思之后，"保障性住房"被提到了前所未有的高度，"重市场轻保障"的住房模式得到一定程度转变。2007年9月27日，央行和银监会发布了《关于加强商业性房地产信贷管理的通知》（简称"927新政"），对房地产开发贷款、土地储备贷款、住房消费贷款、商业用房购房贷款、房地产信贷征信制度等做了全面规定。自此，企业开发贷收紧，个人住房贷款受限，二套房首付比例提高和贷款利率上浮。政府通过信贷手段遏制投资投机性需求意图明显，但由于供求矛盾依然没有解决，北京、上海等热点城市房价指数依然继续上涨（图1-14）。

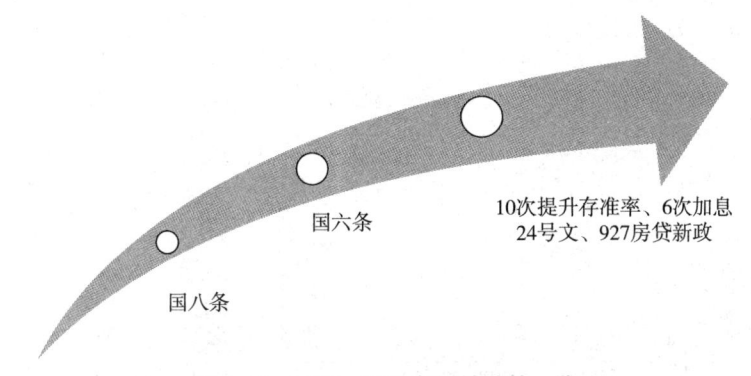

图 1-14　2005—2007 年调控政策一览

数据来源：中指研究院综合整理。

四、资本化力量推动房企迅速扩展经营规模

市场化后房地产市场发展空间广阔，房企也开始扩张之路，而土地招拍挂制度对企业的资金要求进一步提高，越来越多的企业借助资本市场融资实现了跨越式发展。万科 2003 年销售额仅为 61 亿元，2007 年底销售额跃升为 524 亿元，短短四年时间，经营规模扩大 8.5 倍。而万科在 2006—2007 年通过增发再融资近 142 亿元，有力保障了企业扩张。保利地产 2006 年于沪市主板 IPO 上市，2007 年增发再融资 70 亿元，年末销售额超 170 亿元，经营规模 4 年间扩大近 7 倍。

2006—2007 年，股市持续高涨，上证综指于 2007 年 10 月 16 日创下历史上的最高点 6124.04 点。招保万金（招商地产、保利地产、万科地产、金地集团的简称）等企业在资本市场连续增资扩股，获得上百亿的资金。在土地招拍挂制度下，坐拥巨量资金的房企拿地优势凸显，迅速扩充土地储备，战略布局大中城市，抢占市场份额，走上规模化扩张之路。

2006年起，A股牛市确立，上市房企通过IPO、增发等股票融资渠道迅速获得巨量资金。招保万金等品牌房企战略性增资扩股，仅2007年，招保万金增发募集资金238亿元，占当年所有沪深上市房企增发融资额的56%（图1-15）。

图1-15 沪深上市房企增发募集资金额

自2006年4月起，我国开始进入加息周期，央行收缩银根，致使国内房企融资成本上升，房企纷纷寻求海外资本市场上市之路。2006—2007年，内地房企掀起赴港上市热潮，世茂、绿城、碧桂园、远洋等房企先后成功在香港主板上市（表1-1）。资本扩张的背后则是业绩的新一轮突飞猛进，SOHO中国上市后第一个财政年度2007年营业额较2006年增长300%至69.54亿元人民币，纯利则飙升477%至19.66亿元人民币。碧桂园2007年度获得销售额167亿元，同比增长139.4%；绿城销售额154亿元，同比大幅增长107%，经营规模均有明显扩张[①]。

表1-1 2006—2007年部分内地房企在香港主板成功上市募集金额（单位：亿元）

2006年	IPO募集金额	2007年	IPO募集金额
世茂房地产	43	碧桂园	148
绿城中国	31	远洋地产	116
绿地香港	14	SOHO中国	123

数据来源：中指研究院综合整理。

① 2007年绿城销售额突破百亿元大关 较去年翻番–住在杭州http://zzhz.zjol.com.cn/05zzhz/system/2008/01/10/009130409.shtml

第三节 货币宽松期，土地增值向开发增值转变

> 始于2008年，金融危机后，"4万亿"计划为市场带来大量流动性。虽然2009年之后政策趋于收紧，2010年限购限贷出现，但市场仍然震荡上行，特别是在2009和2013年分别迎来爆发式增长，尤其是中小城市在城镇化推动下快速崛起，中国房地产市场格局不断调整。同时，地价开始明显攀升，2010年和2013年出现两次"地王"潮。成本提高致使行业利润空间受到挤压，倒逼开发企业的开发过程从粗放转向精细，房地产企业的盈利方式也从之前的依靠土地增值盈利向开发增值的盈利转变，随之附加的企业品牌意识更浓。

一、货币宽松释放巨量资金，市场规模继续扩张

2003—2008年，我国M2/GDP相对平稳，均保持在150%左右。2008年金融危机爆发，房地产成交遭遇寒冬，量价萎缩明显。为刺激经济，政府于2008年11月推出4万亿投资计划。2009年人民币贷款同比增速由2008年的19%大幅上升至32%，新增房地产贷款超2万亿元，占比20.9%，主要金融机构房地产开发贷款同比增长超过30%，购房贷款增幅超过42%。由此可见，刺激性政策使得大量流动性进入了房地产供求两端。2009年新增居民中长期贷款增速达368%，加之该阶段的房贷利率仅为4.42%，基本属于历史低位。

中国城市化快速发展，适龄购房人口数激增，带来强劲的住房需求。恰逢宽松的货币环境，2009年市场热情迅速点燃，销售面积增速在2009年年中达到峰值。整体市场的销售规模在这一期间持续提升，由2008年的5.6亿平方米扩张至2013年的11.5亿平方米（图1-16）。

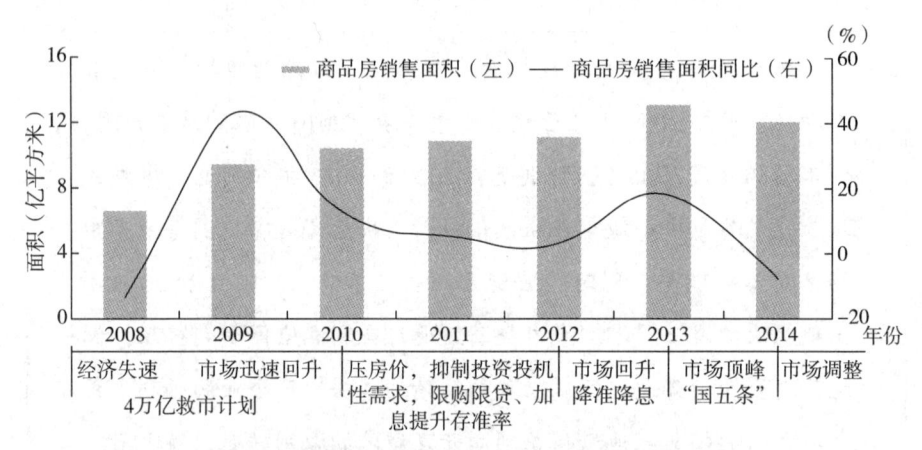

图1-16　2008—2014年全国商品房销售面积及同比增速

数据来源：CREIS中指数据，fdc.fang.com

二、投机需求旺盛，房价指数上涨难抑

价格作为房屋买卖交易的价值体现，一方面受供求关系的影响，另一方面也受货币供应量的影响。此阶段，房价能在金融危机后逐步反弹并快速上涨，很大程度上是货币宽松的外在呈现。2009—2013年，房地产的资产属性被不断强化，在人民币对内贬值预期下，投资投机性需求旺盛，房价趋势性上涨。2009年，多数城市房价上涨势头迅猛，北京新建住宅价格上涨17.7%，深圳17.6%，成都14.8%，广州13.9%。2009—2013年，在政策不断调控的背景下，10大城市房价涨幅依然显著，其中北京综合房价指数累计上涨56.4%，涨幅最高，2013年末达3836点；深圳累计涨幅接近40%，2013年末达3856点；杭州房价累计涨幅最低，但也达到18.4%（图1-17）。

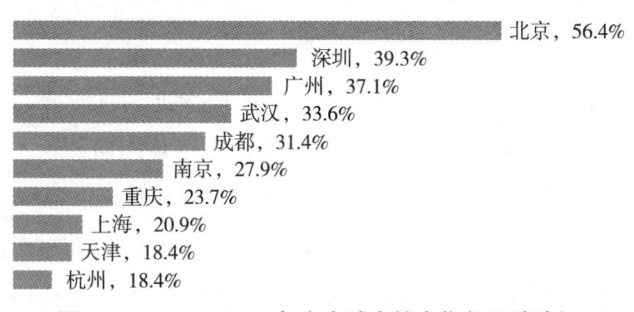

北京，56.4%
深圳，39.3%
广州，37.1%
武汉，33.6%
成都，31.4%
南京，27.9%
重庆，23.7%
上海，20.9%
天津，18.4%
杭州，18.4%

图1-17　2009—2013年十大城市综合指数累计涨幅

数据来源：CREIS中指数据，fdc.fang.com

三、供需两旺，政策调控加速市场调整

房价的新一轮过快上涨，在关乎民生的舆论压力下，从中央到地方开始了新一轮的宏观调控。但是，每一轮政策调整后，只是短期延缓了消费者的实际需求，并没有对市场造成明显的压制作用，调控效果有限，进而导致政府不断出台新的调控政策，与市场的博弈愈加频繁。同时，针对一线及热点二线城市政策的调控加速了全国房地产市场的调整，许多中小城市房地产市场在城镇化推动下得到快速发展，中国房地产市场格局不断调整。

2009年市场回暖态势确立，政策开始试探性收紧，年底财政部、税务总局联合发布个人住房转让的营业税政策：自2010年1月1日起，个人住房转让免征营业税期限恢复至五年。2010年的"国十一条"旨在加快住房建设供应量，增加中小户型、中低价位商品房供应，加大保障房建设支持力度，解决1540万困难家庭的住房问题；而"新国十条"则旨在遏制部分城市房价过快上涨，抑制投资投机性需求。但政策效果有限，2010年市场整体表现依然为量价齐升。

2011年调控政策出台后，市场逐渐下行。2011年"新国八条"继续针对房价进行调控，北京、深圳、厦门、上海等城市开始实行限购令，同时央行的高频率上调存款准备金率和加息，导致房价涨幅收窄并于2011

年9月开始持续下跌。受当年政策影响,市场量价萎缩,调控效果显现。

2012年,受地方政府财政趋紧、经济下行压力影响,政策调控开始出现松动,两次降准降息明显改变市场预期,下半年房地产市场量价开始企稳回升。2013年的"国五条"出台,坚持调控不放松,但房价调控目标落空,2013年4月百城住宅均价突破10000元/平方米,市场量价上行趋势未改,反而成就了房地产近20年来的历史销量高峰(图1-18)。此间的限购限贷均剑指投机投资性购房,改善型需求间接受到压制,居民的自住型需求得以保障。

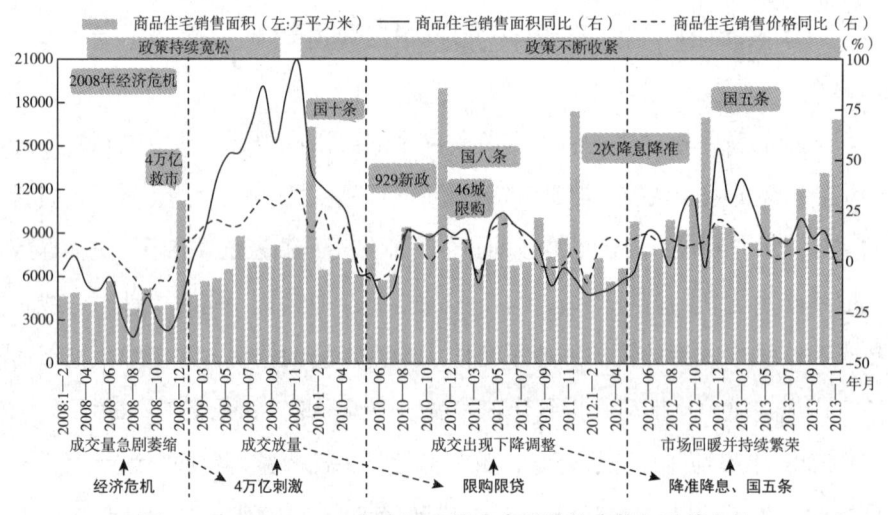

图1-18 2008—2013年中国房地产市场量价走势与政策变化

数据来源:CREIS中指数据,fdc.fang.com

四、千亿房企诞生,重塑企业竞争格局

政策限制下新一批房企开启赴港上市之路。为调控房地产行业,2010年国务院暂停房企上市、再融资和资产重组,加上央行持续收紧的货币政策,国内融资环境严峻,内地房企再次寻求海外上市之路,恒大、龙湖、花样年、佳兆业、融创等房企自2009年开启第二波赴港上市潮。截至

2014年底，据不完全统计，至少有50家内地房企在港上市。

上市房企通过资金优势实现新一轮的市场扩张，万科、保利等龙头房企销售规模突破千亿，并持续实现高增长。2010年，万科销售额达到1081.6亿元，提前4年完成千亿计划，当年北京和深圳公司年销售额均破百亿，共同刷新了房企单个城市年销售额的历史记录。万科之后，绿地、中海、保利于2012年顺利晋级千亿房企阵营，2013年碧桂园、万达、恒大均破千亿大关。自此，千亿房企阵营业已形成，成为影响房地产行业竞争格局的一股重要力量。

行业集中度显著提升，强者恒强态势愈显。过去行业发展的"黄金十年"造就了千亿龙头房企的诞生，企业竞争格局越发向"强者恒强"态势演变。市场化背景下，大型房企拥有更强的资源整合能力及品牌影响力，凭借广泛的市场布局与丰富的产品结构，灵活应对市场变化，保持了业绩的稳步提升，规模效应凸显。7家千亿房企销售额占全国商品房销售额的比重由2011年的9.6%迅速上升为2014年的14.6%（图1-19）。在市场规模不断扩大的环境条件下，行业竞争"百家争鸣"，多数房企的经营规模持续做大做强，而政策调控、宏观经济等外部因素制约下彰显了部分企业的竞争优势，突出了企业的抗风险能力，如资金、管理方面的优势等，逐渐拉开了同其他企业的差距。

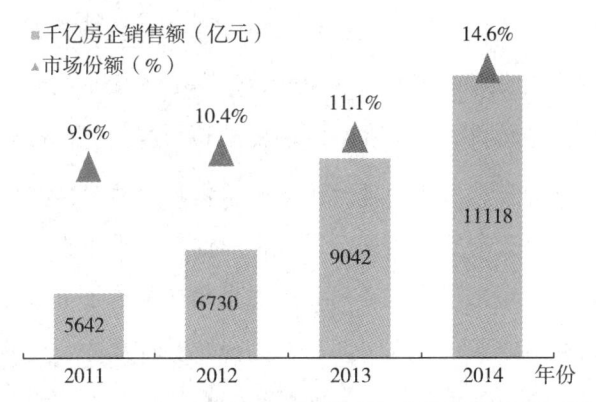

图1-19 2011—2014年7家千亿房企历史销售额和市场份额

数据来源：中指研究院整理。

房企经营业绩的持续分化导致行业竞争格局呈梯次分布。第一梯队的龙头房企在稳固自身行业地位的同时积极拓展新的利润增长点，成为行业发展的领头羊，而其他中小房企在追求规模增长的同时将产品朝着精细化方向迈进，不断提升自身竞争力。

该阶段中，2010年和2013年前后分别出现两次"地王"潮，拿地成本开始明显攀升。成本的提高致使利润率不断降低，行业模式逐渐往精细化方向发展。行业竞争加剧，同时市场的短期波动也给开发商带来不小压力，激发他们不断提升产品的硬件能力，企业的核心竞争力从原始的土地增值向开发增值进行转换，房地产开发企业及购房者的品牌意识持续强化。

第四节　白银时代专业化诉求提升，房企纷纷谋求多元转型

2014年，伴随经济增长乏力，政府仍将房地产作为稳增长的重要手段，政策开始不断放松，2014年下半年限购退出。随后"930新政"超预期放宽限贷，央行降准降息，股市低迷之下，资金蜂拥进入房地产市场。叠加效应使市场回暖，量价创新高，并带动土地市场再度返热。这一市场背景促使企业分化加剧，市场集中度提升，行业整合加剧。同时，经过数十年的资产货币化阶段，房地产市场化已由投资端转向需求端，加速了中国房地产市场迈入细分与专业化时代，品牌房企的优势再度叠加，并给专业能力薄弱的开发商带来了巨大的竞争压力。

一、供求关系改变，去库存成为行业大背景

随着中国城镇化进程放缓与人口红利消失，中国房地产市场长期扩张引擎减弱，加之此前十年的野蛮增长，市场高库存问题开始显现，市场挥别黄金十年，进入"白银时代"。经过上一个历史时期的快速扩张，国内房地产市场年销售规模已连续5年超10亿平方米，2008—2014年，全国商品房新开工面积113亿平方米，同期销售面积总计74亿平方米，销售新开工比0.65，市场供求结构已经出现变化。供求失衡的表象是许多城市"造城运动"后，产业、生活配套的缺失导致入住率较低造成的，部分城市"鬼城"林立，住宅存量积压，市场去化难度大。

外部经济环境变化也影响了行业运行轨迹。2014年，我国GDP同比增长7.4%，经济发展步入新常态。以往粗放式的经济发展模式带来严重的产能过剩，如钢铁、水泥等行业均面临"去产能化"，在经济调结构、稳增长的政策背景下，房地产市场也开始出现转向的苗头。

多因素导致市场供求关系与结构面临调整，去库存成为行业主基调。2014年，北京、上海、广州三个一线城市的商品住宅可售面积均突破1000万平方米，创历史新高。而二三线城市的大连、沈阳、威海、锦州等住宅存量同样达历史高位，去库存压力较大。从20个代表城市来看，商品住宅出清周期自2013年起持续攀升，于2014年9月底达到顶峰18.2个月，可售面积也于2014年底达到高点。

二、调控放松再收紧，城市分化凸显

2014年6月，呼和浩特第一个放松限购，此后各地限购放开步伐加快，但效果较为有限。四季度开始，货币政策与信贷政策开始登场，央行连续实施5次降息、4次降准，330新政、831政策、930政策陆续加码。

在宽松的货币环境与信贷政策刺激之下,热点城市量价高歌猛进与三四线城市去库存同时出现,城市分化进一步加剧,见图1-4。

2016年以来,受政策放松的影响,加之实体经济利润率下滑、人民币贬值预期等因素,导致投资荒困局出现。这一困局也导致资金在各级城市间追逐传导,热点城市房地产市场持续高温态势,促使地方开启调控收紧模式,部分城市如苏州、南京等地二季度已出台收紧措施,但市场热度依然不减,房价地价仍保持较快上涨趋势。三季度苏州、南京、厦门、武汉等城市接连限购限贷,加码调控。随着市场热度的不断传导,调控收紧也在扩围,杭州、郑州、石家庄、福州、济南加入调控收紧行列。

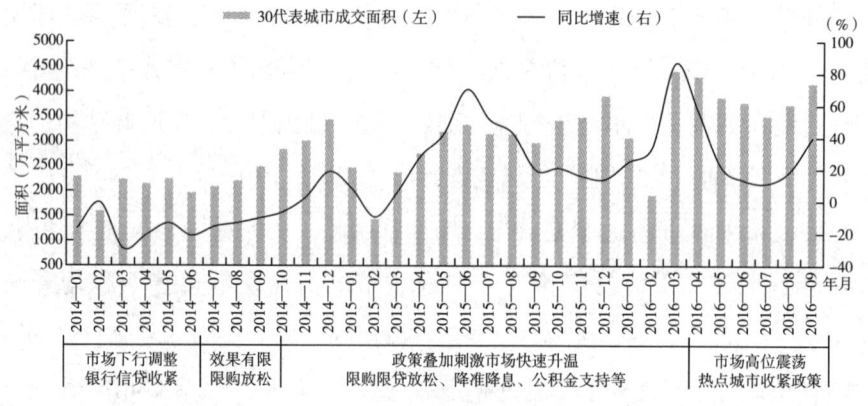

图1-20　2014年以来30个代表城市①商品住宅成交量走势

数据来源:CREIS中指数据,fdc.fang.com。

各地政策充分体现"因城施策"总体要求下差别化、精细化调控的思路。限购方面,南京、杭州、苏州针对非本市户籍购买二套房,厦门针对购买144平方米及以下普通住宅;信贷收紧方面,厦门进一步区分和细化

---

①　30个代表城市:北京、上海、广州、深圳、杭州、武汉、南昌、苏州、大连、重庆、天津、长沙、东莞、无锡、沈阳、郑州、泸州、南京、成都、厦门、西安、福州、青岛、合肥、长春、海口、唐山、徐州、佛山、包头。

了购房家庭情况，苏州、南京实施分区施策，南京同时暂停公转商贴息贷款；土地市场方面，郑州对土拍方式采取分区差别化调整；福州限价，深圳、济南、石家庄等多地加强市场监管（表1-2）。

表 1-2　　　　　　　　2016年部分城市收紧政策一览

城市	时间	政策
廊坊	4月	限购
	8月	加强监管
石家庄	9月	加强监管
济南	9月	加强监管
郑州	9月	严控土地
南京	4月	限房价涨幅
	5月	限地价
	8月	限贷
	9月	限购、加强监管
苏州	3月	限房价涨幅
	5月	限地价
	8月	限贷、部分限购
	9月	市区全面限购
杭州	9月	限价、加强监管
武汉	3月	下调公积金贷款上限
	8月	限贷、加强监管
合肥	4月	加强监管
	6月	限贷
福州	9月	限价、加强监管
厦门	7月	限贷
	9月	限购
深圳	9月	加强监管

数据来源：CREIS中指数据，fdc.fang.com

三、一二线城市价格指数率先企稳回升，涨势扩散

自 2014 年二季度开始，百城价格指数中的各线城市房价均进入下行通道。2014 年四季度受政策刺激影响，一线城市房价开始企稳回升，二三线城市价格因为过去几年的过度开发，市场库存风险仍存，房价上涨动能不足，正式开启上涨通道的时间在 2015 年二季度之后（图 1-21，图 1-22）。

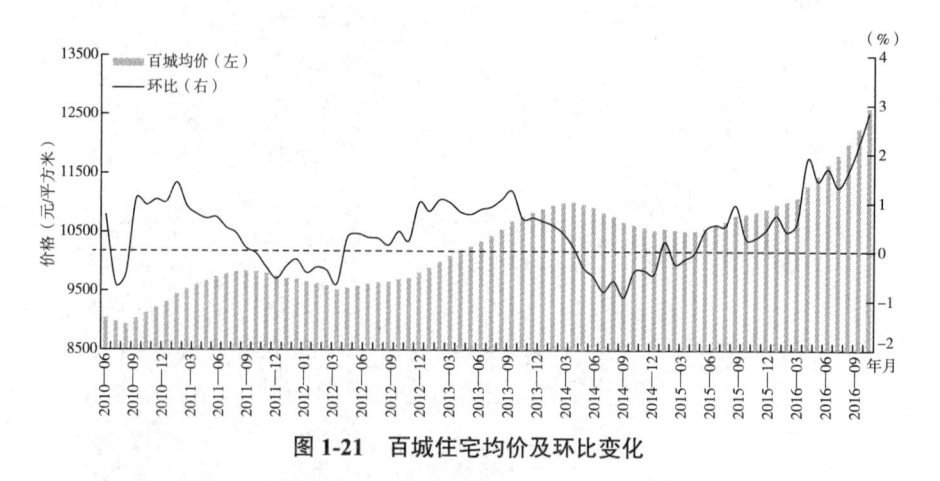

图 1-21　百城住宅均价及环比变化

数据来源：CREIS 中指数据，fdc.fang.com

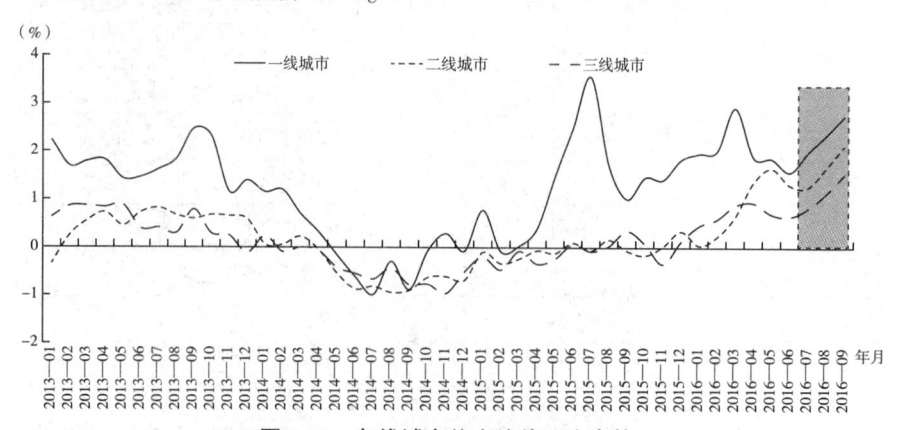

图 1-22　各线城市住宅均价环比走势

数据来源：CREIS 中指数据，fdc.fang.com

2016年以来，各线城市房价上涨的协同效应，导致1—9月百城住宅均价累计上涨14.91%，各季度涨幅逐步走高。其中，一季度累计上涨2.94%；二季度涨幅进一步扩大，累计上涨4.54%；三季度随着更多城市房价加入上涨行列，全国整体均价涨幅再度扩大，累计上涨6.78%，其中8、9月环比涨幅均突破2%，一再刷新近年新高。截至2016年9月，百城住宅均价上涨至12617元/平方米，环比连续17个月上涨；同比连续14个月上涨（表1-3）。

表1-3　　　　　百城及各类型城市不同阶段累计涨跌幅（%）

城市	2016年 三季度	2016年 二季度	2016年 一季度	2016年 1—9月	2015年 1—9月
百城	6.78	4.54	2.94	14.91	2.61
一线	7.24	5.39	7.02	20.96	11.87
二线	5.13	4.37	0.92	10.73	−0.72
三线	3.51	2.29	1.93	7.93	−0.96

数据来源：CREIS 中指数据，fdc.fang.com

2016年三季度，各线城市住宅价格涨幅均扩大，二线城市由局部上涨升级为普涨。总体来看，三季度房价领涨城市仍主要集中在长三角、珠三角、京津冀三大城市群，且上涨态势继续扩散传导，涨幅明显城市大致分三类，第一类是廊坊、昆山、佛山等一线周边城市；第二类是上海、杭州、南京等宏观基本面表现突出，且供应明显不足的热点城市；第三类是无锡、福州等因邻近政策趋紧的南京、苏州、厦门，承接了部分外溢需求的城市。

四、土地市场热度升温，"地王"城市阵营不断壮大

伴随着房地产市场成交的逐步回暖，一二线城市的土地市场再度返热，地价不断被刷新，总价、单价"地王"不断涌现。2016年的"地王"潮较之前两次来势更为凶猛，地价赶超房价已成常态。

热点城市土地高热致整体楼面价上涨，住宅用地楼面价及溢价率大

幅上涨。2016年1—9月，全国300个城市各类用地成交楼面均价为1891元/平方米，较2015年同期上涨47.9%，其中住宅用地楼面均价为3333元/平方米，同比上涨61.7%；商办用地为2061元/平方米，同比上涨23.2%。溢价率方面，前三季度全国300个城市各类用地成交平均溢价率为48.6%，较2015年同期提高35.4个百分点。其中，住宅用地溢价率为62.8%，较2015年同期提高45.3个百分点（图1-23）。

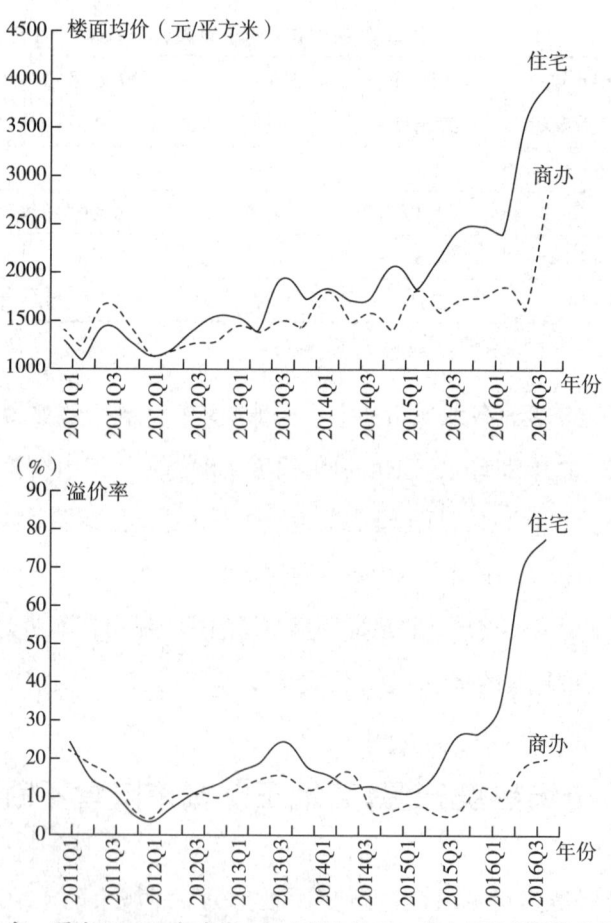

图1-23　2011年一季度至2016年全国300个城市住宅、商办用地楼面均价及平均溢价率

数据来源：CREIS中指数据，fdc.fang.com

2016年以来，"地王"潮从杭州、南京、合肥向成都、郑州、武汉不

断蔓延。"地王"城市数量不断增加,重点二线城市土地市场依旧高温不退,总价和单价"地王"频现,楼面价涨幅领衔全国。1~9月二线城市出让金及楼面价分别同比大涨101.1%、91.3%,溢价率也较2015年同期提高49.09个百分点,增幅显著。南京、杭州受土拍新规影响,三季度溢价率较二季度回落,但郑州、成都等城市溢价率大幅上涨,导致二线城市溢价率较二季度略有上升。而一线城市供地大幅减少,整体溢价率也较二季度回落26.4个百分点,见表1-4。

表1-4　2016年1~9月各级城市住宅土地成交月均同比变化情况

城市类别	成交面积同比	出让金同比	楼面价同比	溢价率变化
一线	-53.2%	-12.0%	87.8%	提高63.94个百分点
二线	5.8%	101.1%	91.3%	提高49.09个百分点
三四线	-8.1%	16.2%	26.9%	提高28.87个百分点

数据来源:CREIS中指数据,fdc.fang.com

五、行业整合加剧,促进企业转型升级

2015年底的中央经济工作会议首次公开提出"促进房地产业兼并重组,提高产业集中度",意图创造良性的行业整合环境。据不完全统计,2016年前十月A股上市房企披露重大重组事件合计20宗,交易金额高达1639亿元,远高于2015年,见图1-24。

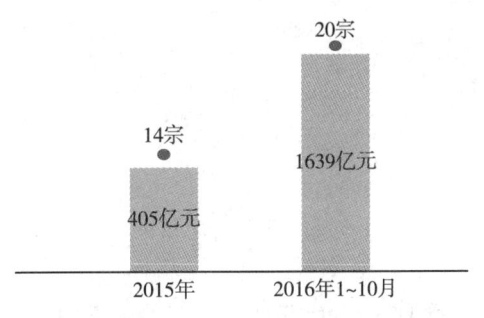

图1-24　2015—2016年1—10月A股上市房企重大重组事件统计

数据来源:中指院综合整理。

品牌房企的整合并购势必将压缩小企业的生存空间，行业竞争格局愈加激烈。一方面，央企加快整合，中海与中信的整合，保利与中航的整合，催生了集团化或巨无霸模式，带来行业格局的改变。另一方面，恒大、融创等房企通过自身规模优势、财务优势、融资优势等积极并购入股其他房企。如恒大2016年8月正式控股嘉凯城，接连举牌廊坊发展，积极入股万科等。融创2016年9月份以138亿元收购联想旗下地产企业融科置地，40亿元入股金科，成为金科第二大股东。

从房企转型的方向来看，主要遵循以房地产主业为核心、以互联网为切入点的纵横两条主线。纵向上探金融、下延社区服务，开发模式轻型化、家居智能化；横向重点探索养老地产、物流地产、众创空间等。研究组选取2015年百强企业对其转型方向进行深入分析显示，向金融领域和社区服务转型的房企较多，分别为28家和23家，转型轻资产开发和智能家居的均为14家，进入养老地产的有17家，探索新兴的众创空间和物流地产的分别为10家和5家，也有一些房企试水教育、医疗、新能源等房地产外的业务领域（图1-25）。

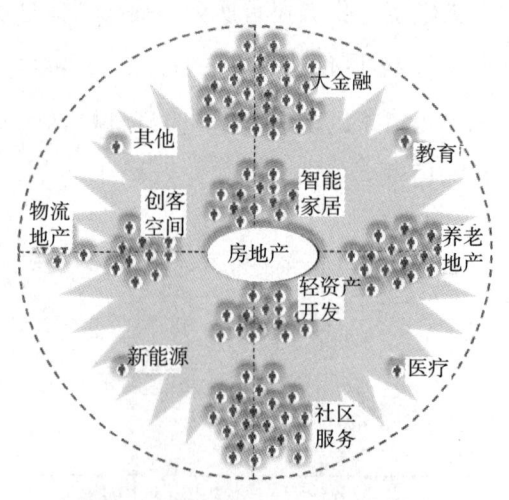

图1-25　2015年百强房企主要转型方向

第五节　提出"房住不炒"定位，行业进入高质量阶段

> 2016年以来，中央坚持"房住不炒"调控基调，各地因城施策，在限购限贷的基础上，创新实施限售、限价等调控手段促进房地产市场平稳发展。在短期调控措施基础上，积极推进以住房租赁、共有产权房为代表的房地产长效机制探索，更加重视建立供给端调控机制。在房地产金融监管持续从严及销售增速回落背景下，土地市场热度整体呈现回落态势。在居民债务及调控政策约束下，行业告别过去以追求规模为首要目标的粗放式发展阶段，更加注重从投资、产品、融资、营销等环节精益求精提升企业综合实力，房地产行业正式进入以"高质量管理"为制胜优势的全新发展阶段。

一、行业增速放缓，结构性机会显现

在经历了一轮地产景气周期以后，2017年以来房地产行业销售增速逐步回归理性。由于楼市火爆导致居民房贷快速增加，居民杠杆率从2011年底的27.9%逐年升至2020年三季度的61.4%[1]，上升比例远超其他社会部门。居民债务阶段性高企透支了部分未来消费能力，宏观及金融风险加大。因此，政策决策的逻辑在变，"房子是用来住的，不是用来炒的"铿锵有力的几个字，勾勒出了现阶段及未来更长一段时期内房地产之于中国经济社会中的基本定位，不断引导各类市场主体的预期，房地产行业步入规模化扩张向结构优化、

---

[1] 数据来源：国家金融与发展实验室。

品质优化转变的过渡期。在此背景下，商品房销售面积增速和销售额增速均出现逐年递减态势。其中，商品房销售面积增速从 2016 年的 22.5% 逐年下行到 2020 年的 2.6%，商品房销售额增速从 2016 年的 34.8% 逐年下行到 2020 的 8.7%，行业进入总量平稳、市场结构分化的发展新阶段（图 1-26）。

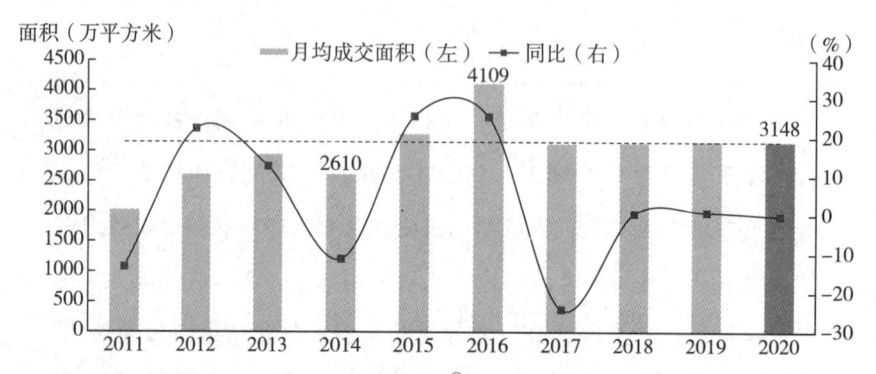

图 1-26　2011—2020 年 50 个代表城市[①]商品住宅月均成交面积及同比走势

数据来源：CREIS 中指数据，fdc.fang.com

经济结构持续改善，房地产市场结构性机会显现。2017 年以来，为了应对国际贸易争端及金融去杠杆等因素对国内经济的不利影响，实现"L"型经济发展轨迹，国家大力推动经济结构改善，支持战略性新兴产业发展，第三产业增加值比重逐步升至 2020 年底的 54.5%，我国经济发展动能依旧充足。其中，房地产行业在保持总量平稳的背景下，市场结构出现分化，机遇与挑战并存。一方面，以发展城市群、人口流动门槛降低为契机而形成的区域性市场机会显现，重点城市群和中心城市迎来黄金发展期；另一方面，居民对美好生活的向往推动改善型需求占比逐步提高，提升产品力和服务体验成为行业共识，在市场形势倒逼下，整个行业的产品品质都有明显提升。

在经历"土地红利""金融红利"阶段后，房地产行业正式进入以"管

[①]　代表城市共50个，一线包括北京、上海、广州、深圳4个城市；二线包括天津、重庆、杭州、武汉、大连、苏州、厦门、成都、南京、三亚、贵阳、温州、哈尔滨、海口、长春、合肥、青岛、福州、西安、南宁、郑州、沈阳、无锡、长沙、南昌25个城市，主要是各省会城市和计划单列市；三四线包括三明、莆田、中山、惠州、淮安、肇庆、汕头、镇江、绍兴、宿州、韶关、包头、佛山、徐州、唐山、泉州、泸州、芜湖、东莞、扬州、南通21个城市，主要指地级市。

理红利"为制胜优势的全新发展阶段。2020年8月，监管部门为限制房地产企业融资设置"三道红线"，行业运行的规律悄然发生了变化。"三道红线"的实施将有利于房地产企业形成稳定的金融政策预期，合理安排自身的经营活动和融资行为，增强自身的抗风险能力，推动行业健康发展。与此同时，也将强化行业中杠杆水平不高、财务稳健的地产企业的优势。房企将更加注重修炼"内功"，企业运营更加专业化、精细化，在管理数字化、资金高效周转、打造产品力、培育品牌美誉度等方面积极构筑企业核心竞争优势。

二、坚持"房住不炒"，建立住房长效机制

中央始终坚持"房住不炒"定位，地方因城、因区、因势施策保持房地产市场稳定。2017年以来"房住不炒"调控基调贯穿始终，2016—2019年，累计超过130个地级以上城市（出台约630项）和74个县市（出台约75项）出台紧缩政策。2017年，调控政策从需求端抑制向供给侧增加进行转变，限购限贷限售叠加土拍收紧，供应结构优化，调控效果逐步显现。2018年，房地产市场调控面临的宏观经济环境更加复杂，在金融财政政策定向"宽松"的同时，房地产市场调控政策仍然"从紧"。2019年一季度整体政策基调相对宽松，市场预期有所向好。4月份，中央政治局会议重申坚持"房子是用来住的、不是用来炒的"定位，落实好因城施策、城市政府主体责任的长效调控机制，会议对"房住不炒"的再次强调对市场情绪稳定和后续地方紧缩政策的跟进起到了关键的引导作用。2020年上半年，中央仍坚持"房住不炒"定位不变，地方政府短期为应对新冠疫情带来的影响，多从供需两端出台房地产扶持政策，因城施策更加灵活，但仍坚持"限购""限贷"等主体政策底线，需求端更多从放宽人口落户、降低人才引进门槛、加大购房补贴等方面落实。2020年12月，中央经济工作会议召开，进一步强调"要坚持房子是用来住的，不是用来炒的"定

位，因地制宜、多策并举，促进房地产市场平稳健康发展。见图 1-27。

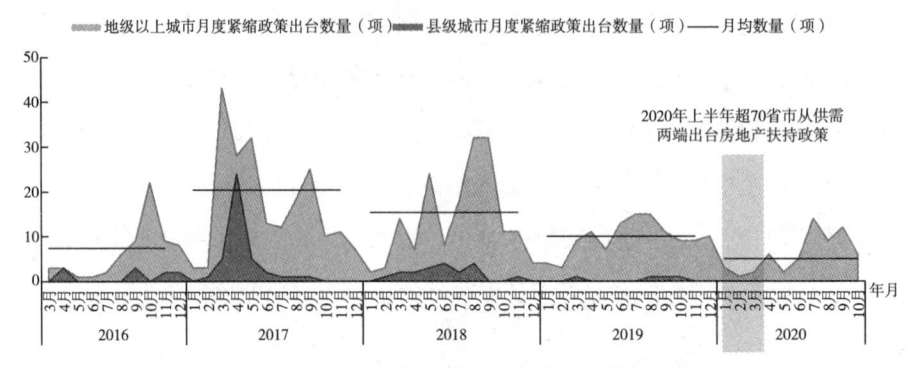

图 1-27　2016 年以来各城市出台紧缩政策数量走势

数据来源：中指研究院综合整理。

控制资金流向，房地产金融端持续收紧。2017 年，中央多次表态加强金融管理，防范房地产泡沫风险，防止资金违规流入房地产。2019 年，金融政策收紧是全年房地产市场调控的核心，各部门紧盯房地产金融风险，房地产行业资金定向监管全年保持从紧态势。2020 年初，银保监会强调严格执行授信集中度等监管规则，严防信贷资金违规流入房地产领域；4 月，银保监会再次强调，按照申请贷款时的用途真实使用资金，不能挪用，对于违规流入房地产的坚决纠正；下半年，"三道红线"试点实施，严格限制保险资金、小额贷款公司贷款、商业银行互联网贷款等用于房地产相关领域，个人消费贷、信用贷监管强化，房地产金融监管整体呈现逐渐收紧态势。

探索长效机制建设，短期调控与长效机制有效衔接。2017 年两会政府工作报告提出坚持住房居住属性，加快建立和完善促进房地产市场平稳健康发展的长效机制，健全购租并举的住房制度。十九大报告对房地产市场再次强调"房子是用来住的，不是用来炒的"基调，坚持加快建立多主体供给、多渠道保障、租购并举的住房制度。2018 年，供给端发力住房供给结构调整，大力发展住房租赁市场、共有产权住房等保障性安居住房，增加有效供给比重。

推动城市群发展，进一步活跃人口迁移。区域层面，2019年，国家发展改革委已就培育发展现代化都市圈出台指导意见，指出城市群已成为中国新型城镇化主体形态。各城市群加速出台规划、实施方案，《粤港澳大湾区发展规划纲要》《河北雄安新区总体规划（2018—2035年）》《长江三角洲区域一体化发展规划纲要》陆续印发。人口层面，2019年，具有全国统筹、顶层设计性质的落户方案正式出台，政策放开放宽除个别超大城市外的城市落户限制。2020年是检验我国"三个1亿人"战略成效的关键年份，各城市间的人口迁移进一步活跃。

三、价格涨幅整体回落，市场逐步回归理性

2020年以来，虽然经历新冠疫情冲击，但在各方积极合理应对下，房地产市场恢复情况良好。2020年，百城新建住宅价格累计上涨3.46%，涨幅较2019年扩大0.12个百分点。其中，一季度累计上涨0.18%。二季度随着疫情得到控制，各项经营活动逐步恢复正常，涨幅进一步扩大，累计上涨1.10%。三季度，市场进一步恢复，全国整体均价涨幅再度扩大，累计上涨1.18%。尤其7、8月份涨幅均超0.40%，贡献了三季度大部分价格涨幅。四季度累计上涨0.97%，较2019年同期扩大0.20个百分点（图1-28）。

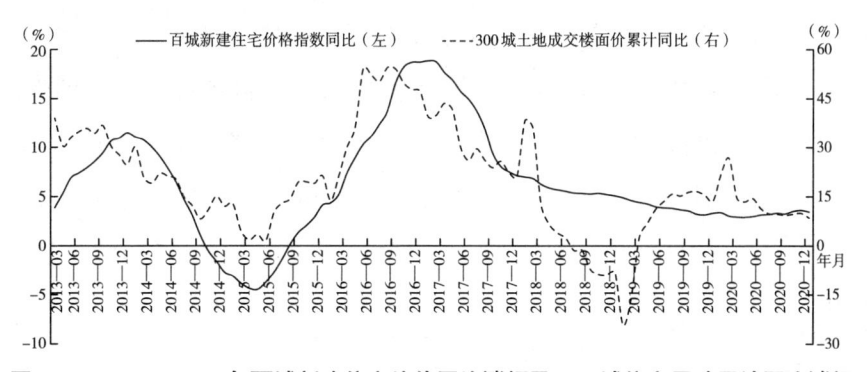

图1-28　2013—2020年百城新建住宅均价同比涨幅及300城住宅用地累计同比涨幅

数据来源：CREIS中指数据，fdc.fang.com

自2016年下半年开始,百城价格指数中的各线城市房价均进入下行通道。自2016年起,调控政策陆续从一二线城市辐射到三四线城市。一线城市房价涨幅率先回落,且由于调控政策更为严格,一线城市调控效果也最为显著(图1-29)。

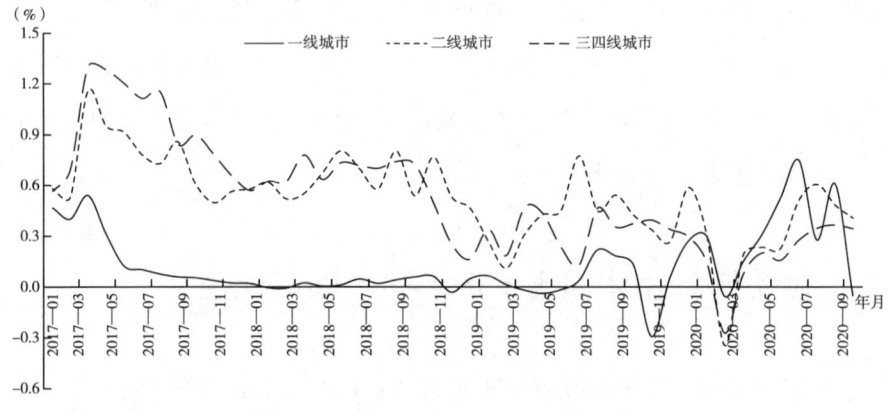

图1-29 各线城市住宅均价环比走势

数据来源：CREIS中指数据,fdc.fang.com

从各城市群来看,市场表现分化明显。2020年,长三角、成渝城市群市场需求释放积极性较高,其商品房销售面积处于历史高位；粤港澳地区需求释放整体较为平稳,商品房销售面积接近近几年平均水平；京津冀、长江中游地区2020年置业需求则存在一定压制,其商品房销售规模均较前四年平均水平有不同程度的缩减,其中以长江中游地区表现最为显著(图1-30)。长江中游地区中湖北省内城市受疫情影响严重,经济及房地产市场均处于恢复阶段,较大比例的置业需求处于压制状态。京津冀房地产市场前期在调控政策影响下,市场步入调整周期,后两年需求虽有所回升,但仍处于自我调节阶段,存在部分需求潜力待释放。

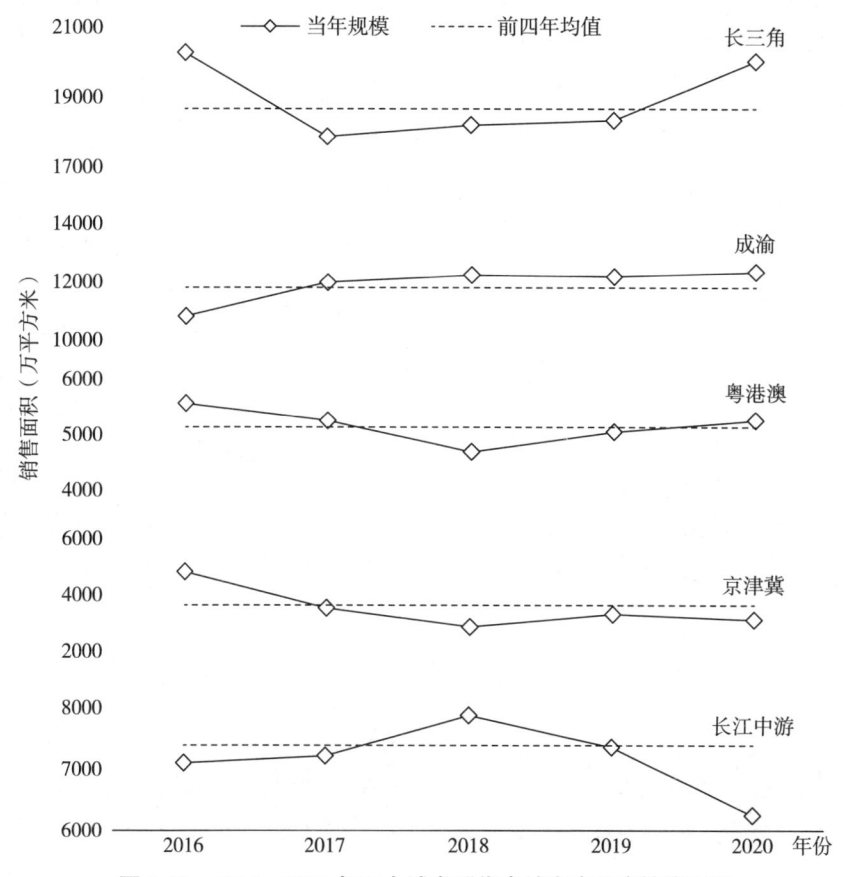

图 1-30　2016—2020 年五大城市群代表城市商品房销售面积

数据来源：CREIS 中指数据。

四、土地市场热度回落，稳地价效果显著

伴随着调控政策效力显现，2017 年之后，土地市场热度总体回落，房企拿地更为审慎。2019 年上半年、2020 年二季度土地市场有小幅回暖迹象，在稳地价、稳房价、稳预期调控思路下，通过相应措施适当调节土地市场热度，促进房地产市场平稳发展。

成交楼面均价创历史新高，平均溢价率小幅提高，如图1-31。2020年，全国300城各类用地成交楼面价为2578元/平方米，同比上涨6.8%。其中，住宅用地成交楼面价为4542元/平方米，同比上涨8.9%。楼面均价的上涨一方面受各线城市土地成交结构性因素影响，另一方面，部分热点城市优质地块供应量增多，企业参拍积极性高，带动全国成交楼面均价上涨。溢价率方面，2020年，全国300城各类用地平均溢价率为13.6%，

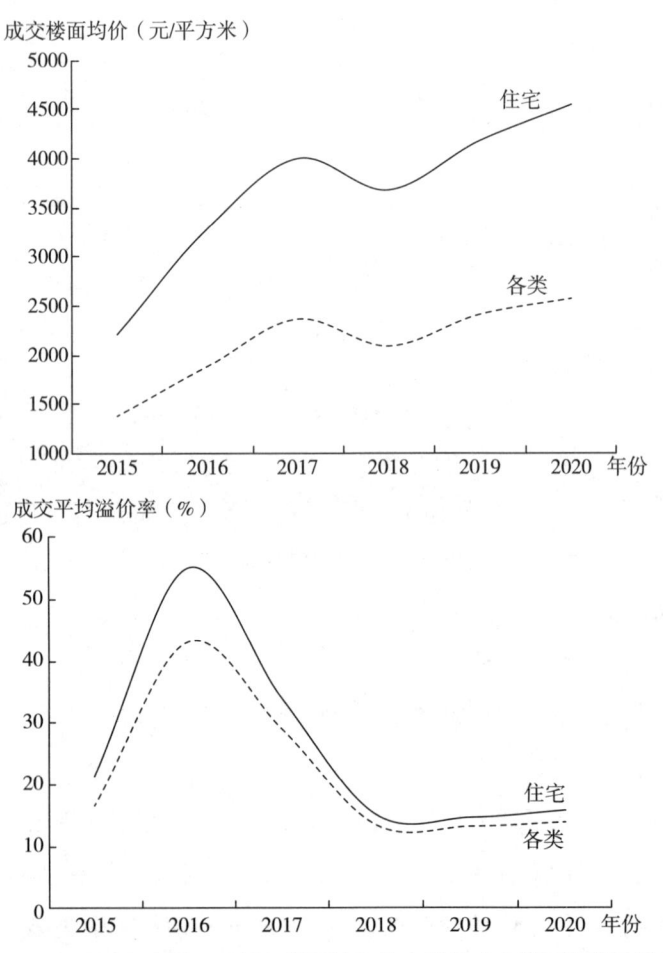

图1-31　2015—2020年全国300城各类用地和住宅用地成交楼面均价及平均溢价率

数据来源：CREIS中指数据，fdc.fang.com

其中，住宅用地平均溢价率为15.4%，较2019年提高1.2个百分点。具体来看，一季度，受新冠疫情影响，房地产市场不确定性较大，企业拿地积极性受挫，土地市场热度较低；二季度，随着疫情得到控制，部分一、二线城市优质地块推出量增多，叠加相对宽松的金融环境，企业拿地意愿明显提升，土地市场逐步升温；三季度以来，多地陆续发布楼市调控收紧政策，同时房地产金融监管趋严、"三道红线"新规试点实施，企业资金压力加大，拿地热情有所回落，土地市场逐渐回归理性。

2020年，一线城市宅地供求规模均有所增长，土地出让金占比显著提升。成交面积方面，2020年，一线城市住宅用地供求规模均实现较大幅度增长，同比增幅均超两成；二线及三四线城市住宅用地供求规模同比均小幅增长。价格方面，各线城市成交楼面均价均有所上涨。出让金方面，一线城市住宅用地出让金同比增长超四成，增幅居各线城市之首。综合来看，2020年一线城市住宅用地市场热度相对较高。一方面，一线城市土地资源较为稀缺，2020年大规模供地获得企业更多关注；另一方面，优质地块推出量明显增加，带动企业竞拍热情提升，土地成交楼面均价及溢价率均有所提高（图1-32）。

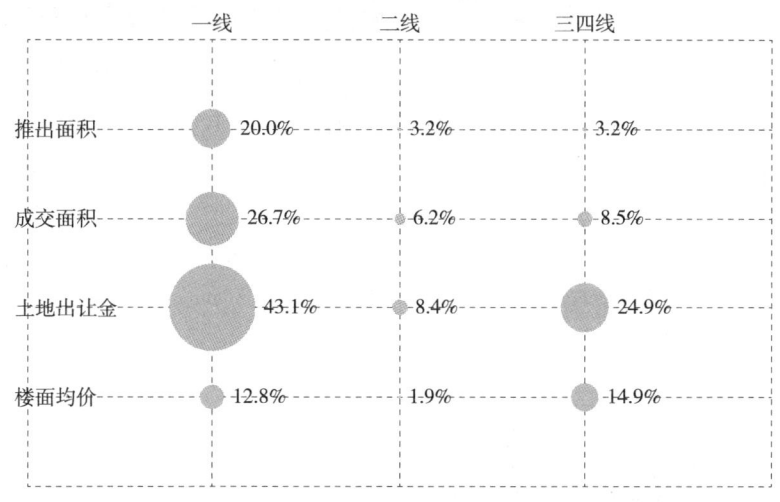

图1-32　2020年各线城市住宅用地推出和成交相关指标同比变化

数据来源：CREIS中指数据，fdc.fang.com

五、战略转向高质量发展，向内部运营要红利

在竞争加剧的行业背景下，打造强势品牌、优化企业内部管理和提升运营效率成为重要的竞争点。房企纷纷加大内功修炼，完善品牌谱系，优化产品和服务，调整组织架构，提升组织响应速度，并积极推动数字化建设及应用，提升决策速度及精准度，攫取新时代下的管理红利。

打造品牌影响力，强化业绩增长与品牌协同。2020年品牌价值与业绩相关系数达到0.72，规模化仍是价值增长主动力。品牌企业凭借卓越的用户体验和持续的品牌深耕，扩大品牌影响力，进一步撬动客户购买力，有效推动销售业绩的稳步增长；同时，企业业绩的增长进一步奠定品牌价值的增长根基，推动品牌价值的持续积累。以标签化建立品牌区隔，立体谱系创造新价值。一方面，品牌企业以品质生活为核心，探索与客户需求密切相关的市场空间，围绕高品质产品与服务，形成完善、精细化的产品线，促进品牌增值；另一方面，品牌企业围绕服务商与运营商的定位，重新梳理产业链，打造差异化、专业化的品牌谱系，深挖品牌价值。最后，"线上营销+专属服务"改善客户体验，提升品牌三度。品牌企业紧抓营销契机，从线上场景营造、到客户管理、再到线下匹配优质服务，一整套完整连续的客户服务，实现了线上客户的高效转化（图1-33）。

图1-33 房企强化品牌影响力方式

优化产品体系、升级服务业态。产品层面，经过多年发展，房企在积累了丰富的产品经验的同时，产品线也变得臃肿复杂，原有产品系列老化，核心产品系列不突出，供需错配问题日益显现。为此，优秀房企围绕核心产品理念，系统梳理产品体系，精简优化老产品线，并补充创新产品系列，重塑清晰、完整、适宜、规范的产品体系。服务层面，房企依托互联网、物联网等技术建设智慧社区，挖掘客户需求构建增值服务体系，同时积极提升社区管理水平为居民美好生活保驾护航（图1-34）。

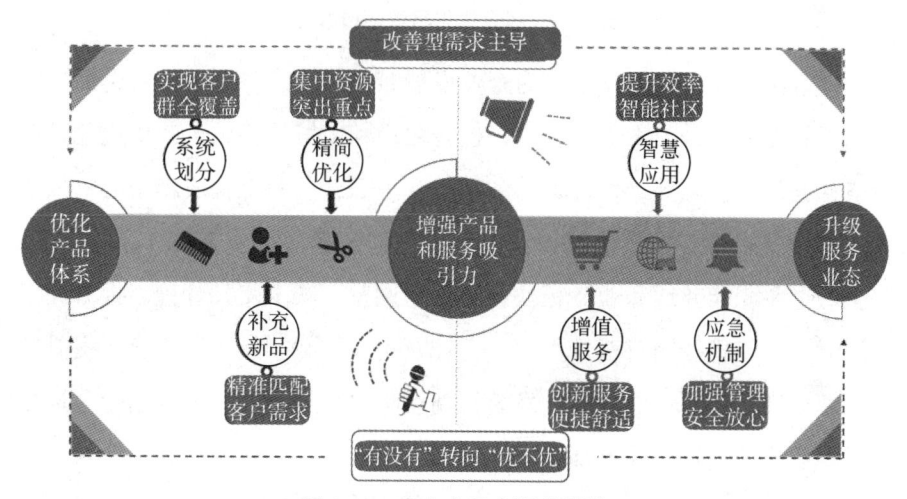

图1-34　房企产品力提升举措

区域整合与放权，提升组织响应与决策效率。一方面，房企通过合并部分区域减少内耗、降低成本，集中做强优势区域。如碧桂园将环京五大区域合并为北京、京东北区域；融创合并海南区域与广深区域，成立新的华南区域。另一方面，房企通过打造大区运营模式放权区域公司，激发区域活力。如旭辉整合苏南、南京两个区域的业务成立江苏区域集团，将北京事业部、天津事业部进行整合成立华北区域集团，除了投资、财务、人力等职能以外，将大量业务下沉至区域业务体系，通过培育区域小集团提升企业综合效能（图1-35）。

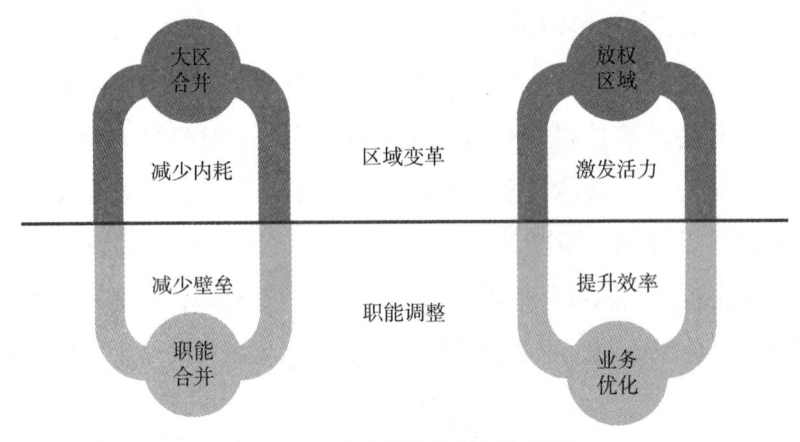

图 1-35 房企优化组织架构思路

打造协同高效职能体系，为企业发展赋能增效。一方面，房企横向整合总部职能部门，减少部门壁垒，提升协作和决策效率。正荣推进总部职能整合提效，将总部工程管理部和成本管理部合并为工程成本中心，成立涵盖品质督查部、客户资源部和服务管理部的客户价值中心。另一方面，房企对重要职能条线和业务板块进行优化调整，减少交叉管理，提升组织协同能力。如碧桂园对营销大区、区域营销架构和职能进行整合，提升综合统筹力度。正荣将原商业开发公司商业项目市场研究、标准制定、退出管理等职能并入资产管理部，商业地产项目移交区域平台，将商业板块发展从管项目向管资产转变，减少交叉管理，提高跨板块业务协同。

加大数字化建设力度，提升精准化运营能力。战略层面，房企加快数字化应用进程，迈向智能化决策。如蓝光发展在 2018 年提出"智能平台发展计划"，并逐渐建好数据池、构建算法能力，实现数据智能化，保证蓝光产业生态链的生态协同。业务层面，推进平台系统化融合，形成科学、高效、精准的运营体系。如碧桂园打造交易平台凤凰云，在降低企业经营成本的同时留存真实交易数据，为后期的运营、风险控制、精准营销等工作打下基础；金科服务与微软合作开发的"金科服务天启大数据信息系统"，2019 年首次落地到小区管理中，运用大数据、物联网等技术为业主服务，全面提升服务质量并为客户价值的深度挖掘提供基础数据（图1-36）。

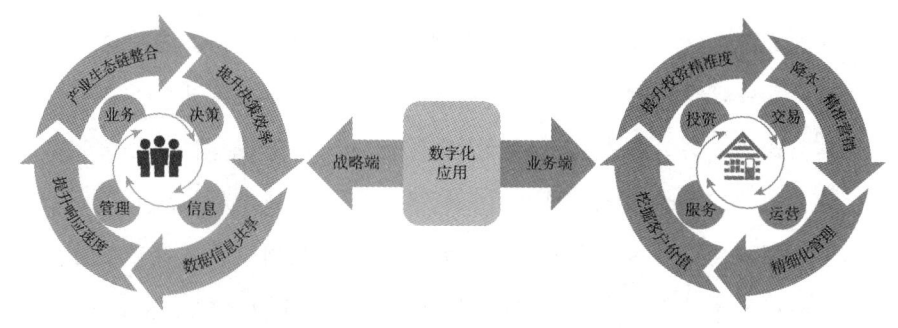

图1-36　房企数字化建设与应用策略

除了积极修炼管理运营"内功"外，业务模式也迎来新的变化，房地产代建服务方兴未艾。行业竞争加剧及房地产金融监管持续从严背景下，轻资产模式资本占用小、整合各方优势的特点为房企带来了新的机遇，日益成为应对市场风险、拓展业务规模的重要选择，其中代建业务作为房企品牌、管理资源输出的自然延伸，发展趋势更是方兴未艾。绿城管理以有口皆碑的产品打造能力和创新代建4.0的管理体系为合作伙伴提供代建服务，2020年7月成功登陆资本市场，代建业务成为集团业务布局的重要一极。

第六节　探索新发展模式，代建成为重要发力点

2021年以来，受到国内外多重因素影响，房地产市场进入深度调整阶段，供需两端均明显走弱，可售面积处于高位。房地产企业风险不断暴露，行业优胜劣汰加剧，竞争格局发生重大变化，央国企优势地位凸显。整体来看，房地产行业亟需探索新

> 发展模式，转变发展理念。2021年12月，中央经济工作会议上首次提出房地产业"探索新的发展模式"，此后在各类重要会议上反复强调这一理念。行业中代表企业普遍采取轻重并举发展策略，开发与经营业务协调联动发展。随着近年来经营性业务营收与利润的规模和占比不断提升，代表房企探索新发展模式的成效已初步显现。代建业务因其具有轻资产、高盈利、抗周期等良好特征而迎来发展机遇，品牌房企纷纷成立各自的代建平台公司，行业竞争日趋激烈。

一、行业进入深度调整期，市场呈现下行态势

全国新房销售规模同比持续下降，市场处于筑底阶段。2021年，全国商品房销售面积与销售金额同比小幅增长，但从2021年下半年起市场明显降温。2022年全年市场成交保持低迷态势，全国商品房销售面积13.6亿平方米，同比下降24.3%，商品房销售额13.3万亿元，同比下降26.7%。其中商品住宅销售面积同比下降26.8%，销售额同比下降28.3%。2023年全国新房销售规模同比继续下降，市场仍处于筑底阶段。2023年，全国商品房销售面积11.2亿平方米，同比下降8.5%，商品房销售额11.7万亿元，同比下降6.5%。其中商品住宅销售面积同比下降8.2%，销售额同比下降6.0%。2024年，全国商品房销售面积9.7亿平方米，同比下降12.9%，商品房销售额9.7万亿元，同比下降17.1%。

从重点城市来看，重点100城新建商品住宅成交面积持续下降。2022年，重点100城新建商品住宅成交面积同比降幅近四成，绝对规模为2015年以来最低水平。2023年，100个代表城市新建商品住宅月均成交面积约2849万平方米，同比下降5.9%，较2020年下降40.6%，较2016年下降50.9%。2024年，100个代表城市新建商品住宅月均成交面积2345万平方

米，同比下降19%。见图1-37，图1-38。

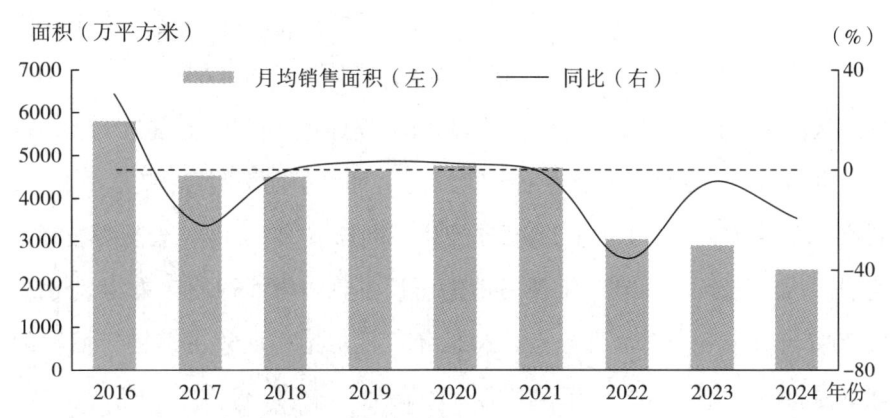

图1-37 2016年以来100个代表城市①新建商品住宅月均成交面积及同比走势

数据来源：CREIS中指数据，fdc.fang.com

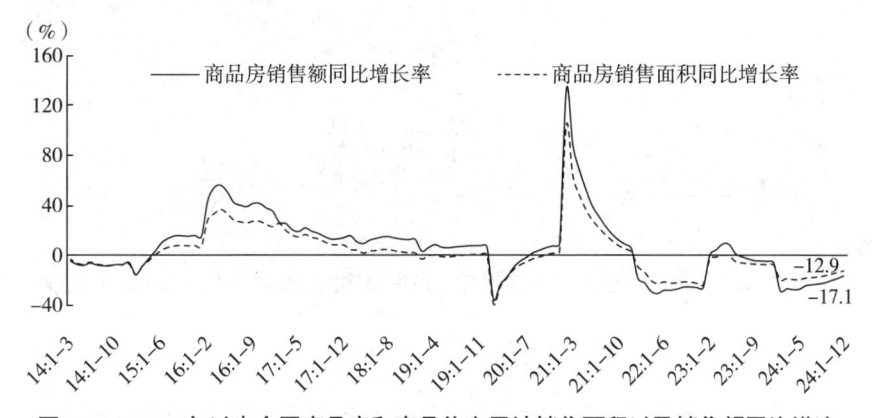

图1-38 2014年以来全国商品房和商品住宅累计销售面积以及销售额同比增速

数据来源：CREIS中指数据，fdc.fang.com

---

① 代表城市共100个，一线包括北京、上海、广州、深圳4个城市；二线包括三亚、郑州、杭州、南京、苏州、无锡、合肥、温州、宁波、武汉、长沙、南昌、太原、青岛、济南、贵阳、银川、大连、沈阳、兰州、西宁、天津、石家庄、呼和浩特、厦门、福州、长春、哈尔滨、西安、昆明、重庆、成都、海口、南宁、北海35个城市；三四线包括东莞、佛山、惠州、中山、肇庆、江门、宿州、洛阳、新乡、南通、徐州、镇江、扬州、淮安、芜湖、绍兴、常州、嘉兴、昆山、连云港、烟台、珠海、安庆、九江、襄阳、岳阳、南充、舟山、泰安、东营、菏泽、湖州、宿迁、江阴、马鞍山、泰州、张家港、常熟、漳州、淮北、金华、盐城、黄石、孝感、黄冈、宜昌、湘潭、淄博、唐山、廊坊、衡水、保定、汕头、泉州、莆田、三明、衢州、赣州、泸州、绵阳、柳州61个城市。

同时，随着购房者更加看重住宅交付与房企经营安全，现房销售表现好于期房，占比明显提升。2022年，商品房期房销售10.0亿平方米，同比下降约27%；现房销售超2.1亿平方米，同比增长约4.6%，表现好于期房。从占比上看，2022年，现房销售面积占总销售面积的比重为17%，较2021年底提升4.0个百分点左右。2023年，商品房期房销售8.7亿平方米，同比下降14.1%；现房销售2.5亿平方米，同比增长18.0%，表现明显好于期房。从占比上看，2023年现房销售面积占总销售面积的比重为22.5%，较2022年末提升5.2个百分点。2024年，现房销售面积占总销售面积的比重为30.8%，较2023年末提升8.3个百分点（图1-39）。

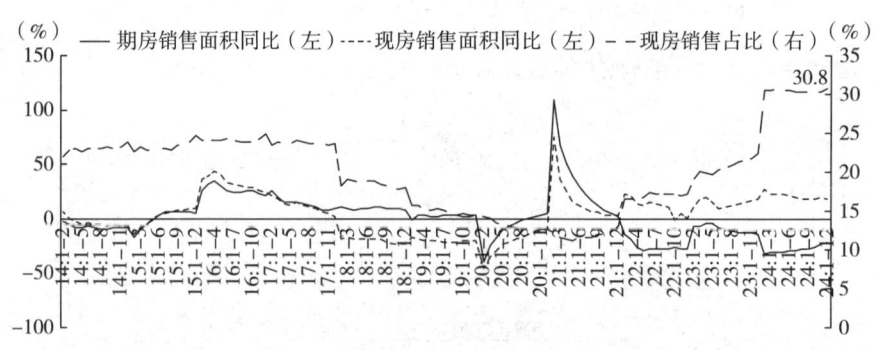

图1-39 2014年以来全国商品房期房、现房销售面积同比及现房销售占比走势

数据来源：CREIS中指数据，fdc.fang.com

"两集中"拿地政策之下，城投及地方国资托底拿地现象明显。2021年2月26日，自然资源部表示，22个重点城市对住宅用地集中公告、集中供应。受该政策影响，住宅用地推出规模继续下行。2023年，全国300城各类用地共推出18.9亿平方米，同比下降16.1%。其中，住宅用地推出6.3亿平方米，同比下降19.6%，绝对规模为近十年最低水平。"两集中"政策的推出，稳地价效果显现，但与此同时，交易市场调整和资金压力下房企拿地意愿降低，全国土地市场出现明显降温，流拍和撤牌情况较为严重，全国300城住宅用地供求两端均缩量明显。在此背景下，地方国资拿

地占比走高，民企参与积极性较弱，央国企成为拿地主流。2023年以来，各地政府不断调整供地结构、优化土拍规则以提高房企拿地意愿，但全国土地市场缩量态势尚未改变，房企拿地仍偏审慎，仅热点城市核心板块维持一定热度。拿地企业方面，央国企拿地金额占比提升明显，民企拿地信心仍偏弱。

二、企业经营风险不断暴露，行业竞争格局深刻改变

2021年以来，多家房企发生债务违约，其中以民营房企为主。据不完全统计，截至2024年，债务违约房企有70余家。2020年时有4家房企违约。房企的债务危机不是偶然，过去部分房企激进地举债扩张，加上跨行业多元化布局，为房企的财务边际恶化埋下伏笔。债券违约房企的净负债率都远超行业平均水平，杠杆率过高，其中部分更是盲目进行多元化布局，进入与地产主业相距较远的领域，沉淀资金大，回款慢，令现金流压力剧增。2021年共有16家房企出现债务违约，民营房企成为债务违约高发地。2022年共有43家违约企业，受经济下行、疫情防控等因素影响，行业景气度下滑，民企生产经营困难，盈利空间压缩，信用资质恶化，因此民企债券违约频发，仍为债券市场的违约主体。2023年共有11家违约企业。虽然自2022年四季度以来政策有所放松，但融资开闸仍仅限于优质房企，整体行业融资面仍然处于筑底阶段，多数民营房企尤其是出险房企融资难的问题依然突出，已出险房企的展期违约仍在继续。2024年有2家房企发生违约（图1-40），随着房地产融资协调机制不断落地，房企融资问题有望得到改善。虽然到期债券余额最高峰已过，但2025年房企债务压力依然较大，若销售市场长期低迷，债务违约现象或仍会出现。

近两年来共有21家上市房企退市。房企发生债务违约，债务重组进展缓慢，股价持续下跌，或者财务业绩报告未能发布，停牌超过18个月

等，导致上市房企退市。2023年有13家上市房企退市，2024年有8家上市房企退市。房企退市表明了投资人对其债务危机和可持续经营能力的担忧，也使出险房企丧失了债务重组的有力工具，对其销售、融资、品牌形象均产生负面影响。对于行业来说，出险房企密集退市既是行业下行的必然结果，也是行业优胜劣汰的一部分，也会打击行业发展信心。

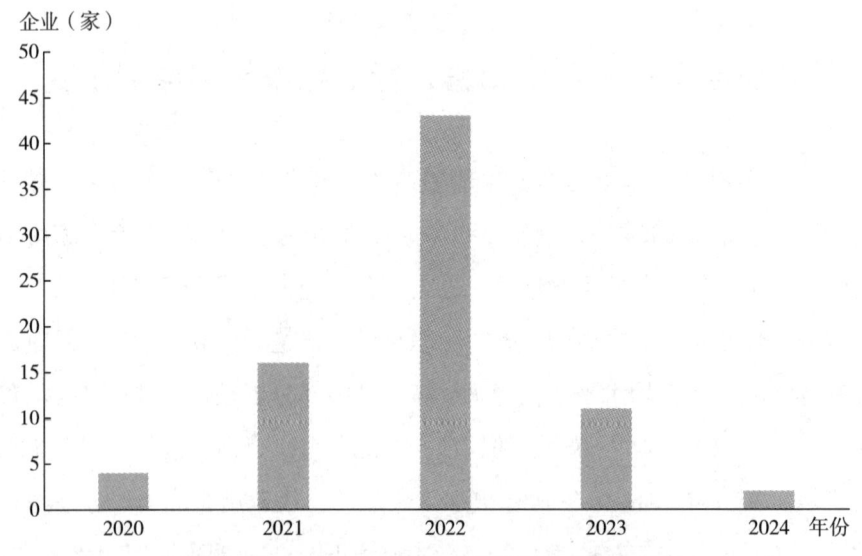

图1-40　2020—2024年违约房地产企业数量进程

数据来源：中指研究院综合整理。

房企拿地方面，近几年央国企是拿地绝对主力，民营房企拿地较为审慎。根据中指数据，从拿地金额TOP100企业来看，2021年民营房企数量占比接近一半为47%，2022—2024年民营房企数量占比不到两成。民营房企拿地不活跃主要受市场、融资环境、自身经营等多方面因素影响。

民营房企大幅萎缩不利于行业长远健康发展。一是，房地产业市场化程度高，对企业运营效率有较高要求，一般来说，民营企业运营效率较高，民营房企大幅萎缩，不利于行业运营效率的提升。二是，当前行业形势需要房企提供好房子和有较强的产品能力，相当多国企的产品能力有限，经过市场的洗礼和锻造，部分民企产品的打造能力很强，民营房企大幅萎缩，不利于行业产品能力的提升。三是，房地产行业高质量发展，需要良性的竞争格局，民营房企大幅萎缩，不利于企业良性竞争。未来，国企与民营房企各自发挥所长，优劣势互补，将能促进行业健康发展。

三、政策鼓励探索新发展模式，代表企业普遍采取轻重并举战略

2021年12月，中央经济工作会议指出，加强预期引导，探索新的发展模式，首次提出房地产业"探索新的发展模式"理念。此后，在各类重要会议上"探索新发展模式"被反复强调（表1-5）。

表1-5　　　　　　2021—2024年中央会议关于房地产业的内容

时间	关于房地产业的内容
2021年12月	要坚持房子是用来住的，不是用来炒的定位，加强预期引导，探索新的发展模式，坚持租购并举，加快发展长租房市场，推进保障性住房建设，支持商品房市场更好满足购房者的合理住房需求，因城施策促进房地产业良性循环和健康发展
2022年12月	要确保房地产市场平稳发展，扎实做好保交楼、保民生、保稳定各项工作，满足行业合理融资需求，推动行业重组并购，有效防范化解优质头部房企风险，改善资产负债状况，同时要坚决依法打击违法犯罪行为。要因城施策，支持刚性和改善性住房需求，解决好新市民、青年人等住房问题，探索长租房市场建设。要坚持房子是用来住的，不是用来炒的定位，推动房地产业向新发展模式平稳过渡
2023年12月	积极稳妥化解房地产风险，一视同仁满足不同所有制房地产企业的合理融资需求，促进房地产市场平稳健康发展。加快推进保障性住房建设、"平急两用"公共基础设施建设、城中村改造等"三大工程"。完善相关基础性制度，加快构建房地产发展新模式
2024年3月	《政府工作报告》指出，适应新型城镇化发展趋势和房地产市场供求关系变化，加快构建房地产发展新模式
2024年9月	政治局会议指出，要促进房地产市场止跌回稳，对商品房建设要严控增量、优化存量、提高质量，……推动构建房地产发展新模式

数据来源：中指研究院综合整理。

对比成熟经济体头部房企，国内房企当前的发展阶段在业务模式、运营模式和融资模式仍有一定差距。业务模式方面，历数近年风险暴露的房地产企业，大多是由于盲目扩张、贪大求全。从运营模式来看，传统开发依赖"高负债"、专业化程度较低，高存货导致周转效率较低。融资模式方面，国内企业融资渠道单一，且主要依赖银行贷款。而海外房企依托于完善的直接融资体系，通过基金市场和REITs等股权退出机制，为房企资产管理奠定良好基础。综合来看，参考发达经济体头部企业的发展经验，探讨当下我国房企走出困局的新发展模式，因企而异，根据企业资源规模可分为三种模式（图1-41）。

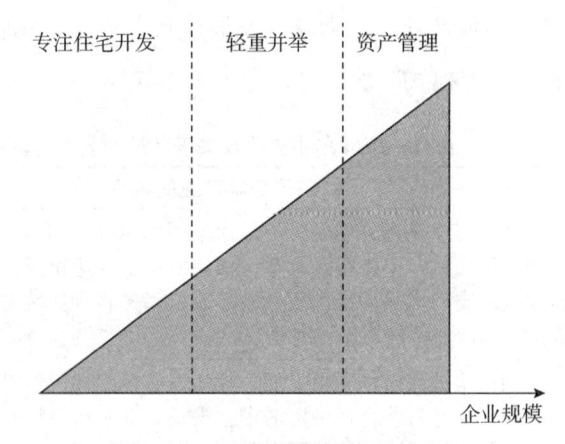

图1-41 新发展模式企业发展方向

数据来源：中指研究院综合整理。

模式一：专注开发。区域中小型房企应专注开发业务，提质增效。区域中小型房企应通过区域深耕，打造更加贴近客户需求的产品，从而提升企业的专业化程度和品牌竞争力。对于立足一二线城市的区域性中小型房企，在都市圈范围内深耕布局，应专注区域开发，通过更高的经营质量获得管理红利溢价，争取更多的竞争优势。对于三四线城市中小房企，随着盲目扩张企业的退出，竞争将有望减少，这些房企应进一步深耕大本营地区，主推中低端项目，便于标准化建设的同时打造品牌价值，进而谋取更大的规模。

模式二：开发＋轻资产，轻重并举。中型房地产企业应延伸轻资产业务，发挥职业团队优势，聚焦服务效率。中等规模的房地产企业的特点是，在保持一定规模的传统开发业务的基础上，已经进行了多元化探索，并在部分领域实现了业务布局，这类企业应延伸轻资产业务。

模式三：开发＋轻资产＋资产管理。综合性大型房地产企业应发展轻资产业务，并拓展资产管理。综合性大型房地产企业的特点是已经完整覆盖房地产行业价值链，这类企业在行业下行阶段依旧保持稳健的产品或服务竞争力，可发展轻资产业务，实现轻重并举。基于自身已有规模做轻资产管理延伸，如商业管理、代建、物业管理等领域，拓展轻资产业务，通过自身服务能力和品牌力发挥整体协同优势。

探索新发展模式，代表房企总体上均采取"开发＋经营"为模式的轻重并举发展策略。在具体表述时，代表房企往往采用"住宅开发/重资产＋X"的方式，其中X代表运营与服务类业务，包含购物中心、写字楼、酒店、长租公寓、代建、装饰、展览、康养等业务领域。在"新发展模式"这一理念提出之前，龙头房企普遍早已采取"开发＋经营"的发展模式。如保利发展自2002年便以"三个为主、三个结合"为基本发展战略，强调开发性收入与经营性收入相结合；华润置地早在2007年便确立了"住宅开发＋投资物业＋客户增值服务"的发展模式，近些年随着业务不断优化与拓展，构建起"3+1"一体化的发展模式，开发销售型业务、经营性不动产业务、轻资产管理业务以及生态圈要素型业务合力发展。代表房企能够较早地在开发业务之外拓展运营与服务类业务，一方面得益于自身的资源优势，另一方面来自于对市场发展趋势的深刻认知，认识到房地产市场规模逐步见顶，更大的发展空间将来自存量市场。

代表房企以"开发＋经营"的发展模式为指引，在住宅开发之外已布局物业服务、商业运营、代建、长租公寓、产业园区、康养等多元业务，并形成了各自特有的优势领域。代表房企一方面继续夯实在购物中心、写字楼、酒店等传统领域的经营优势；另一方面适应新的发展形式，积极响应政策号召，拓展代建、长租公寓等新的业务领域。

表 1-6　　　　　　优秀代表房企"开发 + 经营"发展策略

企业	发展策略
保利发展	以不动产投资开发为主，围绕美好生活服务和产业金融服务开展相关业务布局
华润置地	"3（开发销售、经营性不动产、轻资产管理）+1（生态圈要素）"一体化发展
招商蛇口	开发业务、资产运营、城市服务三类业务
绿城中国	重资产、轻资产和"绿城 +"三大板块
龙湖集团	开发、运营、服务三大业务协同发展
新城控股	"住宅 + 商业"双轮驱动

数据来源：中指研究院综合整理。

四、经营业务营收利润稳步提升，代表房企探索新发展模式初显成效

从房地产企业发展来看，重资产运营模式已经不符合当下环境，大量企业纷纷进行轻资产转型。经营性轻资产业务收入增长快于开发业务，营收占比不断扩大。典型房企开发业务与经营业务在 2018—2023 年之间整体均保持增长态势，其中经营业务增速快于开发业务。从业务规模看，典型房企开发业务营收 2018—2023 年之间年复合增长率约为 14.6%，而经营业务营收在 2018—2023 年之间年复合增长率达到 21.0%，增速比开发业务高出 6.4 个百分点。同时，较高的增速也使经营业务在企业整体营收中的占比呈现上升态势（图 1-42）。2018—2023 年，典型房企总营收中经营业务占比从 8.1% 增长到 10.3%，年均增长约 0.44 个百分点。相应地，开发业务占总营收的比例呈现下降态势，从 2018 年的 91.9% 下降到 2023 年

的89.7%（图1-43）。从营收规模看，开发业务仍是当前典型房企的"生命线"。

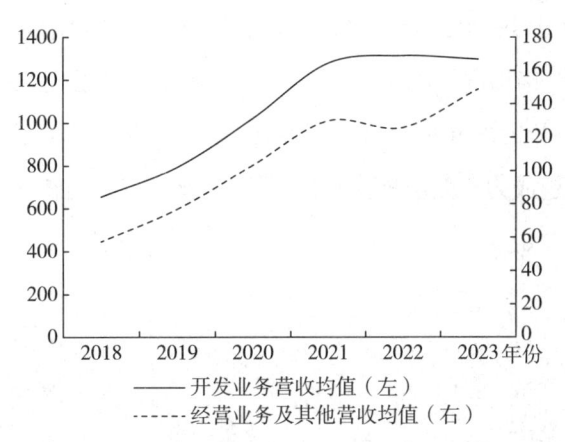

图1-42　2018—2023年典型房企开发与经营业务营收（亿元）

数据来源：CREIS中指数据，fdc.fang.com

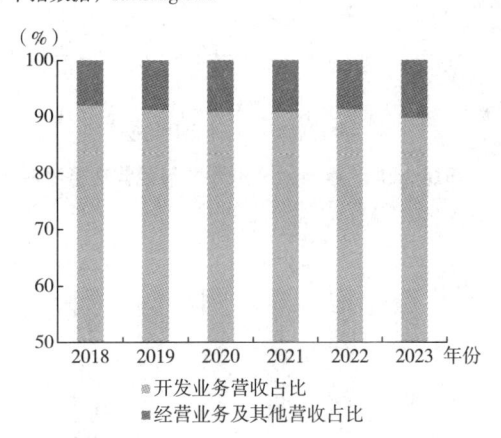

图1-43　2018—2023年典型房企开发与经营业务营收占比

数据来源：CREIS中指数据，fdc.fang.com

开发业务毛利下滑，经营业务利润贡献度凸显。典型房企开发业务毛利持续下滑，经营业务毛利呈增长态势。2018—2023年，典型房企开发业务毛利整体下滑，年复合下降率约为5.1%；而经营业务毛利整体保持了增长态势，年复合增长率为23.2%。受到市场下行压力影响，房企为加快去化与回款调整售价，基于谨慎性原则计提资产减值，项目交付进程变缓影响结转等原因导致房企开发业务毛利下降。此消彼长，经营业务毛利占比呈上升趋势。2018—2023 年，典型房企毛利中来自经营业务的占比从 8.9%增长到 26.5%，年均增长约 3.5 个百分点。相应地，开发业务毛利的占比呈现下降态势，从 2018 年的 91.1% 下降到 2023 年的 73.5%。从盈利角度看，经营业务越来越成为典型房企获取利润的"发动机"。见图 1-44，图 1-45。

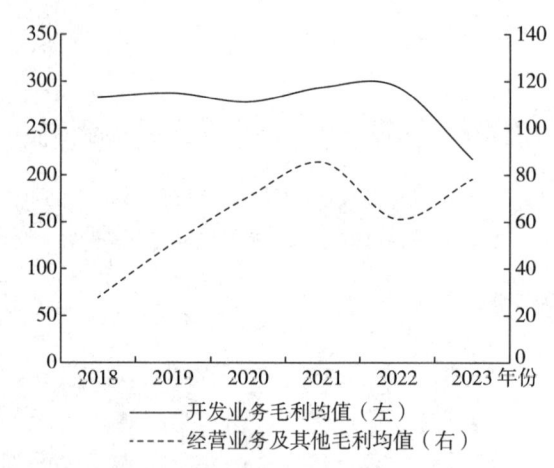

图 1-44 2018—2023 年典型房企开发与经营业务毛利（亿元）

数据来源：CREIS 中指数据，fdc.fang.com

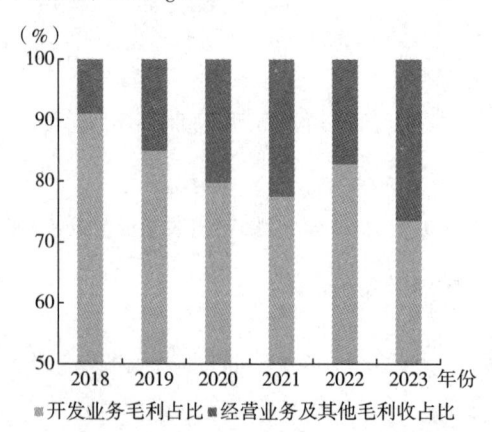

图 1-45 2018—2023 年典型房企开发与经营业务毛利占比

数据来源：CREIS 中指数据，fdc.fang.com

五、代建成为房企探索新发展模式重要发力点，行业竞争日趋激烈

当前，我国房地产市场仍处于下行阶段，房企资金面承压未改。在供求发生重大变化的新形势下，市场格局与企业格局继续面临调整。与此同时，行业探索新发展模式的方向逐渐清晰，房企均紧抓市场机会积极作为，并主动适应新形势，轻重并举实现高质量发展。在探索房地产新发展模式背景下，代建具有需求增长快、轻资产、高盈利、抗周期等良好特征，是当前房地产企业纷纷涉足的主要领域，目前已有超百家房地产企业涉足。房地产企业纷纷成立代建平台，不断拓展代建业务。房地产企业布局代建不仅有助于自身长远发展，还可以涉足更广泛的市场，随着代建模式的不断升级与优化，代建企业也在不断拓宽业务边界（表1-7）。

表1-7　　　　　　　　　近年代表房企成立的代建平台公司

企业名称	代建平台	成立年份及业务表现
世茂集团	璀璨管理	2021年成立，签约江苏连云港灌南、宝鸡中华如意城等代建项目。2023年，原世茂执行总裁吕翼完成对世茂管理的股权收购，更名璀璨管理
旭辉集团	旭辉建管	2021年成立，2024年新增总建面1588万平方米
龙湖集团	龙湖龙智造	2022年成立，2024年新增总建面800万平方米
华夏幸福	幸福安基	2022年成立，中标沈阳市代建保交付项目、廊坊片区综合开发代建项目共计252万平方米
滨江集团	滨江管理	2010年入局商业代建，2014年提出"百亿"计划，2017年因代建品牌受损，弱化代建，2023年8月重新组建团队，再次入局代建
招商蛇口	招商建管	2024年1月，招商蛇口根据战略规划和实际经营需要设立代建业务专业公司，统筹管理并开展代建业务
绿地集团	绿地智慧	2024年4月成立，为业主提供规划设计、建设、运营等一揽子服务
金科集团	金科金建管	2024年5月成立，依托金科20余年地产开发经验，提供一站式服务

数据来源：中指研究院综合整理。

由于房地产企业入局代建的时间不同，代建规模、营收等差异较大，先入局企业凭借自身管理与品牌优势在市场中占据先发位置。如绿城中国旗下上市代建平台绿城管理2018—2023年收入年复合增长率达17.4%，2023年全年营收达33.02亿元。绿城管理、龙湖龙智造等代建业务的利润对集团的利润贡献在显著持续提升。后入局企业也在不断发力赶超，呈现出中部崛起、央国企跨步入场的竞争格局。

第二章

中国房地产代建起源与演变

从国内房地产代建的发展来看，我国的代建兴起于最初的政府代建。整个行业先后经历了政府代建和商业代建不同阶段的演化，当前已发展成多种代建模式并存的状态。

第一节 房地产代建的起源

从代建制度改革主线来看，最初的起源则是为了克服我国各级政府对直接投资的项目管理方式多实行"财政投资，政府管理"单一模式带来的弊端。由于计划经济以及改革开放后的一段时间，政府对直接投资项目均由国家进行直接投资与管理，虽然当时也发挥了较大作用，但也存在投资与管理效率低下，"三超工程""钓鱼工程""投资无底洞"等现象屡见不鲜。为了改变政府对直接投资项目管理中存在的诸多问题，我国政府开始借鉴和探索代建制。

严格来说，房地产代建隶属于代建行业的一个重要分支，讨论房地产代建应先对代建行业的概念及特征进行分析。然而关于代建的概念在国内尚无统一的界定，学术界、政府，以及房地产代建行业各自从利益分配、道德风险、委托代理机制、制度建设、代建模式等不同角度进行界定和内涵解读，形成了多种多样的概念界定。我们将对代建行业的概念进行梳理，从而尝试对房地产代建进行综合解读，从而确定我们的研究边界和分析范畴。

一、中国房地产代建的起源及发展

我国的房地产代建伴随着市场化改革而不断演变，其中主要为政府代建制度改革以及住房制度改革两条主线。政府代建从"财政投资，政府管理"的单一模式转向社会资本的多种参与合作模式，比如保障房、集体安置房等。住房制度改革则起源于城镇住房制度改革由福利分房、集资合作建房向市场化方向转变。

我国政府投资项目实行代建制管理起步于福建省厦门市。1993年，厦门市政府通过采用直接委托或招标等方式，将非经营性政府投资项目委托给一些市场上的专业项目管理公司进行建设管理，并对其不断地完善和规范，而后逐步发展成为现在的政府投资项目代建制。由于厦门代建制取得的成功，2002年国家开始组织有关部门对"政府投资项目管理方式改革"进行课题研究，为全国试点做调研准备。随后两年时间里北京、贵州、重庆开始就一些项目进行代建制建设试点。之后的两年时间代建制开始由点到面、由上到下，在全国范围内全面铺开，各地也积极总结经验，出台相关的政策文件来完善代建制管理，目前代建制管理建设也在不断完善之中。

从住房制度改革主线来看，房地产代建主要分为房地产市场化改制之前和市场化改制之后两个阶段。其中，房地产市场化改制之前的阶段中，房地产代建以政府代建的形式存在。新中国成立之初，我国实施"统一管理，统一分配，以租养房"的公有住房实物分配制度。城镇居民的住房主要由所在单位解决，各级政府和单位统一按照国家的基本建设投资计划进行住房建设，住房建设资金的来源90%主要靠政府拨款，少量靠单位自筹。这一时期的房地产代建其实仍为政府代建，还没有真正意义上的民间资本以及市场委托等制度性安排。1978—1993年的15年是我国福利分房制度改革不断探索和发展的阶段，个人购房与售房得到允许，这一时期商品房萌芽开始出现，房地产代建主要由国有或集体建筑公司承建安居保障社区工程、商业综合体、集体住房等，代建环节较为单一，也是代建概念最初的起源。1994—1998年住房实物分配向住房市场化改革的过渡阶段，房地产代建开始进入更加广阔的范畴，尤其在政府代建中民资也进入招标视野中。

"98房改"开启房地产市场化发展之路，这一阶段的房地产代建最初仍是以房地产企业参与政府保障性住房开始，并随着市场的持续变化，陆续出现民间资本以及市场化的代建委托等，商业代建逐渐成形。1999—2004年，中国商品房市场逐步进入市场化全面推进阶段，2005年以来政府对市场也开始宏观调控，此阶段房地产代建已经由单一的建筑环节向全产业链进行拓展，参与代建的主体由建筑公司向房地产开发公司转变，或者由各开发环节的专业化公司接受委托方统一管理与合作，专业化与综合化两个方向同时并存。

在房地产发展的黄金十年的后半期，两次"地王"潮推动房地产企业成本压力持续提高，致使行业利润空间受到挤压，倒逼开发企业的开发过程从粗放转向精细化。与此同时，2008年开始，经过房改10年反思之后，"保障性住房"被提到了前所未有的高度。多数有资历、有能力的区域性品牌房企一方面为缓和成本压力，另一方面基于承接保障性住房带来的筹融资便利条件等，纷纷承接政府保障房项目代建，成为企业收入和利润的重要补充。

而进入"白银时代"之后，行业的专业化要求更高，企业的品牌影响力、资金实力、创新能力，以及前后端资源的整合能力都成为企业发展的根本要素。尤其是在信息与技术的快速冲击下，对房产品质与服务的诉求表现愈加突出，房地产市场的专业化程度持续增强，促使房地产企业开始积极寻求转型。无论是多元化尝试，还是跨领域资源整合，由"重"变"轻"始终是房企转型的核心诉求。在行业从高速到中速增长的过程中，集中度明显提高，加快向工业化分工发展，投资与开发逐渐分离，行业价值分配向金融和服务转移，房地产代建顺势得以快速发展，成为房地产行业发展的重要分支之一。

2021年后，房地产市场进入新的调整期，行业下行压力持续增加，房企"三高"模式难以为继，在此过程中，部分房企出现流动性风险，债务违约事件有所增加。伴随着我国经济下行压力增加，居民购房意愿不足，房企销售规模持续减少，投资策略转为"以销定投"，土地投资持续减少。在此背景下，地方国资、城投公司托底拿地现象明显，持有大量土地。地方国资、城投公司开发能力不足，亟需具有品牌影响力、良好管理能力的房地产企业进行代建。与此同时，政府倡导房企探索新的发展模式，代建因为具有"轻资产、高盈利、抗周期"等特征，成为房企探索新发展模式的方向之一。市场的需求与房企的转型，促使房地产代建迎来快速发展。

二、中国房地产代建的发展模式

对于中国房地产代建模式的分类，目前来看主要有三种分类方法。其一，部分学者从不动产权属性质划分，如政府公共代建、商业团体代建、个人代建，不同权属物业在代建合约中有不同的约定。其二，从委托人性质进行划分，包括政府代建、商业代建和资本代建，也有部分学者划分为商业代建和政府代建两类。其中商业代建又分为项目代建和资本代建两类，目前以委托人性质的划分较为主流。其三，从国际代建分类来看，由于委托方及物业属性特点对代建委托代理双方权益划分影响较大，大多将代建分为政府代建和私人代建两类。其中私人代建范畴较大，包含了商业代建、资本代建，以及个人委托代建等政府公共物品代建之外的广大领域。

结合国际经验与房地产发展阶段，本书倾向于第二种分类方法，将代建分为政府代建、商业代建和资本代建。中国房地产代建脱胎于政府投资项目领域，在政府投资制度改革以及房地产市场化改革中逐步兴起和发展。其中，政府代建伴随中国城镇化大趋势仍将占据重要地位，同时商业代建不断加速发展，资本代建在房地产市场调整期出现端倪，但依旧在持续探索和创新过程中。因此，下面我们将对三种代建模式分别进行详细分析，以促进行业对这些模式的理解与讨论。

三、代建概念的界定

在学术研究领域，胡昱等认为"代建制"是政府主管部门对政府投资的基本建设项目，按照使用单位提出的使用、建筑功能要求，通过招投标的市场机制选定专业的工程建设单位，并委托其进行建设，建成后经竣工验收备案移交给使用单位的项目管理方法（俗称"交钥匙工程"）。张华平认为"代建制"是指通过设立专业的建设代理机构，代理（或提供咨询服务）建设单位负责有关工程项目建设的前期和实施阶段的工作，并明确指出工作性质是工程建设管理和咨询，单位性质是企业。陈志华、成虎等认为"代建制"是指对非经营性政府投资项目经过规定的程序，由专业性的管理机构或工程项目管理公司代行政府业主职能，对政府投资项目实行相对集中的专业化管理，实现投资、建设、管理、使用的分离。

在政府层面，代建定义主要是针对政府投资项目而言，最具有权威性的定义为2004年7月《国务院关于投资体制改革的决定》的定义："对非经营性政府投资项目加快推行'代建制',即通过招标等方式,选择专业化的项目管理单位负责建设实施,严格控制项目投资、质量和工期,竣工验收后移交使用单位"。地方政府在制定相关政府投资项目时,也纷纷引用国务院对代建制度的定义,并未形成有效的突破。如北京市《北京市政府投资建设项目代建制管理办法(试行)》中认为:代建制是指政府通过招标的方式,选择社会专业化的项目管理单位,负责项目的投资管理和建设组织实施工作,项目建成后交付使用单位的制度。

以上各项研究表明,最初的代建制是起源于政府层面的投资项目,是为了更好地对政府投资项目进行社会化、专业化的建设和管理,解决"建设、监管、使用"多位一体的矛盾而发展起来的。其核心要点为代替委托方行使各项职能,包括投资、策划、设计、管理、监督、实施、评估等服务,服务范畴由双方进行约定。代建制涉及的范围极其广泛,包括各类基础设施及基础产业投融资领域,如交通运输、机场、港口、桥梁等各类工程,以及廉租住房、经济适用住房、政策性租赁住房、定向安置房等政府保障性住房。

伴随中国房地产市场日趋成熟,房地产代建作为代建行业的一个重要分支,在代建行业中正在扮演越来越重要的角色。

四、房地产代建概念的界定

目前,关于房地产代建概念界定及相关研究仍然较少,主要从代建对象、代建阶段、代建过程等方面开展研究。纪茂全,薛清明等认为房地产开发项目代建就是投资商和开发商相剥离,开发商以代建的形式承担项目的开发任务,全面引入成熟的管理经验与开发理念,开发建造高品质房产。尹国森认为房地产代建是由拥有土地、资金的委托方发起诉求,由拥有项目开发建设经验的专业代建方承接,双方通过平等协商建立合作关系，最终实现共同盈利的一种商业模式。同时，将房地产代建分为政府代建和商业代建，其中商业代建包括项目代建和资本代建。黄晓云认为"代建制"是指投资项目经过规定的程序，由投资方选择有资质的项目管理公司作为项目建设期法人，全权负责项目建设全过程的组织管理，通过专业化项目管理最终达到控制投资、保证工期质量、提高投资效益和管理水平的目的。同时，其按照代建在产业链中的不同阶段将代建制分为全程代建和分阶段代建两类形式。叶陶指出，现推行的"代建制"是将项目建设人与项目使用人分离，由项目出资人委托有相应资质的项目代建人对项目招投标和勘察、设计、施工、监理等建设全过程进行组织管理，项目竣工后交付使用人的项目建设管理行为。而政府投资项目代建制，则是指政府委托第三方以建设期法人地位，对所投资工程进行专业化管理的模式。它形成投资、建设、管理、使用相分离的权责明确、制约有效、科学规范的管理体制及运行机制。

综上所述，房地产代建行业伴随政府代建制度变革以及房地产市场化推进，逐步从代建行业中分离出来，相关研究涉及制度安排、服务模式、道德风险、产业链整合等多个层面，且政府代建研究仍然占据较高比例。在房地产及政府公共领域逐步市场化改革的推进下，房地产代建的特征及内涵也在不断演进中，由狭义的建筑环节代建向广义的全产业链服务代建转变。

结合国内房地产代建的现状与国外房地产代建的发展趋势，本书认为：房地产代建是由有开发需求的委托方发起，由拥有开发和建设能力的受托方进行建设管理，部分或全程参与融资、设计、开发及服务，最终实现共同赢利的一种商业模式。

在这一定义中，我们界定的房地产代建核心要点有四个。一是明确存在委托方和受托方，双方有确切的职责划分，双方通过股权、服务费、信托基金等多种形式建立起合作模式；二是受托方可输出企业品牌或与委托方有共同品牌合作，对项目无绝对控股权，但根据委托协议享有实际操盘权，并在委托方项目中可以体现代建方企业品牌；三是受托方在合作过程中收取代建管理费或代建服务费；四是受托方的股权收益不通过房地产开发环节的收入结转，而是以服务业确认收入的方式加以确认。

房地产代建的服务领域、服务环节、服务模式等也伴随市场化改革而呈现不断变迁，其内涵也呈现出宽泛化、灵活化、多样化、平台化等特征。具体而言，主要包括以下几点。

（1）代建服务领域范围拓宽。所有房屋建设领域均有所进入，包括政府公共服务领域内的保障房建设、城市更新建设，商业领域内为开发企业进行商品房代建，私人服务领域内为公司或机构进行商品房或房屋代建等。

（2）服务模式类型灵活多样。房地产代建企业由于多从开发企业转变而来，一般包含单纯收取服务费、股权收益与服务费兼收两种形式，在表现形式上包含品牌输出、管理输出、服务输出、综合输出等多种形式，由此代建企业也呈现不同的轻资产化程度。

（3）代建服务的资源整合特性逐步增强，平台化与专业化并存。大型房地产代建企业由于具备较强的资源整合能力，在房地产开发与服务链条中具有综合优势，其代建环节越来越向综合化发展，如产业新城开发、特色小镇开发等。另一方面代建企业基于多年的资源合作能力，建立起中介服务平台，聚集资金、设计、营销、物业等优质服务资源，对产业链条进行专业化服务，实现各个环节的高度专业化与统筹，最终实现多方效益的最大化。

房地产代建是代建制向房地产领域渗透的衍生产物，是随着房地产市场的专业化、市场化、精细化发展而持续发展的。尤其在当前房地产市场背景下，企业竞争的加剧以及专业化的发展，都客观上加速了房地产产业链条上的专业化细分，投资与开发分离，开发与运营分离，一级土地运营与二级开发的分离都体现了这一趋势。这其中，投资与开发环节的专业化分工对房企转型和房地产市场发展的影响意义深远。一方面，绿城、建业、金地等传统的房地产开发商开始陆续成立代建团队，凭借自己的品牌、专业开发能力创造价值。另一方面，传统的金融机构和新兴的私募基金不满足于财务投资的角色，更深入地参与到地产开发业务中，形成了一批专业的地产投资人。

同时，代建作为房地产行业中的一个领域，与传统的房地产开发属于不同范畴，二者在商业模式、业务属性、盈利模型、行业特质等方面均有不同，衡量二者的财务指标也不同。代建作为房地产行业新的商业逻辑，衡量代建模式的关键指标有以下两个：①在增长指标方面，为新增建筑面积、新增合同代建费和新增合同销售额；②在规模指标方面，总建筑面积、合约在建面积、合约总可售货值和合约总代建费四项指标更为关键。具体见表2-1，表2-2。

表2-1　　　　　　　　　代建与房地产开发的部分差异

	房地产代建	房地产开发
商业模式	轻资产 （服务属性）	资本密集 （资本属性）
业务属性	管理及品牌输出	投资及开发兼备
盈利模型	服务费收取	投资回报
行业特质	抗周期性	易受房地产市场周期影响
财务表现	利润率较高 无负债 现金流充裕	利润率较低 负债较高

表2-2　　　　　　　　　　代建的部分重要指标

增长指标	规模指标
新增建筑面积 新增合同代建费 新增合同销售额	合约建筑面积 合约在建面积 合约总可售货值 合约总代建费

五、房地产代建的研究意义

房地产代建是房地产行业发展的产物，随着越来越多的企业介入到房地产代建业务中，房地产代建将成为一个全新的细分领域并发展壮大，将对房地产行业产生深远地影响，而对这一领域进行系统性的梳理和研究有以下几个方面的意义。

1. 规范行业认知，系统梳理行业特征

现阶段，房地产代建的研究相对匮乏。房地产行业内外的专家学者，甚至是从事房地产代建的企业都或多或少对于对行业界定、参与企业的界定、代建模式、盈利模式等较为模糊。更有业内人士及参与其中的企业将房地产代建与最初期的工程代建相混淆，导致单从字面狭义理解为代为建设的业内观点也比比皆是。因此，本书的第一个研究意义便是统一、规范行业认知，通过房地产代建概念的界定及领域研究，系统梳理行业特征，为房地产代建行业的健康发展夯实根基。

2. 探讨行业发展趋势，树立行业信心

房地产代建领域的发展，给传统房地产行业带来业务转型的启示和思路。如建业地产在宣布从事房地产代建一年内便承接24个商业代建项目，发展态势迅猛，基本接近于企业2015年的新开工项目个数。房地产代建以不投资拿地，仅输出企业的管理资源或品牌资源为优势，具有能实现业务快速扩张的典型特征。因此，基于房地产仍作为我国经济的支柱性产业，随着专业化分工以及企业分化的加剧，以及传统重资产下的利润摊薄等，房地产代建领域将成为一个快速发展壮大的全新领域，对改变房地产市场的格局产生深远地影响。本书将在研究房地产代建特征的基础上，探索其未来发展趋势，树立房地产代建市场稳固、持久发展的信心。

3. 剖析企业标杆，共享多元代建思路

目前，对代建企业的研究多为基于宣传层面的浅显、零散性分析。因此，本书将行业内典型企业及项目案例进行深入剖析，分析各个企业参与代建的历程、模式、发展经验、经典代建案例等，为已进入和拟进入行业的企业提供多元化、前瞻性地发展思路。

第二节　代建制度正式推出，政府代建成为主流

一、政府代建模式含义

政府代建模式是指政府或行使政府职能的机构通过招标，选择具有技术性、专业性的项目代建管理单位，对项目建设进行管理。我国推行政府代建模式主要是为了实现政府投资项目投资、建设、管理、营运的"四分开"，解决政府"投资项目主体"缺位、越位和失位的问题[①]。

二、政府代建模式背景及发展

1. 政府代建背景

20世纪90年代，我国正处于从计划经济体制向市场经济体制过渡的时期，在计划经济体制下，所有的建设项目由政府投资、政府监督管理、

---

① 胡昱，严竞浮："政府投资项目管理的新模式——代建制"，《北京建筑工程学院学报》，2003年第3期。

政府生产、政府进行使用管理，也即"投、建、管、用"四位一体。政府在建设项目整个过程中，既是行政长官，又是建设者，又是管理者，政企不分，官商合一。政府建设项目往往缺少明确的法人及投资责任约束机制，并引发出许多的问题。如项目建设的权责不统一，过多的行政干预，截留、挪用，挤占建设资金，使得项目的资金难以得到有效的控制。随着市场经济及城市化进程的推进，大量城市基础设施、保障性住房急需修建，政府投资管理项目模式已不能适应经济的发展，政府投资项目管理模式改革势在必行。

2. 政府代建背景

我国政府投资项目实行代建制管理起步于福建省厦门市。1993年，厦门市政府通过采用直接委托或招标等方式，将非经营性政府投资项目委托给一些市场上的专业项目管理公司进行建设管理，并对其不断地完善和规范，而后逐步发展成为现在的政府投资项目代建制。

由于厦门代建制取得的成功，2002年国家开始组织有关部门对"政府投资项目管理方式改革"进行课题研究，为全国试点做调研准备。随后两年时间里北京、贵州、重庆开始就一些项目进行代建制建设试点。

2003年2月13日，建设部下发了《关于培育发展工程总承包和工程项目管理企业的指导意见》。该文明确指出：积极推行工程总承包和工程项目管理，是深化我国工程建设组织实施方式改革，提高管理水平，保证工程投资效益，规范建设市场的重要措施。是勘察、设计、施工、监理企业调整经营结构，增强综合实务，加快与国际工程承包和管理方式接轨，适应社会主义市场经济发展和加入世界贸易组织下新形势的必然要求。是贯彻党的十六大关于"走出去"的发展战略，积极开拓国际承包市场，带动我国技术、机电出口及工程材料的出口，促进劳务输出，提高我国企业国际竞争的有效的途径。并明确规定：鼓励有勘察、设计、施工、监理资质的企业，通过建立与工程项目管理业务相适应的组织机构、项目管理体系，充实项目管理专业人员，按照有关资质的管理规定，并在资质等级许可的工程项目范围内开展相应的工程项目管理业务。

3. 政府代建的发展

2004年国务院出台《国务院关于投资体制改革的决定》，以官方文件明确提出了代建制管理模式。之后代建制开始由点到面、由上到下，在全国范围内全面铺开，各地也积极总结经验，出台相关的政策文件来完善代建制管理。中央到地方也开始加快代建制制度建设，2004年9月16日，财政部颁布了《关于切实加强政府投资项目代建制财政财务管理有关问题的指导意见》，对代建资金的拨付和监督检查、代建管理费的开支标准和核算办法等作了原则规定。各地的政府投资项目代建制管理办法也具体规定了代建单位和使用单位的职责，代建项目组织实施程序，资金拨付、管理与监督，奖惩规定等内容（见表2-3）。

表 2-3　　　　　我国政府投资项目"代建制"发展历程

1	1993年开始，厦门市开始针对市级财政性投融资项目进行委托代建试点，拉开了代建制序幕
2	2001年7月，厦门市开始在重点工程项目全面实施项目代建，制定《厦门市重点工程建设项目代建管理暂行办法》，开始了代建制实务的探讨
3	2001年，上海市发布《上海市市政工程建设管理代建制试行规定》，在高速公路建设中强制实行代建制，同年上海市市政局发布《关于本市市政行业开展代建制试点方案》
4	2002年3月，厦门市制定《厦门市市级财政性投资融资社会事业建设项目代建管理试行办法》，开始在土建投资1500万以上的公益性项目实施代建
5	2002年5月24日，宁波市发布并实施《宁波市关于政府投资项目代建制的暂行规定》，规定凡建安工程投资在200万元以上，建设单位不具备自行管理条件的建设项目，都应实行代建制
6	2002年10月，北京开始对回龙观医院病房项目推行代建制试点工作
7	2003年2月，重庆市发改委出台《政府公益性项目建设管理代理制暂行办法》

续表

8	2003年下半年，贵州省政府起草《贵州省政府投资工程项目代建制实施办法》《贵州省市政府投资工程项目代建协议》并报省政府成立"贵州省省级政府投资工程项目代建中心"
9	2003年底，国务院常务原则通过《投资体制改革方案》，规定更要在全国范围内力推"代建制"
10	2004年3月，北京市发布《北京市政府投资建设项目代建制管理办法（试行）》，并对代建单位的资质进行了规定
11	2004年，江苏发改委拟定《关于政府投资项目实行代建制的暂行规定》，并选择其中若干重大项目进行试点
12	2004年7月，国务院发布《国务院关于投资体制改革的决定》，规定在全国范围对非经营政府投资项目实行代建制，并对代建制下了初步定义
13	2004年11月，建设部发布《建设工程项目管理试行办法》，规范代建制运作和操作
14	2005年以后，重庆、河南、深圳、陕西、江西等各地都对代建制进行试点，并形成具有地方特色的代建操作模式

数据来源：中指研究院综合整理。

自1993年厦门试点代建制度起，我国政府代建已经经历30余年发展。自2004年《国务院关于投资体制改革的决定》公布后，代建制开始在全国范围内推广和铺开，先后有多个省市在政府投资项目领域进行了不同程度的探索，充分考虑和现有的投资体制相衔接。由于各地方政府思想认识不完全统一，制度设计不够完善，在实施过程中遇到了很多问题和困难。如代建制的组织形式、职能定位、法律地位和合同关系，这些都没有明确的界定，代建制未在全国范围内形成统一的标准。从区域来看，虽然全国已有近30个省、自治区、直辖市出台了省级政府投资项目管理办法，但不足2/3省、自治区、直辖市明确在管理办法中明确提及代建制，仍有部分区域尚未明确提及。从提出代建制度的区域来看，其规定也不尽相同，部分区域相对详实，明确了采取代建制度的范围、费用、代建管理单位条件等。从城市范围来看，目前主要核心一二线城市均公布代建相关的法律法规，部分城市代建制政策下沉至行政区。

三、政府代建的基本模式

在实施代建制管理模式的过程中，各地区政府采取了不同的形式。基于不同的划分标准，代建制模式则有所不同。根据代建单位产生和运作的标准不同，代建制模式分为政府直属事业单位代建模式、社会化代建模式、政府授权委托代建模式。根据典型地区不同，代建制模式可以划分为深圳模式、北京模式和上海模式。根据代建内容不同，代建制模式分为全过程代建模式、分阶段代建模式和联合代建模式[①]。根据代建合同约定的责任主体不同，代建制模式可以分为委托代建合同模式、指定代建合同模式和三方代建合同模式。根据代建制的委托和选择方式不同，代建制模式可以划分为有限选择代建单位模式和公开招标选定代建单位模式。

目前，代建制的主流划分方法为基于代建单位产生和运作的标准的划分，即将代建制模式划分为政府直属事业单位代建模式、社会化代建模式、政府授权委托代建模式[②]。下面就这三种政府代建模式进行阐述。

1. 政府直属事业单位代建模式

政府直属事业单位代建模式，或称政府专业管理机构模式、政府集中代建模式等，即政府组建政府直属事业单位性质的代建单位，统一承担和负责政府非经营性或公益性投资项目的建设管理工作的模式。香港、深圳、安徽、河南等地均采取这种代建制模式。

政府直属事业单位代建模式的典型代表有深圳市建筑工务署、河北省社会公益项目建设管理中心等。政府直属事业单位代建模式可以进一步细化为：政府成立的事业单位和直属于投资主管单位的相关部门。

其中，深圳建筑工务署是更深入、全面的改革创新，深圳模式成为该代

---

① 林作明，王萍："政府性投资项目代建模式探讨"，《财政研究》，2009年第7期。
② 赵阿敏："政府投资项目代建制模式比较与优化研究"，天津大学，2014。

建模式的典型代表。2001年，深圳市机构编制委员会发布深编〔2001〕63号文件，决定成立深圳市建筑工务局。2002年4月22日，深圳市建筑工务局正式成立，后更名为深圳市建筑工务署。《深圳市建筑工务署职能配置内设机构和人员编制的规定》（深府办〔2004〕72号）确立了深圳市建筑工务署作为政府投资项目代建人的法律地位。深圳市代建制遵循"相对集中，区别对待"的原则，取消一次性业主的建设管理模式。深圳市建筑工务署作为代建方，主要负责政府投资项目的统一建设管理工作，包括除水务、公路以外的市政府投资建设项目，经济适用房及其他政策性住房建设，政府公共房屋结构性维修工程等的实施和监督管理工作，对所承担的项目实行"交钥匙工程"。

深圳市建筑工务署属于事业单位，其运作经费由财政全额拨付。承接某一任务后，深圳市建筑工务署通过公开招标方式选取勘探设计单位、施工单位、监理单位和供应商，并分别签订勘探设计合同、施工合同、监理合同和采购合同。工务署与勘探审计单位、施工单位等不直接发生财务往来关系，政府投资项目的资金支付坚持国库统一支付的财务管理制度。在代建项目的实施过程中，工务署受财政、监察、审计等相关行政管理部门和项目使用单位的监督（图2-1）。

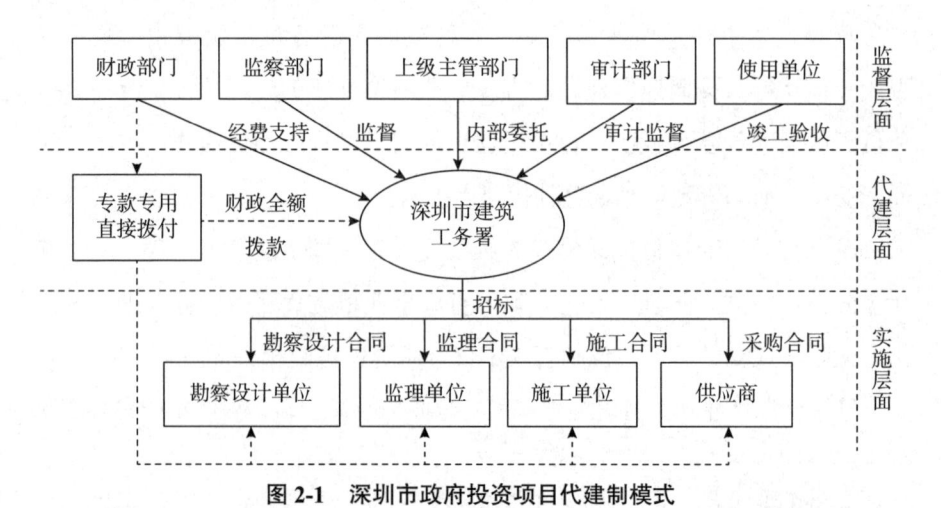

图2-1 深圳市政府投资项目代建制模式

数据来源：中指研究院综合整理。

2. 社会化代建模式

社会化代建模式，或称市场化代建模式、项目管理公司竞争代建模式等，即政府通过公开招投标，对市场化的工程管理公司进行择优，由其负责指定项目的建设管理的模式[①]。北京市、厦门市、重庆市、浙江省等地运用社会化代建模式。社会化代建模式的主要做法是政府设立准入条件，遵循市场竞争原则，通过市场公开招投标方式择优选择具有相应资质、并能够独立承担履约责任的项目管理公司。

作为社会化代建模式的典型代表地区，北京于2002年10月开始对回龙观医院病房项目推行试点工作。随后，北京市发改委先后出台了两项代建制管理文件。其中，《北京市政府投资建设项目代建制管理办法（试行）》正式确立了北京市代建制的运作框架和基本模式。朝阳公园沙滩排球场、首都图书馆二期项目等项目均采用代建制，并取得了很好的效果。

北京市政府投资项目的代建工作一般分为两阶段实施：确定前期工作代理单位和确定建设实施代建单位。市发改委通过公开招标方式确立前期工作代理单位，并与前期工作代理单位、使用单位签订三方前期工作委托合同。由前期工作代理单位负责勘探设计单位的招投标、编制项目可行性研究报告等工作。前期工作阶段结束后，市发改委通过招标择优选择代建单位。确定后，三方签订代建合同。代建单位根据国家和北京市有关规定，对监理、施工和原材料、重要设备采购进行公开招标。财政局、审计局等市有关行政管理部门对政府投资代建制项目进行稽查、评审、审计和监察（图2-2）。

[①] 周国栋："政府投资项目代建制改革研究"，《建筑经济》，2005年第4期。

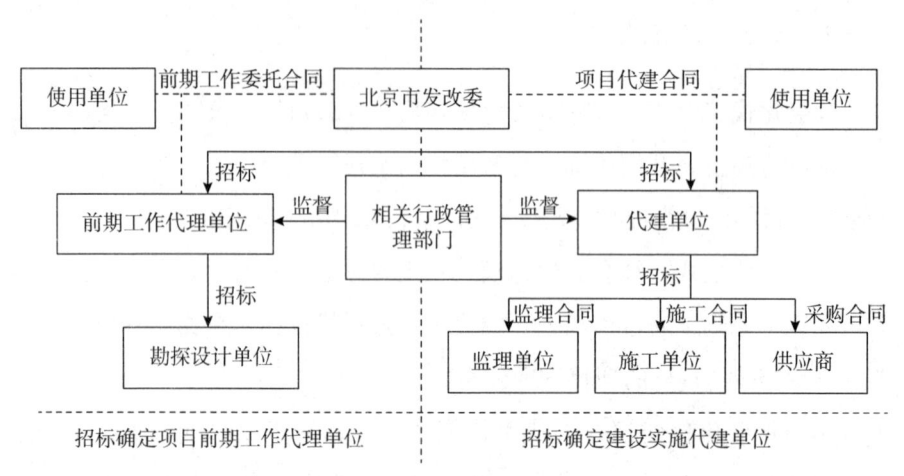

图 2-2　北京市政府投资项目代建制模式

数据来源：中指研究院综合整理。

3. 政府授权委托代建模式

政府授权委托代建模式，又称政府专业代建公司模式、有限选择模式、中间模式等。政府授权委托代建模式是指政府指定若干家有实力的投资公司参与项目代建竞争的模式。政府授权委托代建模式是有别于政府直属事业单位代建模式和社会化代建模式的中间状态。上海市、武汉市、江西省等地区采用政府授权委托代建模式。例如，武汉市选取3家工程项目管理公司作为代建单位。政府授权委托模式的典型代表是上海模式。从2001年起，为了使决策更加科学，资源配置更加优化，上海市引入代建制并推进代建制试点工作。2001年，上海先后颁布了两项代建制管理规定，规范政府项目工程建设管理行为，明确各方职责。2002年，上海市在市政、水务、交通等系统选定上海市市政工程建设公司、上海自来水建设公司等11家单位作为首批政府投资工程项目管理公司。

上海市代建制主要采用三级管理，即政府、投资公司和项目管理公司。根据投、建、管、用四分离原则，上海市市政工程管理局成立政府所属投资公司，确立其投资主体地位，并赋予其较大责任，对代建项目进行全过程管理。投资公司在获批的项目管理公司中公开招标，通过有限竞争方式择优选取代建单位。投资公司与设计、施工、材料供应单位签订相关合同，明确工程管理公司职责。作为代建人，工程管理公司进行项目设计、组织和协调等管理工作。上海模式中设立了独立平行的"财务监理公司"，负责工程管理公司的监督工作，从而有利于避免产生逆向选择和道德风险问题。具体见图2-3。

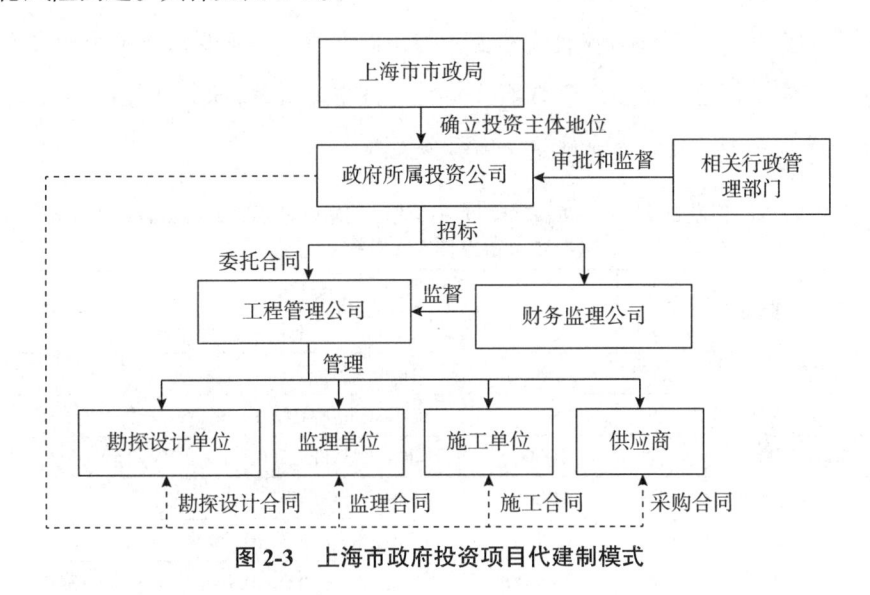

图 2-3 上海市政府投资项目代建制模式

数据来源：中指研究院综合整理。

四、政府代建模式的特征

1. 代建项目具有公益性和非营利性

政府代建模式下的项目一般可归纳为由政府发起，虽不直接参与项目的实施，但通常属于公共服务类项目，具有较强的公益性。一般包括能源、交通、水利等公共建筑，例如博物馆、体育馆、城市广场、学校、医院、保障性住房等。与私有投资项目的最终投资目标是为了经济上获利不同，政府代建模式下的项目更多考虑满足社会需求与经济发展。

政府代建受到价格限制，代建费率通常在0.4%~2%。2016年，财政部印发《基本建设项目建设成本管理规定》，对于政府委托的代建管理费做出了规定，即按一定比例的工程总概算计算费用，费率在0.4%~2%之间（表2-4）。实践中，虽然各地会根据区域经济发展水平做出相应调整，但近年来，全国大部分省市政府代建项目均遵守该规定。初期由于政府代建利润率较低，房企参与政府代建工程的积极性较低，主要以央国企和大型房企为主。但近年来，由于政府代建委托方主体资信较高，更多中小型房企也参与其中，政府代建日益受到房企关注。

表2-4 财政部2016年《基本建设项目建设成本管理规定》项目建设管理费总额控制数费率情况（单位：万元）

工程总概算	费率（%）	算例	
		工程总概算	工程建设管理费
1000以下	2	1000	1000×2%=20
1001~5000	1.5	5000	20+（5000-1000）×1.5%=80
5001~10000	1.2	10000	80+（10000-5000）×1.2%=140
10001~50000	1	50000	140+（50000-10000）×1%=540
50001~100000	0.8	100000	540+（100000-50000）×0.8%=940
100000以上	0.4	200000	940+（200000-100000）×0.4%=1340

2. 提升政府投资项目的市场化水平和管理能力

政府代建是对我国政府投资的公益性建设项目管理模式进行市场化改革的重要举措。虽然源于国际上通用的工程项目总承包，但我国的"代建制"中还包括了制度的内涵，是结合国情的一项政府管理创新。与房地产市场的发展进程相对应的是，随着"98房改"启动房地产市场化进程以来，各地代建制项目纷纷试点推行，到2004年进入一个高速发展的时代。政府代建的发展是将政府投资项目纳入房地产市场化竞争中，通过市场招标选择项目代建人，即政府投资人从市场采购项目管理服务资源。由代建人在项目整个建设过程中提供专业化的项目管理服务，对投资人负责，承担相应的法律责任，并获得合理的经济收入（代建服务费）。这种体制既落实了政府投资人对项目监管的深度和力度，又使政府对建设项目的管理真正向市场化和目标化管理转变。

通过充分发挥代建企业的专业优势和积累的工程经验，保证对工程质量、进度和成本的有效控制。例如，代建企业可以通过优化建设方案，控制建设成本；可以按照规范的招标程序，选择优秀的施工队伍和技术设备供应商；可以准确核定工程量和工程进度，避免高估冒领建设资金；可以有效地减少工程风险所造成的各种损失。根据代建合同，代建企业有责任随时向投资人报告项目的进度、质量和成本（TQC）的进展情况，使政府投资人始终心中有数。对政府投资人来说，委托代建真正把政府投资人对项目的监控融入建设工程中，同时政府又从具体的工程管理工作中解脱出来，把精力集中到目标性监控和规范市场规则的本职工作之中。

专业化的工程项目管理企业能够主动积累工程经验和教训，并使后继的其他项目受益，而临时筹建机构很难做到。代建企业积累的知识、技能、经验和教训对投资人来说十分宝贵，使委托方既可以获得专业化的项目管理能力，又可规避很多常见的风险损失。

3. 代建企业以央国企和地方龙头房企为主

政府代建时期涌现出一大批政府主导型代建企业，这部分企业都是有着财政资金背景的企业，由政府出资成立并运行[①]。如上海市建设工程管理有限公司前身为上海市浦东市政建设公司，是由上海市市政工程浦东指挥部出资成立从事重大工程建设管理的全资国有企业，是上海市首批获得承担政府投资项目工程的代建资格的专业建设工程管理企业。自1981年成

---

① 何新华，胡文发："引入代建制推进工程管理体制创新"，《中国水运》，2002年第5期。

立以来，以工程建设方、代建方、"代建制"和施工总承包等形式承建了100多项大中型市政、公路、建筑工程项目。

政府对于参加代建的企业具有严格的资质及相关要求，在公司规模、资金背景、施工业绩等方面进行全面考核，只有相关政府部门认可后才有准入资格。以杭州为例，根据2010年颁布的《杭州市拆迁安置房项目代建制实施细则》，要求开发商注册资金部分超过人民币1亿元以上，申请前3年内在杭州市开发房地产住宅项目和代建拆迁安置房项目累计竣工建筑面积达20万平方米以上（含20万平方米），或者申请上一年在杭州市开发房地产住宅项目和代建拆迁安置房项目施工建筑面积达12万平方米以上（含12万平方米），有良好的企业信誉，近两年内无不良信用记录等。

拥有丰富的工程管理经验、全方位的企业资质、专业的人才配置的大型开发商在工程建设过程中完全胜任、游刃有余。如华润置地、招商蛇口等央企，依托集团的资源优势及旗下多业务板块协同优势，在大型场馆、会展中心、片区开发领域具有更强的代建优势。同时，基于政府代建中各地市场资源尚未完全打通，各地招投标企业以区域性房企为主，因此满足上述条件的综合资质的区域性龙头房企受到各地政府青睐，在公开招标等竞争代建资格的环节也更易中标。自2005年起，绿城首次投介入杭州彭埠安置房代建项目，开启深耕代建领域的征途。此后十余年间，绿城管理稳扎稳打，持续拓展政府代建业务版图，截至2024年底，绿城管理政府代建累计交付6390万平方米，累计为42.8万户原住民改善居住生活环境。

房企纷纷开展保障房代建业务，一方面是因为开发商期望利用自身的开发经验和管理优势，积极参与政企合作，既为政府的保障性住房建设提供良好的资源平台，有效控制成本，提升品质，又是对于社会的一种回馈和责任的体现。另一方面，政府代建项目体量较大，涉及社会群体比较广泛，一旦把项目品质做好了，社会效应就体现出来了，对代建企业的品牌也是一种很好的推动和提升，是一种双赢的局面。

4. 地方模式各自为政，难以形成全国统一的代建模式

政府代建是我国房地产市场化发展的产物，有效完善了社会分工，并提高了政府投资项目的管理能力，使我国的工程项目管理与国际接轨。当前，我国多省市均出台了代建相关的法律法规，但各地政府根据不同的制度偏好，全国各地形成了多种各具特色的代建模式，目前尚未形成统一的模式标准，包括以北京、上海、深圳、重庆、武汉等为代表的代建模式。各地的代建模式的差异主要体现为对代建企业的选择方式不尽相同。例如，上海指定代建企业，北京公开招标选择代建企业，武汉通过招标选定三家项目管理公司作为代建服务的候选对象。这样容易形成地方保护主义，只有当地企业才能对本地政府投资项目进行代建，形成地方垄断、行业保护主义，并造成寻租，不利于提高项目管理水平，提高投资效益，也对代建企业跨地区发展产生严重的制约作用。

政府代建是我国房地产代建行业的起源，也是当前存在的发展时间最长的代建模式。随着我国房地产市场化的不断推进和演化，尤其是2011年以来，房地产市场调控逐步深入，作为调控房价的重要举措之一——保障性住房的建设也在加速。"十四五"规划明确提出，全国计划筹集保租房870万套（间）。2023年底，国务院下发《关于规划建设保障性住房的指导意见》（国发【2023】14号文）明确配售型保障房发展模式，重点解决工薪收入群体住房困难问题。中长期推动建立新模式，商品住房回归商品属性，保障房供给补位。保障性住房的建设加速使得政府代建模式的内容更为丰富，承接政府代建的企业也由之前的区域性龙头房企演变为全国性的品牌房企，包括华润置地、招商蛇口、中铁置业等企业。各企业承接的保障房建设范围也不再局限于总部所在地区域，而是在全国城市迅速铺开，对于打破政府代建的区域性保护主义做出了

重要贡献。

五、政府代建未来发展趋势

随着我国城镇化水平不断推进，城市配套设施完善升级、城市更新等领域开始发力，政府代建所涉及的领域不断延展。除了传统的保障性住房、基础设施建设项目外，城市更新、未来社区等成为政府代建的重要业务补充，未来政府代建仍将是代建市场的重要支柱。

1. 城市更新

城市更新是一种将城市中已经不适应现代化城市社会生活的地区进行必要的和有计划的改建活动。其目的是对城市中某个衰落的区域进行拆迁、改造、投资和建设，以全新的城市功能替换衰败的物质空间，使之重新发展和繁荣。城市更新的要义在于如何在城市用地规模不增加的情况下，通过已建设用地的内生提质来实现城市功能的优化以及空间品质的提升[1]。

我国的城市更新经历了从棚户区改造到老旧小区改造，再到确切提出实施城市更新的不同阶段。从各省实践来看，改革开放以来，广东省通过积极推进"三旧改造"一直走在全国城市更新前列。全省的城市更新始于2008年12月中央国土资源部与省政府启动共建广东节约集约用地试点示范省。2009年，广东省发布《关于推进"三旧"改造促进节约集约用地的若干意见》，标志着广东诸城将"三旧改造"作为突破口进入大范围的城市更新阶段。2009年，深圳颁布《深圳市城市更新办法》，开启了城市更新的深圳时代。2015年，广州成立全国首个城市更新局。从中央层面来看，2013—2018年中央对于城市更新的认识与推动不断深入，棚户区改造、

---

[1] 唐燕，张璐，刘思璐："2019年城市更新研究与实践热点回眸"，《科技导报》，2020年第3期。

老旧小区改造等多政策出台。例如，2013年，国务院印发《国务院关于加快棚户区改造工作的意见》，提出"棚户区改造是重大的民生工程和发展工程，要重点推进资源枯竭型城市及独立工矿棚户区、三线企业集中地区的棚户区改造，稳步实施城中村改造"。2014年，《国家新型城镇化规划（2014—2020年）》明确提出"要按照改造更新与保护修复并重的要求，健全旧城改造机制，优化提升旧城功能，加快城区老工业区搬迁改造"，见表2-5。

表2-5　　2013—2018年城市更新相关政策

国家	2013年，国务院印发《国务院关于加快棚户区改造工作的意见》，提出"棚户区改造是重大的民生工程和发展工程，要重点推进资源枯竭型城市及独立工矿棚户区、三线企业集中地区的棚户区改造，稳步实施城中村改造"
	2014年，《国家新型城镇化规划（2014—2020年）》明确提出"要按照改造更新与保护修复并重的要求，健全旧城改造机制，优化提升旧城功能，加快城区老工业区搬迁改造"
	2015年，《国务院关于进一步做好城镇棚户区和城乡危房改造及配套基础设施建设有关工作的意见》提出制定城镇棚户区和城乡危房改造及配套基础设施建设三年计划，全国改造包括城市危房、城中村在内的各类棚户区住房1800万套
地区	2015年5月，杭州出台《关于大力推进住房货币化保障方式的指导意见》，提出要加大征迁货币安置力度。国有土地征迁中，被征收人选择货币补偿且按期搬迁的，征收部门在对被征收人住宅房屋按照评估价格给予补偿的基础上，按评估价格的20%给予其货币补贴
	2017年，南京出台《关于加快推进棚户区（危旧房）改造货币化安置的意见》，提高了奖励标准，被征收人、直管公房承租人在签约期限内搬迁，仅选择货币补偿且放弃申购征收安置房和保障性住房的，可以给予不超过房地产评估总额20%的奖励
	2017年，上海出台《关于坚持留改拆并举深化城市有机更新进一步改善市民群众居住条件的若干意见》，提出"十三五"期间，实施各类旧住房修缮改造5000万平方米，其中三类旧住房综合改造1500万平方米；完成中心城区二级旧里为主的房屋改造240万平方米
	2018年，《宁波市人民政府关于推进城市有机更新工作的实施意见》提出，构建城市有机更新"三维空间结构"，完善城市有机更新"四个工作机制"，重点实施老旧小区更新、低效空间更新、交通轴线更新、文化遗存更新、生态系统更新等五大专项更新

2019年以来，在中央的带动下，"城市更新"概念被首次强调，政策密集发布，城市更新成为政策新风口。2019年12月，中央经济工作会议首次强调了"城市更新"这一概念，我国的城市更新也进入到大力推进老旧小区改造的阶段。2021年，城市更新的重要地位再次升级，全国政协十三届四次会议和十三届全国人大四次会议的政府工作报告时提出，"十四五"时期要"实施城市更新行动，完善住房市场体系和住房保障体系，提升城镇化发展质量"，未来五年城市更新的力度将进一步加大。2022年，从中央到各地城市更新政策密集发布，不断为城市更新的开展构建良好的政策环境。2023年，从全国到各地的城市更新政策数量达到近几年高峰，推动我国城市更新更高质量发展，表2-6。

表2-6　　　　2019年以来全国层面主要城市更新相关政策

时　间	政　策　内　容
2019年	《2019年国务院政府工作报告》提到多项城市更新工作，包括大力提升老旧小区改造，支持加装电梯等生活设施，继续推进棚户区改造，大力发展社区养老服务等
2019年2月	中国住房和城乡建设部《关于在城乡人居环境建设和整治中开展美好环境与幸福生活共同缔造活动的指导意见》指出，应以社区为基础，以群众为主体，坚持共建、共治、共享来对空间整治实现共同缔造
2019年7月	中国住房和城乡建设部会同发展改革委、财政部联合印发《关于做好2019年老旧小区改造工作的通知》，要求全面推进城镇老旧小区改造
2019年底	国家召开中央经济工作会议，提出要加强城市更新和存量住房改造提升
2020年7月	《关于全面推进城镇老旧小区改造工作的指导意见》中提到，到2022年，基本形成城镇老旧小区改造制度框架、政策体系和工作机制；到"十四五"期末，结合各地实际，力争基本完成2000年底前建成的需改造城镇老旧小区改造任务
2020年10月	《中共中央关于制定国民经济和社会发展第十四个五年规划和二〇三五年远景目标的建议》指出，实施城市更新行动，推进城市生态修复、功能完善工程，统筹城市规划、建设、管理，合理确定城市规模、人口密度、空间结构，促进大中小城市和小城镇协调发展。强化历史文化保护、塑造城市风貌，加强城镇老旧小区改造和社区建设

续表

时　　间	政　策　内　容
2020年12月	中央经济工作会议提出坚持扩大内需这个战略基点，要实施城市更新行动，推进城镇老旧小区改造，建设现代物流体系
2021年3月	政府工作报告提出，要实施城市更新行动，完善住房市场体系和住房保障体系，提升城镇化发展质量。新开工改造城镇老旧小区5.3万个，较2020年实际完成量增加约1.3万套
2021年3月	《中华人民共和国国民经济和社会发展第十四个五年规划和2035年远景目标纲要》提出要加快转变城市发展方式，统筹城市规划建设管理，实施城市更新行动，推动城市空间结构优化和品质提升。加快推进城市更新，改造提升老旧小区、老旧厂区、老旧街区和城中村等存量片区功能，推进老旧楼宇改造，积极扩建新建停车场、充电桩
2022年7月	《"十四五"新型城镇化实施方案》指出，有序推进城市更新改造。重点在老城区推进以老旧小区、老旧厂区、老旧街区、城中村等"三区一村"改造为主要内容的城市更新改造，探索政府引导、市场运作、公众参与模式。注重改造活化既有建筑，防止大拆大建
2022年10月	"二十大"报告指出，加快转变超大特大城市发展方式，实施城市更新行动，加强城市基础设施建设，打造宜居、韧性、智慧城市
2023年1月	全国住房和城乡建设工作会议指出，政府投资和政策激励要有效带动全社会投资，当年拟安排地方政府专项债券3.8万亿元，加快实施"十四五"重大工程，实施城市更新行动，促进区域优势互补、各展其长，继续加大对受疫情冲击较严重地区经济社会发展的支持力度，鼓励和吸引更多民间资本参与国家重大工程和补短板项目建设，激发民间投资活力
2023年4月	中共中央政治局会议指出，在超大特大城市积极稳步推进城中村改造和"平急两用"公共基础设施建设
2024年10月	国务院新闻办公室就系统落实一揽子增量政策举行发布会指出，今后一个时期，城市改造更新的任务将越来越重。下一步有几项工作要做：一是分类有序推进更新改造任务的实施。二是在提前下达明年部分"两重"建设项目清单和中央预算内投资计划，优先支持一批城市更新重点项目。三是积极探索创新融资的模式
2024年11月	住房城乡建设部、财政部联合印发通知部署各地进一步做好城中村改造工作，指出，一是扩大城中村改造政策支持范围。城中村改造政策支持范围从最初的35个超大特大城市和城区常住人口300万以上的大城市，进一步扩大到了近300个地级及以上城市。二是推进城中村改造货币化安置。三是将城中村改造作为城市更新的重要内容有力有序有效推进

数据来源：中指研究院综合整理。

根据中指研究院的监测，2021年、2022年、2023年城市更新政策出台的数量均较多。从各市政策数量变化情况来看，2021年、2022年是各地城市更新政策出台的高峰期，年度出台的市级政策数量均在130项左右。2023年，超15个省出台了超过30条政策，超96个地级及以上城市出台了129条市级城市更新政策，仍然处于政策出台高峰期。

表2-7　　　　　　2021年以来部分主要城市城市更新相关政策

城市	法规
北京	2021年6月，《北京市人民政府关于实施城市更新行动的指导意见》明确首都城市更新行动的类型——老旧小区改造、危旧楼房改建、老旧厂房改造、老旧楼宇更新、首都功能核心区平房（院落）更新以及其他类型。 2022年出台了《北京市城市更新条例》《北京"十四五"时期城市更新规划》《老旧小区改造工作改革方案》《关于促进本市老旧厂房更新利用的若干措施》等一系列政策。 2023年出台了《关于下达2023年全市老旧小区综合整治工作任务的通知》《北京市征收集体土地房屋补偿管理办法》《关于进一步做好危旧楼房改建有关工作的通知》《北京市既有建筑改造工程消防设计指南》《关于印发加强腾退低效产业空间改造利用促进产业高质量发展实施方案的通知》等多项文件
上海	2022年发布了《上海市城市更新指引》等多项政策。 2023年出台了《上海市城市更新操作规程（试行）》《上海市城市更新行动方案（2023—2025年）》《关于本市住房公积金支持城市更新有关政策的通知》《上海市城市更新专家委员会工作规程（试行）》《关于本市全面推进土地资源高质量利用的若干意见》《关于加快转变发展方式 集中推进本市城市更新高质量发展的规划资源实施意见（试行）》《关于建立"三师"联创工作机制 推进城市更新高质量发展的指导意见（试行）》《关于深化实施城市更新行动加快推动高质量发展的意见》等多项文件
广州	2022年城市更新政策密集发布，包括《广州市城市树木保护管理规定（试行）》《广州市旧村改造村集体经济组织决策事项表决指引（修订稿）》征求意见、《广州市林业和园林局关于收回部分市级行政权力事项的通知》《关于推进非居住存量房屋改建保障性租赁住房工作的通知（征求意见稿）》《关于整合利用存量公有房屋促进城镇老旧小区改造的意见（公众征求意见稿）》等一系列文件。2022年广州城市更新政策密集发布，经过阶段调整后，2022年政策护航城市更新理性推进。 2023年出台了《广州市城中村改造合作企业引入及退出指引》《广州市老旧小区既有建筑活化利用实施办法》《广州市老旧小区既有建筑活化利用实施办法》等多项文件

续表

城市	法　规
深圳	2022年发布了《深圳市城市更新和土地整备"十四五"规划》《深圳市土地整备利益统筹办法》《关于既有非居住房屋改建保障性租赁住房的通知（试行）》等文件。此外，还发布了老旧小区改造可申请提取住房公积金的政策。 2023年出台了《关于加快推进城镇老旧小区改造工作的实施意见》《深圳市城中村保障房规模化品质化改造提升指引》《深圳市城市更新项目创新型产业用房配建规定（征求意见稿）》《深圳市城镇老旧小区改造建设技术指引（试行）》《深圳市城镇老旧小区改造工程质量常见问题防治指引（试行）》等多项文件
成都	2021年4月，《关于进一步推进"中优"区域城市有机更新用地支持措施的通知》中提到，"中优"区域是指成都市五环路以内的区域（龙泉驿区部分以车城大道为界）。改造方式包括自有存量土地自主改造、"地随房走"方式整体改造、房屋征收与协议搬迁方式实施改造。 2021年7月，《成都市公园城市有机更新导则》从"保护历史文化""优化功能业态""完善公服设施""美化城市环境""强化安全韧性"五个方面提出了目标与指引。并在此基础上，提出了具体更新路径和方法。 2022年出台了《成都市城镇老旧院落改造"十四五"实施方案》《成都市城市既有建筑风貌提升导则（2022版）》《成都市十四五城市建设规划》，有机更新全面实施。同时，出台关于城市更新项目入库、老旧院落房屋收购储备等多个文件。 2023年出台了《2022年城市更新和老旧院落改造经验做法清单》《成都市城市更新建设规划（2022—2025）》（公开征求意见稿）等多项文件
重庆	2021年6月，《重庆市城市更新管理办法》明确城市更新主要内容包括完善生活功能、补齐公共设施短板，完善产业功能、打造就业创新载体，完善生态功能、保护修复绿地绿廊绿道，完善人文功能、积淀文化元素魅力，完善安全功能、增强防灾减灾能力。将对城市更新项目提供政策支持。 2022年出台了《关于城市更新项目规划和用地管理的指导意见（试行）》《关于加强城市更新项目管理的通知》《重庆市城市更新技术导则》《重庆市城市更新基础数据调查技术导则》《重庆市城市更新提升"十四五"行动计划》等多项文件。同时，入选住建部发布的实施城市更新行动可复制经验做法清单（第一批）试点案例，筹建1000亿元城市更新基金 2023年出台了《重庆市城乡建设领域碳达峰实施方案》《重庆市"三师进企业，专业促更新"行动方案》《重庆市城市小微公共空间更新指南（试行）》《重庆市城市更新招商手册》等多项文件
西安	2021年11月，《西安市城市更新办法》指出，从城市更新的职责要求、城市更新规划、城市更新实施计划、城市更新项目管理等多方面做出了明确规定。 2022年正式实施《西安市城市更新办法》，初步构建"1+N"城市更新政策体系

续表

城市	法　规
福州	2021年4月,《福州市"城市更新+"实施办法》适用范围为鼓楼、台江、仓山、晋安四城区的城市更新活动,规定城市更新应结合地块实际,单独或组合采取修缮、改造、拆除重建等方式推动实施。 2022年发布了《福州市城市更新专项规划(2021—2025年)》《2022年福州市城乡品质提升实施方案》
大连	2021年12月,《大连市城市更新管理暂行办法》明确范围为中山区、西岗区、沙河口区、甘井子区和高新园区的建成区,同时指出城市更新应坚持"房子是用来住的,不是用来炒的"定位,坚持产城融合原则,将建设重点由房地产主导的增量建设逐步转向以提升城市品质为主的存量提质改造。 2022年发布了《大连市城市更新专项规划》
东莞	2022年发布了《东莞市老旧小区改造工作实施方案》《关于聚焦先进制造打造高品质空间 全面加快"三旧"改造的实施意见(公开征求意见稿)》等系列文件。 2023年出台了《关于聚焦先进制造打造高品质空间全面加快"三旧"改造的实施意见》《东莞市"三旧"改造补偿安置成本核算暂行指引》《东莞市"三旧"改造(城市更新)公开招引实施主体模式地价计收和分配办法(试行)》《东莞市"三旧"改造(城市更新)项目开发容量计算指引(试行)》《东莞市"三旧"改造(城市更新)实施操作细则(试行)》等多项文件

数据来源:中指研究院综合整理。

政府主导或引导模式的市场化程度加强,城市更新中代建将扮演更加重要的角色,参与度将逐步加深。当前,各地目前主要以政府推动、市场运作为主。特别是2021年后出台政策的城市,除了天津、西安强调政府主导之外,大部分均强调政府引导为主。未来在城市更新领域,政企协同、市场化主体参与的广度和深度都将明显较此前提升。

表2-8　　　　　　　　　　主要城市目前城市更新基本导向

城市	政策名称	城市更新定义及原则
北京	《北京市人民政府关于实施城市更新行动的指导意见》	·定义:城市更新主要是指对城市建成区(规划基本实现地区)城市空间形态和城市功能的持续完善和优化调整,是小规模、渐进式、可持续的更新。 ·原则:规划引领,民生优先;政府推动,市场运作;公众参与,共建共享;试点先行,有序推进

续表

城市	政策名称	城市更新定义及原则
上海	《上海市城市更新条例》	·定义：城市更新是指在本市建成区内开展持续改善城市空间形态和功能的活动，包括：加强基础设施和公共设施建设、优化区域功能布局、提升整体居住品质、加强历史文化保护和政府认定的其他城市更新活动。 ·原则：坚持"留改拆"并举、以保留保护为主，遵循规划引领、统筹推进，政府推动、市场运作，数字赋能、绿色低碳，民生优先、共建共享的原则
广州	《广州市城市更新条例》	·定义：城市更新是指对市人民政府按照规定程序和要求确定的地区进行城市空间形态和功能可持续改善的建设和管理活动。包括：①历史文化遗产需保护利用；②城市公共服务设施和市政基础设施急需完善；③环境恶劣或者存在安全隐患；④现有土地用途、建筑物使用功能或者资源利用方式明显不符合经济社会发展要求；⑤其他情形。 ·原则：政府统筹、多方参与，规划引领、系统有序，民生优先、共治共享
深圳	《深圳经济特区城市更新条例》	·定义：城市更新，是指对城市建成区内具有下列情形之一的区域，进行拆除重建或综合整治的活动：①城市基础设施和公共服务设施急需完善；②环境恶劣或者存在重大安全隐患；③现有土地用途、建筑物使用功能或者资源、能源利用明显不符合经济社会发展要求，影响城市规划实施；④其他情形。 ·原则：政府统筹、规划引领、公益优先、节约集约、市场运作、公众参与
重庆	《重庆市城市更新管理办法》	·定义：城市更新，是指对我市城市建成区城市空间形态和功能进行整治提升的活动。 ·原则：政府引导、市场运作，改革创新、统筹推进，以人为本、共建共享
成都	《成都市城市有机更新实施办法》	·定义：城市有机更新，是指对建成区城市空间形态和功能进行整治、改善、优化，从而实现房屋使用、市政设施、公建配套等全面完善，产业结构、环境品质、文化传承等全面提升的建设活动。 ·原则：保护优先、产业优先、生态优先；少拆多改、注重传承；政府引导、属地管理、市场运作；尊重公众意愿，推进城市持续更新

续表

城市	政策名称	城市更新定义及原则
天津	《天津市老旧房屋老旧小区改造提升和城市更新实施方案》	·定义：针对城市重点区域内进行的城市空间结构调整、城市生态修复和功能完善、历史文化保护和城市风貌塑造、城市基础设施建设、新产业新业态融合发展等综合整治、拆除重建或两者兼顾的规划建设活动，主要包括老旧厂区、老旧街区（包含相应老旧房屋老旧小区改造提升）和城中村等存量片区的城市更新改造项目，以及市、区人民政府主导的补齐基础设施短板和完善公共服务设施项目。 ·机制：规划引领、政府主导，市场运作、企业实施，金融支持、统筹平衡，居民参与、共建共享
沈阳	《沈阳市城市更新管理办法》	·定义：城市更新是指对城市发展形态和功能进行可持续改善的建设活动，包括完善城市空间结构和功能布局，提高公共设施服务水平，提升居住环境，强化城市精细化管理，加强历史文化保护和全面提升城市功能品质、服务品质、生态品质、文化品质等内容。 ·原则：规划引领、问题导向、绿色低碳、提升品质，政府引导、市场运作，民生为本、共建共享的原则
西安	《西安市城市更新办法》	·定义：城市更新是指根据本市国民经济和社会发展规划、国土空间规划，依法对城市空间形态和功能进行整治、改善、优化的活动，以实现城市功能完善、品质提升、可持续发展。 ·原则：政府主导、科学规划、多方参与、量力而行、成果共享、防范风险的原则

数据来源：中指研究院综合整理。

城市更新开始由"重"向"轻"的转变。城市更新资金需求量大，如果完全依靠自身资金收购持有旧资产后再开展更新，不仅资金承压其回报率也较低，而轻资产运营通过将资产持有等部分环节转移出去，减少了资金占用，通过品牌输出迅速扩大经营规模，并获取品牌溢价。目前我国城市更新领域的轻资产运营主要包括四种类型：一是长期租赁型，指以长期租赁的方式获取房源，对房源进行改造和装修后对外出租，并提供相关的增值服务。二是基金持有型，指由基金持有重资产，由专业化运营机构（企业）负责进行更新并开展运营管理。三是合作开发型，指城市更新运营企业与资产方或资金方成立合资公司，通过资源整合和专业运营获取资产增值收益，同时获得资产托管费等收入。四是专业能力输出型，指更新运营企业进行去房地产化，不持有重资产项目，通过在城市更新业务的开发和运营管理等环节提供系统化或品牌化的专业服务，并按比例分享项目收益（表2-9）。

表2-9　　　　　　　　国内城市更新四大轻资产模式

模式	资产获取模式	运营管理模式	盈利模式
基金持有型	基金持有，专业机构运营	改造升级与租赁管理	基金管理费、服务费和资产增值收益
合作开发型	成立合资公司	优势互补、资源整合	股权收益或资产增值与运营管理费等
管理输出型	资产托管、入股、长期租赁或合作开发	管理输出，实现物业与品牌增值	委托管理费和品牌溢价
长期租赁型	长期租赁	改造装修增值服务	租金差价和增值服务费

数据来源：中指研究院综合整理。

以存量盘活改造为主的城市更新，将成为房地产行业发展新的增长点。近年来，全国建设用地供应面积和房地产用地供应面积整体呈现下降的趋势，2023年全国建设用地供应面积74.9亿平方米，同比下降2.1%，其中房地产用地供应面积8.4亿平方米，同比下降23.3%，房地产用地土地供应缩减，通过城市更新释放土地供应成为重要举措，图2-4。

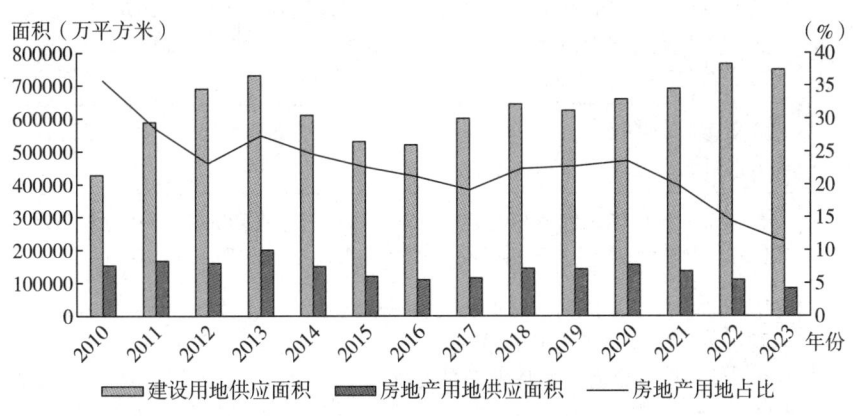

图2-4　2010—2023年全国建设用地和房地产用地供应面积

数据来源：国家统计局。

从各地公开的城市更新投资计划来看，整个"十四五"期间辽宁、广东、成都、浙江等地城市更新相关项目总投资均超过万亿。各地"十四五"规划已为城市更新设定数量指标，期间全国平均每年拉动的投资规模在万亿级以上。其中"老旧小区"改造是各地发力的重点，未来几年将继续成为城市更新领域的重要内容。见表2-10。

表 2-10　　"十四五"期间部分地区城市更新计划

地区	相关政策
辽宁	"十四五"期间城市更新项目2230个，总投资1.3万亿元
浙江	①安排城市更新重大建设项目8个，"十四五"计划投资10357亿元。②未来社区项目总投资5500亿元，"十四五"计划投资5000亿元。③开工棚户区改造安置住房（含货币安置）13万套。④改造3000个老旧小区。⑤新建改造城市道路5000公里，新建城市雨水管网2000公里
河北	2021—2023年，全省县城棚户区改造开工17.7万套；2021—2023年，全省县城完成老旧小区改造2949个；2021—2023年，全省县城启动城中村改造299个；补齐市政管网短板；增强排水防涝能力
上海	"十四五"期间，上海全市将全面启动以拆除重建（含原址改建）为主的280万平方米不成套职工住宅和小梁薄板房屋的更新改造；力争2025年底之前建成、纳入改造范围、符合改造条件的各类旧住房改造实现全覆盖
成都	2020年成都市面向全球发布了"中优"机会清单，502个投资项目中，"城市有机更新"占92个，约18%的比例，建设周期大部分在2020—2025年。根据清单估算，成都在城市更新领域未来5~10年（2020~2030年）的投资额在万亿元左右
武汉	武汉市更新中心初步选择了153个更新项目纳入"十四五"城市更新项目库，总投资超过5000亿元
广州	根据《广州市国民经济和社会发展第十四个五年规划和2035年远景目标纲要的通知》，"十四五"广州规划的城市更新投资将达3315亿元
深圳	深圳市印发了《深圳市城市更新和土地整备"十四五"规划》的通知，城市更新和土地整备实施规模95平方公里，接近深圳建设用地的10%。全市"十四五"城市更新及土地整备投资超1万亿元，相当于"十三五"期间的3倍

续表

地区	相关政策
郑州	未来2~3年，将完成10个历史文化街区，10个旧工业区，5个旧市场，20个老旧小区的改造任务，实现总投资超4000亿元，探索形成城市更新的"郑州模式""郑州经验"；今年，全市入库城市更新项目要达到60个以上，年度投资力争达到1000亿元以上
淄博	《淄博市棚户区老旧小区和旧村改造工作实施方案》提出要力争用3年时间，实施棚户区改造项目161个、5.55万户、853.85万平方米；老旧小区改造项目201个、8.02万户、874.36万平方米；旧村改造开工村庄292个、新建房屋10.99万户、1496.98万平方米

数据来源：中指研究院综合整理。

未来，随着中国房地产增量市场规模见顶，以存量改造为主的城市更新迎来蓬勃发展时代。国家统计局数据显示，2024年末，全国常住人口城镇化率为67%，比上年末提高0.84个百分点。从国际经验来看，欧美发达国家的城镇化率普遍稳定在80%左右，我国城镇化率仍有提升空间，整体已进入城镇化快速发展的中后期。2021年，"实施城市更新行动"首次写入政府工作报告，城市更新已经成为"十四五"时期国家新型城镇化战略方向。据中指研究院测算，预计"十五五"期间，拆迁改造引致的住房需求约13.5亿平方米，以存量盘活改造为主的城市更新模式仍将为政府代建带来一定发展空间。

2. 未来社区

未来社区是浙江省推进社区建设和老旧小区改造的最新路径。根据浙江省对未来社区的研究成果，未来社区是以满足人民美好生活向往为根本目的的人民社区，是以围绕社区全生活链服务需求，以人本化、生态化、数字化为价值导向，以未来邻里、教育、健康、创业、建筑、交通、能源、物业和治理等九大场景创新为引领的新型城市功能单元。

2018年底，浙江省委省政府提出要把未来社区建设做细做实做好。2019年3月20日，浙江省《政府工作报告》中提出将启动实施未来社区等标志性项目,并正式印发《浙江省未来社区建设试点工作方案》,标志着浙江省未来社区建设试点工作全面启动。根据《浙江省未来社区建设试点工作方案》,未来社区建设试点分为改造更新和规划新建两个类型,其中改造更新类占80%左右,以20世纪70~90年代老旧小区为主体,采取全拆重建和插花式改修建等方式进行。2023年,浙江省政府办公厅印发《关于全域推进未来社区建设的指导意见》,该意见指出,到2025年,全省累计创建未来社区1500个左右、覆盖全省30%左右的城市社区;到2035年,基本实现未来社区全域覆盖,打造共建共享品质生活的浙江范例。见表2-11。

表2-11 未来社区顶层设计

未来建筑	采用集约高效的布局方式,构建宜居生活空间和人文地标,同时引入全周期管理平台,将艺术、数字与建筑相融合
未来邻里	以远亲不如近邻为理念,构建全新邻里关系,具体采取邻里积分机制、邻里特色文化、邻里互助生活等方式
未来健康	推进基本健康服务和居家养老助残服务全覆盖,名医名院服务零距离
未来教育	打造涵盖幼儿教育、青少年教育等在内的"终身学习"平台,实现3岁以下托育全覆盖,构建"人人为师"共享学习机制
未来交通	提供共享车位、充电设施、智慧物流服务,优化道路,协同车、路、人
未来治理	党建引领、居民自治、数字化管理
未来创业	以构建社区"双创"空间助推"大众创业",同时鼓励共享经济发展,创新特色人才落户机制
未来低碳	提供低碳能源,以分类分级方式促进资源循环利用
未来服务	构建基本物业服务免费和增值服务收费的物业运营模式,建立社区商业服务圈,建设安全防护网

数据来源:中指研究院综合整理。

未来社区建设将对以房地产为主的多元产业转型升级发挥引领作用。在未来社区,社区的功能和运行、社区的设施和配套、建筑施工技术和材料等，都将有不同程度的改进和提高，甚至是革命性的变化（表2-12）。其中，涉及的技术有房地产管理、建筑施工、医疗保健、信息网络、物联网、智能控制、生态环保、安防管理、能源输送、再生利用和城市规划等，涉及的行业有房地产业、建筑业、信息通信业、制造业，以及医疗、教育、娱乐和环保等行业。当前，这些行业或多或少遇到了发展瓶颈，未来社区概念的提出，将对相关行业的技术研发、生产制造、产品销售提出新问题，带来发展的新机遇，从而引领产业转型发展。而对于房地产行业而言，无论是开发还是代建未来社区，对房企都是一个机遇。

表 2-12　　　　　　　传统社区和未来社区开发模式对比

	传统社区开发模式	未来社区开发模式
开发主体	单一开发建设单位	多板块建设单位
建设周期	一次性建设	持续迭代建设
资金投入	所有资金一次性投入	建设单位提供种子资金，通过服务和产业实现资金循环
主管单位	住建部门	住建、经信、政数等多部门
建设参与方	设计、施工方	设计、施工方与社区适用房、运维方全员参与

数据来源：中指研究院综合整理。

未来，未来社区建设将分三个阶段持续推进。第一个阶段即加快启动阶段。2019年除培育建设24个试点项目之外，还将在杭州等地区建设未来社区规划展示馆，同步开通数字展示馆。第二阶段即增点扩面阶段。到2021年，试点项目达到100个左右，同时建立未来社区运营标准体系，推选一批典型范例，形成可复制可推广的经验做法。第三阶段即全面推广阶段。2022年开始全面复制推广，形成浙江省高质量发展、高品质生活的新"金名片"。

综合来看，无论是保障房、城市更新、未来社区建设，都在契合我国城镇化、现代化的发展趋势，旨在为群众创造更好的居住条件，市场广阔。而房地产开发企业无论是开发能力还是社区配套运营能力都具有明显优势，为房地产企业政府代建带来了广阔的发展空间。

第三节　中小房企寻求产品增值，商业代建蓬勃发展

一、商业代建含义

所谓商业代建，是由非政府、非金融机构作为委托方委托，受托方以品牌输出、管理输出为主要运营模式、通过产生委托代建关系收取代建管理费或服务费的代建模式。根据目前商业代建的两种主流模式，本书将商业代建模式分为纯商业代建和参股式商业代建。

1. 纯商业代建

纯商业代建是指代建方与已经取得标的地块土地所有权证的委托方合作，由委托方承担全部或部分资金，代建方无任何股权投入，根据双方签订的代建委托协议中的契约关系行使项目操盘权，承担工程营造管理，通过管理和品牌输出，为委托方提供项目管理与服务，并依据项目销售或利润总额收取佣金的代建模式。

在项目代建运作过程中，委托方负责筹措项目开发所需全部资金，拥有项目开发中的投资决策权、监督权、建议权和知情权，享有项目的投资收益，承担项目投资风险。代建方主要负责工程营造管理，并参与或部分参与管理团队组建、规划设计管理、成本管理、营销管理、竣工交付管理等开发环节的管理（图2-5）。

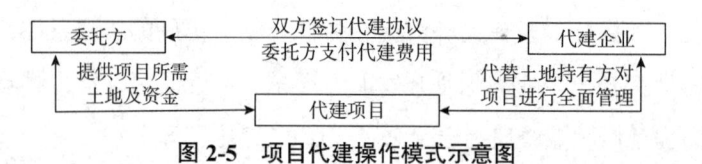

图 2-5　项目代建操作模式示意图

资料来源：中指研究院综合整理。

2. 参股式商业代建

参股式商业代建是指代建方在项目中占有一定股权的特殊代建形式。部分代建方通过在项目中持股，一方面可以加强合作中的信任关系，另一方面可以通过持"小股"获取除代建管理费外的股权收益。因此，参股式代建也较为常见。

参股式商业代建中，持股比例受双方品牌实力、风险评估、服务模式等方面的影响，并没有固定的比例，但代建作为轻资产模式，目前实践中代建方股权占比基本低于10%。与纯收取服务费的代建模式相比，对代建企业而言，参股式代建不仅可以收到代建服务费，还包括股权收益以及溢价分成。而纯商业代建对品牌的要求更高，没有股权收益，因此代建服务费收取比例要高于参股式代建。

可见，纯商业代建与参股式商业代建有很多相同点：

（1）都通过契约关系获得项目操盘权。纯商业代建与参股式商业代建，按照房地产开发相关规则都无法对项目行使实际的操盘权，都是通过委托方和代建方签订的委托协议中的契约关系获得项目实际操盘权利，输出代建方的管理团队、品牌资源，以及相关的产品体系、信用资源、采购资源、服务资源等。

（2）代建管理费都是企业获得的部分收益。纯商业代建与参股式商业代建都在管理输出和品牌输出的基础上，获得委托方支付的代建管理费，这部分的收入是不需要经过传统房地产交付环节确认收入加以确认，而是直接以服务费形式确认收入。除代建管理费之外，根据代建方自身的品牌优势、委托方风险共担的要求，以及双方的谈判能力，代建方可能获得项目部分超额利润分配，这在纯商业代建或参股式商业代建中都有可能存在。

当然，参股式商业代建过程中，代建方的收入可能还涉及部分股权收益，而纯商业代建则无此项收入。另外，参股式商业代建所投入的部分项目股权，实质上被看做是与委托方共担开发风险的筹码，在实际操作中更容易被委托方所接受，尤其是项目开发风险相对较大的项目，委托方更倾向于参股式商业代建的方式寻求合作。

现在很多房地产代建企业，如绿城管理等在代建协议签订时加入"对赌机制"等条款，用另一种方式与委托方共担风险。未来，代建双方的风险共担机制将会持续完善，促进委托方和代建方双方利益和风险的均衡化发展。

二、商业代建模式产生背景

我国房地产开发一直沿用"香港模式"，即房地产开发的全部流程，从买地、建造到销售、管理全部由一家开发商独立完成，是一种重资产模式。这种模式在过去的开发中获得了巨大的成功，但是其前期的土地投资和房屋开发资金需求大、回笼现金滞后等缺点，造成了房地产行业负债率高，现金周转速度慢，融资财务费用高等问题，房地产企业开始寻找新的赢利点。同时，在库存压力越来越大、市场回归理性的情况下，房地产市场正逐步从卖方市场过渡到买方市场，消费者对产品品质日益受到重视，许多中小房企有土地资源，但因开发、销售能力不足等问题，开始寻找具有品牌影响力和开发经验的房企合作或委托其开发项目。

1. 资金来源加剧传统开发模式风险

我国传统房地产开发模式的资金主要来自贷款，这就造成了企业的高负债率。2008年房地产市场火爆，房地产开发企业急速扩张，加剧了这一局势。我们可以看到，许多房地产企业在年销售额在迅速增加的同时，财务负债比率也在迅速增加。这样，运营规模越大，企业的资金链就越紧张，风险就越大。一旦遭遇经济形势不好，潜在的危机便很有可能爆发。

2. 政府调控下房企风险加剧

2004年起房地产行业进入了全面发展阶段，住房需求旺盛，销售面积与金额一路攀升，市场容量不断扩大，供不应求之下，价格不断上涨。随着房地产市场的持续火爆，房地产企业更加注重土地储备，开始大规模的囤地，甚至很多房地产开发企业在拍得土地之后直接拿土地进行进一步的融资，继而形成"拍地—融资—拍地—融资"依靠土地增值获取利润的恶性循环。这种现象在2007年达到高峰，一时间各地"地王"频现，不少地方出现了"面粉贵过面包"的怪象。

高房价和囤地的投机行为大大制约了房地产市场的发展，影响到国家经济的平稳运行。2008年以后，政府与市场多次过招，相继出台了"国八条""国十条""国十一条""新国十条"和"新国八条"等政策，调控力度不断升级，坚持抑制投资投机需求。这样一来，"拿地难"成为了当时房地产企业发展的普遍问题。在房价平稳上涨和土地供应量不足、地价持续上涨综合作用下房地产企业所获取的利润越来越低。

同时，伴随着银根收紧，以金融信贷、财政税收方式来抑制地产商的融资，很多企业信用评级被下调，面临资金链断裂的风险却手足无措。这个时候传统的开发模式由于融资和资金回笼困难而难以为继，同时高额的利息负担使得企业现金流愈加吃紧。

3. 中小企业开发难度提升，部分国企寻求开发经验

得益于经济的快速增长，以及城镇化战略加速推进，中国居民的购买力也得到极大提升。消费者对住房的需求已经从人住升级到了人居，更加注重住宅产品的品质，以及住宅物业服务所带来的生活体验。人们对居住的要求也不再是单纯的条件改善，而是着重于住宅的使用功能、价值功能和其他综合功能，促使住房品质快速提升。

在资金流动性充裕的背景下，拥有土地或者现金的很多优质企业具有

投资需求，具有较高利润的房地产业是其重要的考虑对象。但是初涉房地产领域的投资商，缺乏房地产项目的开发经验。投资商把项目用地买来，如果转而委托开发商进行专业代建，可以最大程度地规避自身经验的缺乏及其他的市场不确定因素，大幅降低投资风险。这样形成了房地产项目代建这一新的市场需求。

与此同时，市场化后房地产市场发展空间广阔，越来越多的企业借助资本市场融资实现了跨越式发展。2006—2007年，内地房企掀起赴港上市热潮，世茂、绿城、碧桂园、远洋等房企先后成功在香港主板上市。房企也开始了扩张之路，龙头企业和品牌房企开始出现，品牌开始出现溢价，无论是前期规划设计、园林造景还是产品细节把控等开发环节都更为专业，产品与风格屡有创新。

部分拥有资金或土地资源的中小企业，缺乏在品质项目设计、开发、销售等方面经验。同时，中小企业在品牌房企不断崛起的过程中，面临开发成本较品牌房企高，新产品品质相对欠缺等窘境，自行进行项目的开发工作风险较高。从而，中小企业需要更具影响力的房地产品牌代为开发来确保项目的品质、议价能力与赢利水平。

由此可见，传统房地产开发模式正面临两大难题：第一个是行业负债率高，融资越来越难，传统融资渠道受到国家政策的打压，这直接造成了房地产企业资金链紧张的问题。第二个是地价越来越高，想要投资土地的难度和成本越来越大。同时，部分中小企业在品牌房企市场份额挤压与消费者需求提升的压力下，房地产开发风险加剧。

另一方面，一部分国企、金融机构等企业拥有土地资源，由于并没有土地开发经验，亦需要寻找有开发经验的房企委托其进行项目开发，培养项目团队，从而形成了另一部分的代建需求。

无论是从新形势下的政策导向、行业升级还是消费者需求的角度，商业代建模式的合理性和可行性都日渐凸显。我国房地产代建业务也跳出政府代建框架，开始在房地产行业蔓延开来，成为了很多企业新的利润增长点。企业寻求代建企业进行项目管理，代建企业依托品牌、资源等因素进行代建是我国财政紧缩后，房地产市场改革引发的房地产市场开发模式的一种变革。

三、商业代建模式的兴起

业内最早介入商业代建的房地产企业是绿城，也正是在绿城之后，代建被房地产行业广泛认可，并快速发展。对于绿城来说，商业代建是绿城轻资产战略实现路径，主要以纯收取服务费的商业代建的形式参与代建。而在绿城之后，国内具有品牌影响力的建业、绿地等企业纷纷落子纯收取服务费的商业代建项目。2014年万科在与铁狮门合作之后引入参股式代建，随后这一模式被朗诗、沿海等多家企业效仿。

1. 纯商业代建

2010年9月，绿城集团成立绿城房产建设管理有限公司（以下简称绿城建设）。绿城建设通过"土地资源委托代建""投资资本委托代建"和"政府安置房委托代建"三大业务模式，旨在全面、全程整合绿城现有各项资源与外部机构开展项目开发合作。绿城建设的成立，意味着项目代建模式第一次在国内房地产行业展开。

绿城建设自2010年创立以来，其商业模式飞速发展，代建业务呈现高速成长趋势。截至2023年底，绿城管理合约总建筑面积11955万平方米，项目已布局中国29个省、直辖市及自治区的122座主要城市。

绿城管理以契约形式向委托方提供房地产项目全过程开发管理服务。授权绿城品牌使用，派驻绿城专业团队，执行绿城产品标准，营造绿城产品，并通过销售服务体现绿城产品价值，最终导入绿城交付后的物业服务及维保体系。

资金管理方面，委托方负责项目开发阶段的全部资金，拥有投资决策权，承担投资风险，享受投资收益。绿城的收益来源于三部分：派驻团队基本管理费、委托开发管理费、项目业绩奖励。派驻团队基本管理费包括管理团队基本工资、社会保险、福利等；委托开发管理费是主要的代建收益来源，收取标准原则上为项目总销售额的3%~5%；项目绩效奖则是根据考核指标给予绿城的项目业绩奖励。

2. 参股式商业代建

参股式商业代建是由万科首先提出并进行实践。2014年3月，在万科2013年度业绩推介会上，万科正式对外宣布将学习美国铁狮门，引入"小股操盘"模式。万科不追求控股，持股比例最低为10%左右，但需承担项目的经营管理。其他投资人不论是否控股，不可干预项目的具体经营管理。

万科的代建模式提出源于与铁狮门的合作。2013年2月，铁狮门公司（Tishman Speyer）和万科合作开发旧金山Lumina项目，项目包括2个连在一起的住宅塔楼，分别为37层和42层，总计655套住宅，总投资6.2亿元，万科股权占比71.5%，铁狮门及其下属基金占28.5%，该项目由铁狮门操盘。

在此次合作中，铁狮门通过层层杠杆，减少自己的投入和风险，实际投资仅占股权价值的1.71%，股权结构如图2-6。

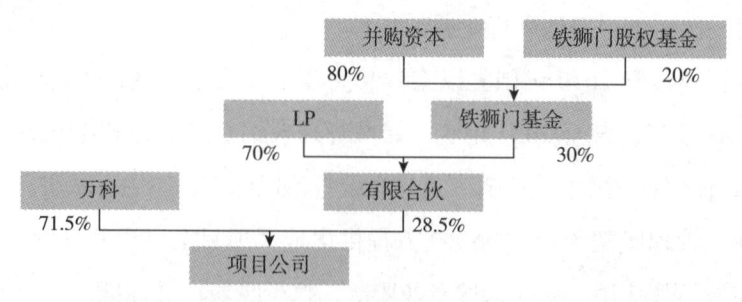

图2-6 旧金山Lumina项目铁狮门与万科股权结构

资料来源：中指研究院综合整理。

铁狮门仅以 1.71% 的股权，配合运营与财务的多层杠杆，在项目中赚取了"五道钱"：股权收益、项目管理费、项目超额利润分配、基金管理费、基金超额利润分配。铁狮门的这种运营理念为万科式"小股操盘"奠定了雏形。

在国外，铁狮门和凯德置地都形成了比较成熟的小股操盘模式，两者均通过精妙的结构设计，实现以较小资本金运营较大物业资产的"小股操盘"。借助经营杠杆带来基础费用之外，铁狮门通过财务杠杆放大超额回报，凯德置地则通过持股基金股份享受分红收益。铁狮门将小股操盘模式做到了极致，以 1%~2% 的资金量，配合运营与财务的多层杠杆来撬动项目。但在杠杆利用上，万科更倾向于借鉴凯德置地的稳健模式。凯德置地在利用财务杠杆上要比铁狮门更加审慎，多以 20% 左右的资本金运营操盘，在市场大幅波动时，其表现也更加稳定。

在收益分配上，万科通常会与合作方约定项目的预期收益标准，并设立浮动的分配方案，而非简单按照股权比例进行分配。通常而言，万科将赚取股权收益、项目管理费、项目超额利润分配这三道利润。先按照销售收入收取一定比例的管理费，再按照股权比例进行收益分配。同时，根据和其他投资合作方事先签订的协议，按照项目最终的收益情况，设立浮动的分配方案，收取项目的超额利润分配。一般来说，万科收取的管理费约为收入的 2.5%，包干 5%~6%。

图 2-7　万科·昆明云上城项目

昆明云上城是万科的第一个小股操盘项目。项目一期销售欠佳，土地方陷入短期经营困境，但由于地理位置优越、周边配套齐全，后市被看好。2012年万科介入该项目，投入0.23亿元占股23%，并与土地方达成小股操盘合作协议，约定了阶梯式技术服务费用，即根据二期的开盘均价收取5%~6%不等的服务费用，并确定在一期存货和二期销售达95%并完成结算、利润分配及交付的情况下，万科退出项目公司。

通过该项目的成功操盘，万科共收益2.27亿元，其中管理费用收入1.26亿元，万科融资渠道及手续费0.17亿元，项目收益分配0.84亿元，而万科的投入仅为0.23亿元，投资回报率高达987%。

同时，由于部分拥有土地的项目主体缺乏开发资金，部分代建企业洞察到这一需求，如2019年金地管理开始探索配资代建模式。配资代建是指代建方除了提供代建业务外，还为代建项目引入部分资本的代建模式。该模式下，资本通常由代建企业提供，代建企业的资本方与代建方通常属于集团不同的部门或公司，这主要是由于二者在业务目标、经营模式和内部管理上差异较大，同一个体系内很难并行经营，也不利于风险的防控。

该模式下，项目主体拿地之后面临一定的开发资金短缺，代建企业在看好项目发展前景的基础上，引荐与自身战略合作关系的金融资本，参与到项目开发中。项目主体与金融资本之间是类似于投资与被投资的关系，金融资本从中收取一定的投资收益，代建单位负责项目开发和管控。这种模式下，金融资本相当于是代建单位引荐的资本，要求代建单位有强大的资金整合能力，且品牌实力和开发能力又能得到项目主体的认可，对代建企业的要求较高。

配资模式下，资金来源通常有两个渠道，一种是自有资金，一种是由有合作关系的地产基金、信托等金融机构注入。然而，单纯依赖自有资金经营配资，往往效率低、平衡力差和流动性脆弱。因此，引入战投补充资金的流动性和夯实资金保障、强化双方利益捆绑关系的资金注入形式，更多被配资代建企业所使用。相较于纯收取代建服务费的模式,部分配资代建方除收取代建服务费外,还会收取引入资本的服务费用,在费用收取方面更加多样。见图 2-8。

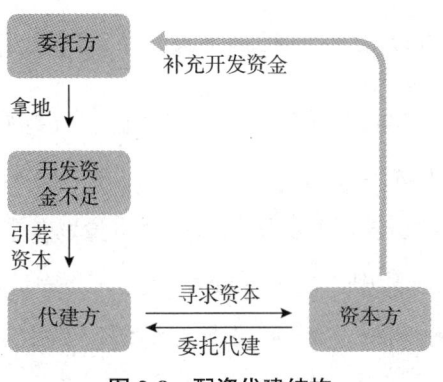

图 2-8 配资代建结构

2021 年后,随着房地产市场进入深度调整期,代建企业资金注入风险持续增加,金地管理在通过配资代建建立代建口碑后,也逐渐退出配资代建模式。

与此同时,伴随着土拍两集中等政策实施,城投和地方国资托底拿地趋势明显。城投和地方国资开发能力不足,为商业代建提供广阔的空间。在这一过程中,部分城投、地方国资或由于资金缺乏或要求信用保证等,亦会要求代建企业入股项目,以达成合作,因此,参股式代建也成为较为常见的代建形式。

四、商业代建模式的特征

在我国的房地产行业进入调整阶段的背景下,商业代建模式通过土地资源、资金投资以及开发、建设、后期物业管理开发运营链条上的专业化分工,逐步推进房地产行业的进一步细分,一些拥有良好品牌、技术实力、管理力量及资源整合能力的开发企业,逐步摆脱对资金、土地等资源的过度依赖，获得更多的发展机会。同时投资方在缺乏开发实力的情况下，能收获其应有的回报，有效分散企业和市场风险。

从当前商业代建的发展来看，商业代建的特征呈现为以下几点。

1. 合作双方有机融合，前期委托方的选择、沟通尤为重要

我国的商业代建模式有其独特的地方，它不同于国外的管理模式，投资商与开发商并没有完全分离，而是有机融合在一起。因此，其依赖于合作双方认知的一致性、管理人员素质、工程质量以及委托方土地与资金的保障力度等等因素。其中，最重要的是委托方需要具备非常好的资金条件，避免出现资金链断裂，导致工程无法继续，项目的各种抵押贷款无法偿还等问题。

作为代建企业，除了在选择委托方时要做好前期调查工作，自身也需制定救急方案。如果是暂时性的资金链问题，可以有专门的过桥基金来补血；如果是无法挽回的资金链断裂，就得有愿意进来接盘、收购项目股权的战略投资方。

另外，由于商业代建委托方多样且诉求不同，在确定合作关系前，委托方与代建方必须就开发理念和产品营造的各项标准达成协调一致，以保障项目正常运转。在项目开发建设过程中，双方也需形成较好的沟通机制，一方面，代建方要有财务知情权，确保项目公司账面上的资金能够应付各种可能发生的危机；另一方面，委托方要能充分了解开发情况，确保项目品质、成本符合产品定位。

2. 代建方强化研发、服务，通过"微笑曲线"两端创造高收益

所谓"微笑曲线"是微笑嘴型的一条曲线，两端朝上。微笑曲线中间环节的是制造，其产生的附加值最低；两端分别是研发和营销，在产业链

中，附加值更多体现在两端。因此，产业未来应朝微笑曲线的两端发展，也就是在左边加强研发创造智慧财产权，在右边加强客户导向的营销与服务。

就房地产企业来说，从拿地到物业管理，真正能够给实现利润增长的，真正能够给房地产增值的，一个是产品的规划设计，一个是营销和服务，还有一个是企业品牌。这就是整个房地产开发链条里面，产品链条的两端，也就是适用于房地产企业的微笑曲线两端（图2-9）。

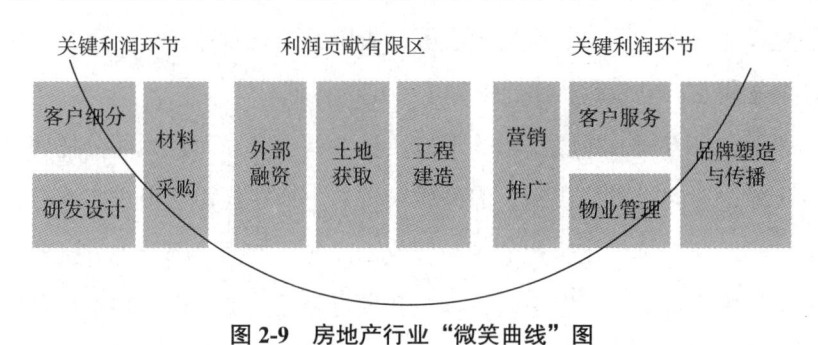

图 2-9　房地产行业"微笑曲线"图

数据来源：中指研究院综合整理。

房企在根据自身核心优势来定位自己的价值链优势，放弃对土地的投资，而以房屋的设计、提供开发管理人才、销售、物业为核心业务，通过将企业现有资源集中在其具有优势的环节，以此放大企业优势，由委托方负责提供占用资金较多的土地和施工材料，从而借助相应的开发模式创新来把效率放大。也就是通过代建业务，用其相对有限的资源，盘活沉淀的地产"重资产"，达到"用资源换资产、用资产换资本"的杠杆效益，从"微笑曲线"两端赢利。

3. 委托方主体多样，市场风险相对较高

2021年以前，企业与企业之间的代建合作，发生在代建企业与中小房企之间的案例较多。通常是土地使用权持有方缺乏资质、资金、技术、品

牌、管理能力等要素之一或者几个，无法自行进行项目的开发工作，需要有资质的、有能力的房地产开发企业与其进行合作。而中小企业由于资金能力有限，难以承担一线及部分二线城市高额地价，拿地区域多集中在部分二线及三四线城市。2021年后，房地产市场进入深度调整期，地方国资、城投托底拿地现象明显，这些企业在获取土地后，由于缺乏房地产开发经验或缺乏品牌影响力，通常会寻求与代建企业合作，因此，"城投拿地+房企代建"模式成为商业代建主流。此外，科技类、险资等企业拿地后，需要建设办公楼、厂房、研发中心等，由于其缺乏营造经验，也会寻求房地产企业代建，也为商业代建提供了一定的机遇。

然而，一方面，托底获取的土地质量参差不齐，而且大部分托底土地需要代建企业同时进行代销，部分质量较差土地在代建后很难实现有效的去化，进而会影响代建企业的管理费收回。另一方面，部分地方国资、城投公司的资质也受到一定考验，存在开发资金无法到位而影响项目进度及管理费收回的风险。因此，相较于政府代建，商业代建的市场风险相对较高。

五、商业代建未来发展趋势

中国房地产行业周期性高点已过，正告别粗放式增长逐步走向成熟，这个转变过程将伴随行业洗牌和格局重构。随着房地产行业的增长逻辑由最初的"土地红利"时代到"金融红利"时代过渡。在不断趋紧的市场调控下，将由"金融红利"时代向"管理红利"时代迈进。特别是近年来，房地产行业深度调整，房企探索新的发展模式，在行业内的变迁中，无论是大型房企还是中小房企，商业代建模式将成为房地产发展的必然趋势，充满了发展的空间。

其一，地方国资托底拿地，为代建提供了新机遇。2021年以来，地方国资托底拿地趋势明显。据统计，在面积TOP100拿地企业中，2022年为82个，2023年地方国资81个，2024年为86个，均超八成。由于地方国资开发能力不足，"城投拿地+房企代建"的模式为房地产代建企业提供新的发展机遇。

其二，城投拿地项目入市率较低，开发能力不足，需要代建盘活。至2024年10月，2021年两集中地块中，央国企项目入市率为78%、民企为66%、混合所有企业为93%，而地方国资入市率仅39%。2022年地方国资拿地力度逐批增加，拿地宗数及拿地金额占比均超四成，但项目入市率仅为37.0%。2023年，地方国资拿地力度虽有下降，但入市率仅为12%，远低于其他性质房企入市率。

其三，当前，我国房地产代建委托方较为单一，未来，非房企中的大型国企、科技类、产业类、险资等企业必将成为代建委托方中重要组成部分，为商业代建提供较强发展空间。

第四节　资本代建形式多样，企业不断持续探索

一、资本代建模式

近些年，随着资本的介入，资本代建不断发展。由于资本代建当前仍处于探索阶段，因而模式演变更加频繁，其项目数量也并未形成较大规模占比。

资本代建是指信托公司、保险公司等各类具备房地产投资能力的金融机构出资，委托代建方参与从项目研判、土地获取到房产开发的全过程服

务的商业代建模式，其目的是为委托方实现安全、高效的投资收益。

这种模式下，金融资本以项目投资方或投资方一员成为代建委托主体之一，对代建项目拥有全部或部分股权。其中，金融资本作为项目主体，拥有开发项目100%的股权，以代建委托主体的身份，寻找与待开发项目品牌理念、产品匹配度、客户匹配度等相契合的代建开发商，签订委托代建合作协议，明确相关各方职责和权利，由代建企业负责开发全流程的管理和管控，包括前期管理、规划设计到工程营造、成本控制、营销策划、竣工交付甚至到最后的物业管理各个环节全权委托给代建企业，金融资本仅保障资金的充足性，并监控资金使用情况等，这是权责关系相对简单的资本代建形式。

但是，中国银监会官网在2017年12月22日发布了《关于规范银信类业务的通知》。《通知》要求，商业银行和信托公司开展银信类业务，应贯彻落实国家宏观调控政策，遵守相关法律法规，不得将信托资金违规投向房地产、地方政府融资平台、股票市场、产能过剩等限制或禁止领域。2020年11月13日，银保监会发布《关于保险资金财务性股权投资有关事项的通知》，《通知》明确"禁止保险资金投资直接从事房地产开发建设的标的企业，包括开发或者销售商业住宅"。因此，很长时间内，我国都没有资本代建的实践。

2020年以来，部分房企违约出险，中央要求压实地方政府责任，"保交楼"成为行业焦点，出险项目亟需盘活。在此背景下，部分AMC介入出险项目，进行纾困。由于AMC不具有专业开发能力，需要具有专业开发能力的房地产企业进行代建，以"出资+开发"模式为特征的纾困类代建开启了资本代建的新实践。2022年，中国信达资产管理公司通过"AMC收购+代建"模式，成功盘活佳兆业广州南沙烂尾楼"悦伴湾"项目、新力控股广州增城"石洲悦"等多个项目，均取得良好效益。

"纾困"类代建主要通过"出资+开发"模式，由AMC负责不良资产处置与重组，代建企业负责再开发与运营。其中，代建企业在"开发"过程中便具备了较强的优势。一方面，代建企业具有较强的开发运营管理经验，可以帮助委托方在项目定位、成本管控等多方面提供支持，从而降低开发成本。另一方面，代建企业通过输出品牌，将"出险项目"盘活，实现项目的保值、增值和快速去化，助力委托方快速回笼资金。纾困项目代建模式下，AMC及信托公司负责不良资产的处置与重组，也为后续项目代建提供开发资金，从委托方性质来看，已与狭义资本代建模式相同。

纾困类代建项目实践较多，以下就三种纾困类代建模式进行介绍，供行业借鉴。

（1）并购类项目：恒大江阴项目。江阴恒大华府项目由恒大于2020年5月竞得，该项目自2021年9月起陷入停工停售状态。在停工之后，中粮信托以70%股权取得项目控制权之后引入绿城管理进行代建代管，并于2022年4月实现项目100%持股。该类型项目中，原始股东通过引入新的投资人，退出或部分退出项目，新的投资人接管项目后引入代建方进行项目代建或代建代管，从而盘活项目。

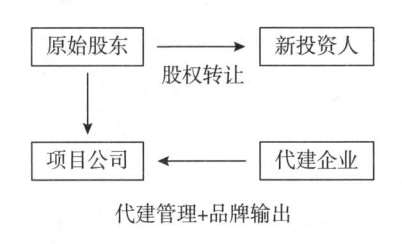

代建管理+品牌输出

图 2-10 恒大江阴并购代建项目

（2）重组类项目：广州奥园云和公馆项目。奥园云和公馆位于广州白云区，是奥园于2020年5月竞得。2022年7月，奥园与绿城管理签署了战略合作协议，双方将在品牌输出、管理输出、资源输出等方面进行战略合作，全力保障项目交付、销售，二者合作的首个代建项目就是云和公馆。此类项目中，原股东与重组方就相关事宜进行协商，共同建立新的项目公司，引入代建方进行项目代建或代建代管，从而盘活出险项目。

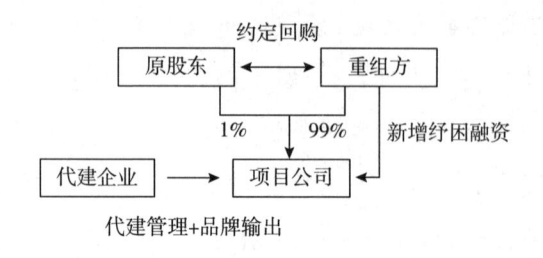

图 2-11　广州奥园云和公馆重组代建项目

（3）破产重整类项目：广西柳州官塘项目。柳州市柳东新区项目，原开发商为广西官塘投资发展有限公司，项目开盘后，公司陷入债务纠纷，项目停工，长期处于烂尾状态。2020 年 10 月 14 日，柳州市中级人民法院裁定受理广西官塘投资发展有限公司（简称"官塘公司"）破产案。为尽力维护债权人、购房人、回迁安置权益人等各方当事人的合法权益，挽救官塘公司和提升资产价值，管理人先后五次发布关于意向投资人招募、重整投资人招募及延长重整投资人招募期的公告。绿城管理积极接洽管理人，最终由绿城管理和玉林市建筑安装工程公司组成的联合投资体依照招募公告要求提交了完整的应募资料，项目最终由绿城管理进行代建。此类项目通常经历较长重整计划，所需接洽亦较多。

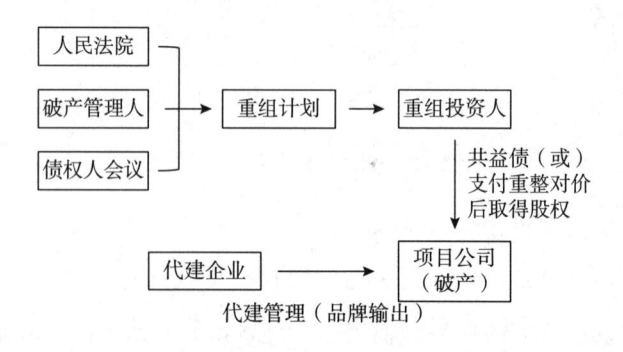

图 2-12　广西柳州官塘项目破产重整代建项目

二、资本代建模式演变的背景

由于地产行业属性为长周期、重资金、重资产、高风险。在整个长周期过程中,涉及到像产品建造、价值判断和未来市场分析等许多专业工作,这些恰恰是能够和金融很好结合起来的部分。从整个房地产发展的模式来看,从过去的大量、粗放性的建房,解决供需矛盾转向更精细化的建房及更专业的服务,向更高水平、更绿色、更清洁的方向发展。

因此,过去对于房地产企业而言,金融机构的主要功能就是融资,双方的合作主要聚焦在前端。在房地产行业从粗放式向精细化运作的转变过程当中,金融机构对房地产行业已经从单纯的前端(融资阶段),开始向中间环节(资产管理)和通过金融手段实现退出的后端进行渗透。原本带有金融属性的房地产行业的发展和金融的关系将更紧密,金融机构对房地产行业已经从过去单纯的融资阶段开始全面渗透进来。

2021年以来,房地产市场进入调整期,部分房企出现债务违约风险,在此背景下,2022年,"保交付"成为房地产行业关键词。从宏观政策层面,中央召开会议,压实地方政府责任,保交楼、稳民生,针对项目面临的多种情况给出了不同的处置方式。其中,以政府联手AMC、引入代建企业的"纾困"类代建,成为方式之一,也为资本代建迎来更多发展机遇。

三、资本代建特征

对比一般房地产开发模式,资本介入实现了"各司其职、资源最优化配置"的目标。当前,房地产行业面临转型,从过去的资金密集型行业逐步转变为资金和技术密集型的行业,开发商单纯依靠土地红利和资金快速周转获取高额利润的时代已渐行渐远。消费者开始关注产品品质和售后服务,追求房产品"性价比",对开发商"专业化"程度的要求也日益提高。

资本参与房地产行业，将开发商从"重资产"的模式中解脱出来，更好地实现资本与技术专业化分工的紧密结合，发挥出委托方和代建方各自的特长，整合优势资源，将项目风险控制到最小或是将风险降到最低。

1. 资本代建对项目的收益有更高要求，更易与代建企业形成战略合作

资本代建是资本从单纯的前端融资阶段，开始向中间环节的项目开发增值和通过金融手段实现退出的后端进行渗透。因此，从一定意义上而言，资本对房地产行业更广泛的渗透意味着资本已不满足于单纯的投资利息收益，而对整个开发过程中的项目增值收益，甚至后期的物业管理中的服务增值收益都想分得其中的一杯羹。这也就意味着该模式对项目的收益能力有更高的要求。

基于这一诉求，资本方在选择投资项目或代建单位的过程中，最注重的是项目的投资价值和代建单位的品牌影响力，及项目运营管理能力所带来的项目整体溢价水平。从现实的角度而言，资本在房地产行业的专业性相对不高，也没有太多的精力投入到项目选择和企业选择中，更容易与代建单位形成战略合作关系，由代建单位承担起前期的项目甄别、投资咨询等方面的工作。在这一过程中，资本仅负责资金的投入和收益核算等，而代建企业则负责专业化的开发及后期运营管理各个环节，在各自的专业领域各司其职，权责明确。

2. 开发企业对代建项目选择的自主权相对较高

一般来说，政府代建和商业代建的项目相对较为分散，对于代建方而言可能80个委托代建项目有70多个代建委托方，这对代建方来说不仅前期沟通成本较高，而且一般都相对被动接受代建项目，对代建的城市布局、不同层次项目配比以及产品线的完善升级等都较为不利。

在资本介入下,由于代建企业承担了一定的项目筛选职责,对项目的选择相对自主权更高,而且与资本的合作可迅速铺开代建项目规模,在长期战略合作的机制下,有利于代建企业减少前期沟通成本,对自身发展的规划性和战略性更高,更强化专业分工。因此,从长远来看,资本代建是未来房地产行业的发展趋势,也更有利于代建企业的稳健发展。

但是从另一个角度而言,该模式对资本和代建企业的专业性要求更高,分工的精细化、模块化更需要不断完善;同时也要警惕具有"逐利性"的资本介入之后的急功近利行为给房地产市场所带来的不稳定因素。因此,处于市场初探期的资本介入模式的商业代建尚需要较长时间的探索和经验积累,资本与代建企业尚需长时间的相互磨合,方能更好地推进房地产市场的系统化、专业化发展。

3. 纾困类代建存在机遇也存在较大风险

当前,纾困类代建虽然存在较大市场机遇,但是依旧存在较大风险。其一,代建方在代建过程,可能面临品牌损耗的风险。由于"纾困类"项目前期多为"烂尾"项目,原操盘方对项目的负面影响依旧存在,代建方在输出自身品牌时,需谨慎评估此类负面影响对自身品牌的影响,将负面降低或者进行隔离。其二,"纾困类"项目可能存在原有债权处置不清的情况,在此种情况下,代建企业需保持轻资产属性,以不出资和不加财务杠杆为代建前提,从而更好地隔离投资类风险。其三,部分"纾困类"项目中,代建方在代建、代管过程中,可能会面临代建费做劣后产生的部分代建费损失的风险,因此,纾困项目的代建仍需对项目进行谨慎评估。

四、资本代建未来发展趋势

国内的代建业务主要以政府代建和商业代建并存为主,随着政策不断完善和金融创新，将驱动更多的资本为追求稳定回报跨界涌入房地产行业，银行。保险等金融资本以及无法在传统行业获取可观回报的社会资本纷至沓来，代建业务中资本介入的形式也将越来越多。

随着房地产资本化时代的到来，行业分工更加专业化，传统房企及专业代建企业参与房产代建，凭借自己的品牌、专业开发能力创造更大的产品及服务价值，而传统金融机构和新兴的私募基金更深入参与地产开发业务中，形成专业的地产投资人，开发和投资的分离能有效配置资源，大大提高行业效率。

根据欧美房地产市场的经验，成熟的房地产市场中金融资本在房地产投资中的占比普遍接近8成，也就是说金融资本将成为房地产投资的重要参与主体，而代建企业在未来更多承担的将是开发者和运营者的使命。除了开发建设外，房屋交付后的运营服务也成为房企软实力的集中体现，而也有部分房企依托多年开发经验，如绿城管理，为金融资本提供投资建议等咨询服务，将服务延伸至前期。因此，代建企业不用背负巨大的资金压力，从而回归市场本身，专注于产品的开发和运营，资本方则通过投资，获取投资回报，实现双赢。未来，这种合作关系将也不断延续。

可以预见的是，未来房地产企业的分工将更加细化，其中以险资、银行为主的金融资本将继续扮演资本玩家的角色，以资本运作为主，主导拿地与财务投资，通过与大型房企合作或者寻求专业代建企业代为开发建设，增加在地产领域的渗透力度。

第三章

中国房地产代建发展运行和竞争格局分析

第一节 代建规模高企，市场集中度较高

一、代建新签约规模爆发式增长，近五年增速均值达 20%

根据测算，2020—2024 年，代表企业代建项目的累计合约总建面高达 6.3 亿平方米。特别是 2023 年，随着典型企业在代建行业发力，推动代建新签约面积爆发式增长，新签约项目面积同比增长率高达 56.3%。2021 年以来，随着房地产行业进入调整期，代建迎来快速发展。2022 年，代表企业代建新增建筑面积总规模首次突破 1 亿平方米，2023 年大幅增长至 1.7 亿平方米，2024 年新签约规划建筑面积虽有所下降，但总规模仍超 1.6 亿平方米。

近年来，随着房地产市场进入调整期，房地产企业不断探索新的发展模式，代建由于具有"轻资产、高盈利和抗周期"的特性，日益受到房企青睐，也成为房企探索新发展模式的方向之一。从数据可以看到，房企对代建业务的重视程度和拓展力度也在不断加大，通过代建方式输出品牌和管理能力，以提高企业的盈利能力和盈利水平，成为越来越多企业的共识。

面积（万平方米）

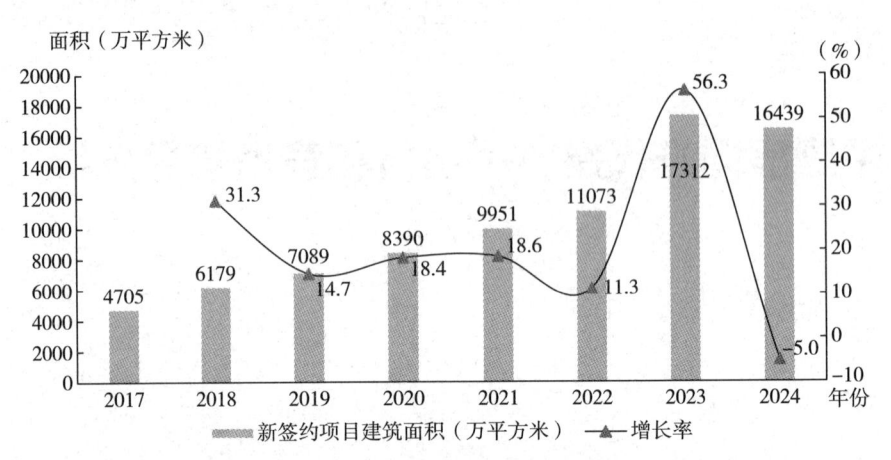

年份	新签约项目建筑面积	增长率
2017	4705	
2018	6179	31.3
2019	7089	14.7
2020	8390	18.4
2021	9951	18.6
2022	11073	11.3
2023	17312	56.3
2024	16439	-5.0

图 3-1 2017—2024 年房地产代建新签约面积及增速

数据来源：CREIS 中指数据，企业披露，中指院综合整理

二、市场集中度依然较高，前五企业市场份额达 54.2%

近年来，代建前五企业市场份额较稳定，均保持在 50% 以上。2023 年，由于入局代建领域的企业持续增多，导致行业竞争加剧，头部企业虽保持稳定增长且规模持续提升，但由于行业总规模高速增长，致市场集中度有所下降，市场份额首次低于 50%。2024 年，头部企业加速项目拓展力度，从代建新签约项目建筑面积来看，前五企业所占市场份额为 54.2%，较 2023 年提升 4.4 个百分点。

尽管近年来房地产代建行业头部企业的市场集中度有一定波动，但头部企业市场集中度仍保持高位，新拓规模保持稳定增长，项目拓展能力依旧突出。随着房地产代建企业日益增加，行业竞争会更加激烈，头部企业由于入局早、代建经验丰富、品牌优势较强等优势，未来在激烈的竞争中依旧保持较强的优势，房地产代建行业头部企业的市场集中度在回落后，未来几年将会保持稳定甚至有所回升。

图 3-2　2017—2024 年房地产代建前五企业市场份额

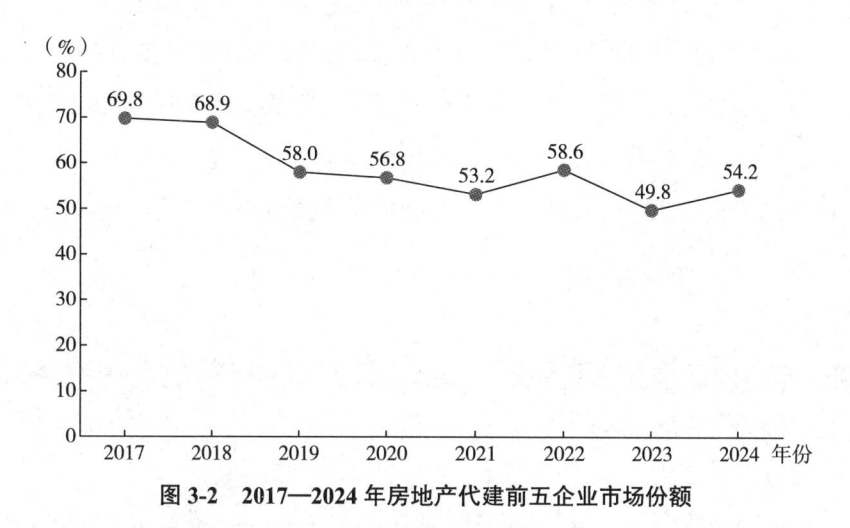

数据来源：CREIS 中指数据，企业披露，中指院综合整理。

三、销售额差异较大，未来将更加受到重视

房地产代建和传统的房地产开发有所不同，因房地产代建包括政府代建和商业代建两种模式，而政府代建一般没有销售额，当前，本书所指代建销售额仅指商业代建的销售额。近年来，从典型代建企业业务类型新签约面积占比来看，商业代建日益成为主流，因此，代建企业也更加注重项目的销售能力。

由于代建项目从签约到实际进入销售阶段需要一定周期，当前大部分代建企业入局代建的时间较短，因此，从典型代建企业的销售金额来看，目前代建的销售规模分化较为明显。其一，绿城管理、中原建业等企业入局代建时间较长，代建品牌优势强且在售项目较多，销售额较高。其中，2024 年，绿城管理代建合同销售金额为 1050 亿元，占绿城中国销售额的 37.9%；蓝绿双城、金地管理、中原建业、龙湖龙智造等企业代建销售额均突破百亿。其二，代建企业有优质项目入市时，销售额有明显提升。而今管理代建的上海黄埔庆城府项目为高端项目，项目于 2024 年初入市，

2024年，而今管理实现代建销售额71.1亿元，较2023年增速显著。

值得注意的是，随着代建企业在配售型保障性住房等政府代建领域的探索，部分政府代建项目或可面向市场产生销售额，进一步助推代建企业销售额的增长。未来，代建企业亦会更加注重项目销售能力，规模也将持续增长。

四、企业营收差异较大，净利润率远高于房地产开发与物业

营收差异较大，商业代建营收占比有所上升，政府代建占比略有下降。由于代建企业涉足代建时间不同，营收也存在较大差异。如绿城管理作为上市公司，2023年营业收入达33亿元，但部分刚入局代建企业，则营收相对较低。从营收占比来看，商业代建成为企业最大的营收来源。商业代建管理费较高且需求较大，一直是代建企业最大的营收来源。如绿城管理历年收入结构中，商业代建均保持60%以上的占比，2023年，商业代建占比为71.0%，较2022年增长8.1个百分点。

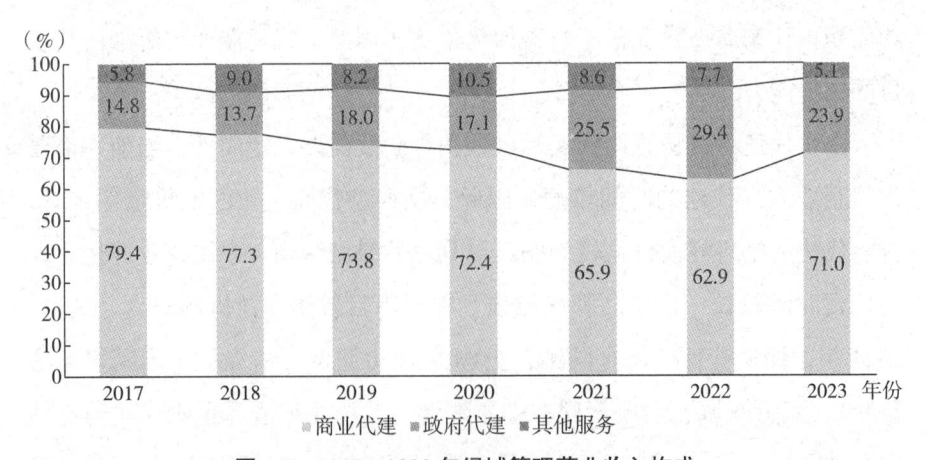

年份	商业代建	政府代建	其他服务
2017	79.4	14.8	5.8
2018	77.3	13.7	9.0
2019	73.8	18.0	8.2
2020	72.4	17.1	10.5
2021	65.9	25.5	8.6
2022	62.9	29.4	7.7
2023	71.0	23.9	5.1

图3-3　2017—2023年绿城管理营业收入构成

数据来源：企业公布，中指研究院综合整理。

房地产代建的净利润率远高于传统房地产开发和物业业务。2021年前，房地产行开发和物业的净利润率均处于平稳状态。2021年房地产市场进入调整期，受市场下行压力等影响，房地产开发和物业的净利润率均快速下降，2023年分别为5.0%和5.4%。房地产代建由于具有轻资产及抗周期特性，典型房地产代建企业净利润受市场波动较小，近年来保持稳定，在2022年前，均保持在25%以上，远高于房地产开发企业和物业企业净利润率。2023年，代建业务领域参与企业增多，竞争加剧，导致净利润率下降至23.6%，但整体来看，依旧高于房地产开发企业和物业企业净利润率。

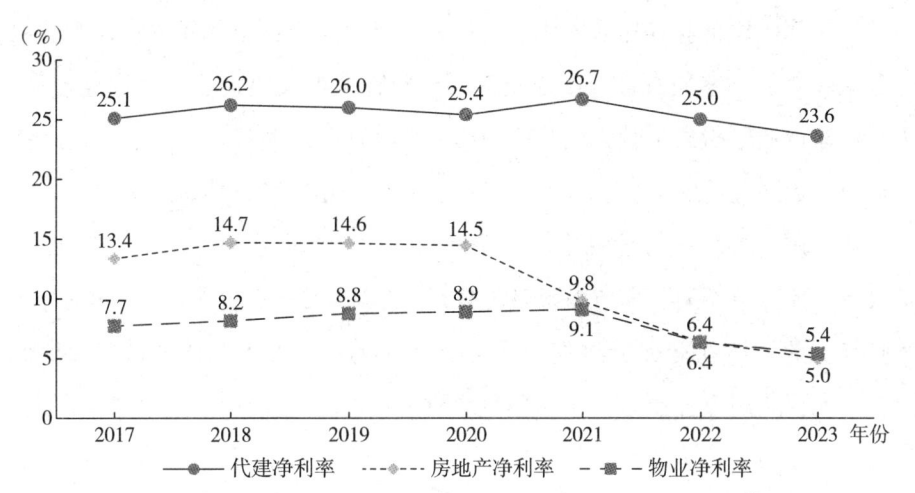

图3-4 2017—2023年房地产净利率、代建净利率及物业净利率[①]对比

数据来源：CREIS中指数据，企业披露，中指院综合整理。

代建企业净利润水平分化显著。与传统房地产开发不同，房地产代建项目收入通常按节点收取，但人员成本并非按节点投入。头部企业入局较早，项目筛选和成本管控更加严格，且项目回款进入良性循环阶段，盈利性较好，如绿城管理2023年净利润率为29.7%，较2022年同期提升2个百分点。部分刚入局代建的企业，由于项目尚未经历完整开发周期，净利润率前期为负。因此，代建企业净利润率分化较为明显。

---

① 物业百强企业平均净利润率。

五、头部企业稳定发展，中坚力量崛起

近年来，房地产行业进入深度调整期，房地产企业高负债、高杠杆、高周转模式难以为继，政府倡导构建房地产发展新模式。在此背景下，房地产企业纷纷实施"轻重并举"战略，其中，代建具有轻资产、抗周期性等特征，是"轻资产"业务的重要战略支撑，受到房企青睐。据统计，目前已逾百家房地产企业涉足代建领域，特别是2022年以来，代建迎来蓬勃发展。

头部代建企业依托品牌优势及经验积累，积极创新代建模式，实现业务稳步发展。绿城管理、中原建业、金地管理等代建企业涉足代建较早，在代建行业已积累了较强的品牌口碑，代建业务发展稳定。近年来，这些代建企业通过不断创新代建业务模式、制定代建标准化体系等形式，引领行业发展。如绿城管理继推出绿星标准的代建标准化体系后，于2023年发布"M登山模型"和"绿城M"APP，从六大营地、23个服务节点动作，指导代建团队在服务全过程中，与委托方建立牢固的信任关系，以规范化、流程化的专业服务，确保项目经营兑现度。中原建业2022年12月成立了"城市合伙人理事会"，以一种全新的商业制度模式，开拓了代建合作的空间。2023年9月，中原建业正式对外发布全新的代建信赖体系——中原建业代建C平台，在品牌溢价能力、管理红利能力不断叠加的基础上，构建新模式和新逻辑。金地管理专注于服务力的打造和提升，打造出"服务金三角"模型，包括委托方驾驶舱、《委托方服务白皮书》《代建服务质量体系》，持续升维代建服务力，引领代建行业服务力标准革新，为委托方提供优质服务。

民营房企快速响应市场变化，代建参与度高且发展迅速。本轮房地产调整过程中，民营房企受到的影响最大，因此，在转型升级方面调整速度最快。其一，部分优秀民营房企利用已建立的品牌优势、产品营造能力及

上下游资源整合能力,建立代建平台,并利用"代建+代运营"模式,拓展代建项目。如龙湖集团于2022年成立代建平台龙湖龙智造,利用"一个龙湖"生态下的多航道协同,住宅、商业、酒店、公寓、养老、写字楼、TOD等全业态覆盖,目前已有多个代建综合体项目,实现了代建加代运营即由龙湖龙智造代建、商业代运营的成功模式。新城控股于2022年成立代建平台新城建管,目前新城建管的两大赛道即包含在优势深耕区域拓展住宅的代建代销机会和借助"吾悦广场"拓展商办的咨询代建代销代管机会。目前,新城建管已通过利用新城"吾悦广场"设计、建造、招商和运营的优势,在临汾、宜宾、临沂等多个城市获取多个商业综合体代建代运营项目。其二,部分出险民营房企利用产品营造能力和专业领域服务能力,顺势转型入局代建,通过轻资产运营实现"自救"。2021年以来,随着调控政策收紧,部分民营房企出现流动性危机,债务违约事件不断。房地产企业依赖多年的"三高"模式难以为继,调整转型迫在眉睫。部分出险房企顺势做出调整,如2022年7月,华夏幸福将业务分为六大核心板块,每项业务均形成各自的轻重结合的新业务体系,成立幸福安基作为代建的品牌,依托其在产业运营方面的优势,专注于产业轻资产代建代运营。其三,部分民营房企调整经营战略,重新入局房地产代建领域。如滨江集团2010年便介入商业代建,后期由于代建波及自身品牌,开始弱化代建业务。2023年8月,滨江集团完成团队组建,再次踏足代建领域,通过品牌影响力进一步向外延伸,将代建业务作为新增长点,轻重并举,以抵御当前下行的行业风险。

央国企跨步入场,更加专注于片区开发、纾困项目、公建类等民生保障领域的代建项目。近年来,央国企在代建领域的发展势头也较为强劲,在新模式探索过程中,均积极开展代建业务。当前,多数央国企均有多年政府代建经验,代建经验丰富。本轮转型升级过程中,一方面,部分央国企利用自身资源整合能力,除传统代建业务外,积极参与到片区开发、纾困项目等民生保障领域的代建,在项目拓展的同时,也承担了央国企的社会责任。如华润置地代建已形成"以大型文体场馆"为核心的城市片区统筹开发"代建、代运营"的独特模式。中铁置业通过协同多方资源,引进信托单位为项目提供增量资金的形式,承接杭州临安、南昌红谷滩、广州增城佳源华府等多个纾困项目。另一方面,部分央国企积极走出"舒适圈",代建业务拓展范围呈现出由省内向省外、政府代建向政府代建与商业代建并行的特征。如建发建管深耕代建多年,在福建省内具有较强的代建优势,代建有厦门国际会议中心等影响力较强的政府代建项目。近年来,建发建管走出福建省,在长三角、成渝区域获得多个商业代建项目。

第二节　代建企业构建特色竞争力

中指研究院持续开展中国房地产百强企业、上市企业、品牌企业等相关研究,紧随行业发展脉络,深入研究房地产企业经营规律,对促进行业良性发展、企业快速成长发挥了重要作用,相关研究成果已成为评判房地产企业经营实力及行业地位的重要依据。近年来,行业逐渐进入深度调整期,粗放式增长逐渐转向以产品和服务为主导的精细化管理,品质、绿色、科技等指标元素的重要性凸显。在这些背景下,代建模式日益受到房企重视,推进代建业务发展成为部分有较强品牌和运营能力的房企应对激烈竞争、分散风险、维持健康稳定发展的重要选择。特别是2021年以来,代建行业经历快速发展,入局代建企业爆发式增长。为进一步推动房地产代建企业提高经营水平、促进行业健康发展,中指研究院持续开展中国房地产代建行业研究,本书在第1版、第2版研究成果的基础上，进一步更新总结代建企业发展状况，特别是代建企业的综合竞争力特征。房地产代建企业竞争力主要体现在品牌影响力、专业能力、创新能力、组织管理能力等方面。

通过梳理绿城管理、中原建业、金地管理等优秀代建企业核心能力，结合中指研究院对代建企业、委托方和相关机构等调研分析，图3-5构建了评判代建企业综合竞争力的"五力"模型。

图 3-5　代建企业综合竞争力"五力"模型

其中，专业力和服务力是根本，资源力是基础，品牌力和创新力是两翼，"五力"协同促进代建企业快速健康发展。

表 3-1　典型代建企业对自身优势的总结

企业名称	代建优势
绿城管理	核心优势：品牌价值、专业团队、战略资源、高端客群、精益管理、贴心服务
金地管理	"代建三力"模型：产品力、经营力和服务力
中原建业	核心优势：品牌价值、团队优势、资源优势、制度优势、市场优势
招商建管	以高效的开发管理能力、卓越的策划设计能力、稳健的项目运营能力和丰富的品牌运营能力，为客户提供全流程、全周期服务
龙湖龙智造	核心优势：龙湖高品质，数字科技高地（全周期数字化解决方案），全业态运营
旭辉建管	以解题力（定制化）与服务力突围
新城建管	依托集团强大的实力平台和人才矩阵，以全业态产品矩阵和全周期品质服务，为房地产代建代管业务，系统化输出解决方案

数据来源：中指研究院综合整理。

在构建具体指标时，遵循以下三个准则。

第一，经营绩效与发展潜力相结合。经营绩效不仅是体现企业的运营规模和盈利性的重要指标，也是企业市场拓展和发展速度的重要保障。而是否具有丰富的储备项目、较为完善的人才结构和规范化的管理体系显示了企业未来的发展潜力。

第二，品牌影响力、经营管理能力和团队建设能力相结合。代建业务作为品牌价值驱动的一种资本战略，其品牌、专业技术和管理能力是代建业务的核心和精髓；突出的品牌影响力是引领代建业务运营、吸引合作伙伴的基础；专业的经营管理能力是开展代建业务的核心要义；强大的团队建设能力是促进代建业务扩张的利器。企业通过对品牌、技术和管理等核心价值的输出，才能高效促进代建业务的稳步发展。

第三，吸纳调研数据。代建方作为乙方，是否为委托方即甲方创造效益、获得认可尤为重要。2024年7月，中指研究院开展了房地产代建调研，本次研究我通过问卷调研的形式，对代建企业和城投公司、资方等委托方均开展调研，多维度参考各方意见，将更多指标纳入方法体系中，力求使指标体系更加完善。通过调研数据显示以下几个特点。

①对代建企业而言，企业经营能力最为重要。在房地产代建企业第一需要具备的能力方面，34.8%的受访者认为是经营能力，23.4%的受访者认为是资源整合能力，两项占比超50%（图3-6）。

②对委托方而言，更加看重产品定位能力。在代建企业受到委托方青睐的原因方面，近6成受访者认为产品定位的适销性很重要，其次是营销能力强、项目去化快。当前多数代建项目为代建代销，因此，销售去化能力成为企业突围的重要能力（图3-7）。

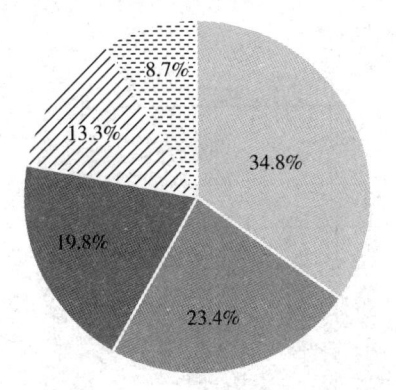

第三章　中国房地产代建发展运行和竞争格局分析 / 125

- 经营能力（成本管控、营销能力、项目拓展能力等）34.8%
- 资源整合能力（外部资方融资、上下游供应商、营销资源整合能力等）23.4%
- 品牌影响力 19.8%
- 服务力 13.3%
- 产品力（产品定位、规划、设计等）8.7%

图 3-6　代建企业需要具备的第一能力

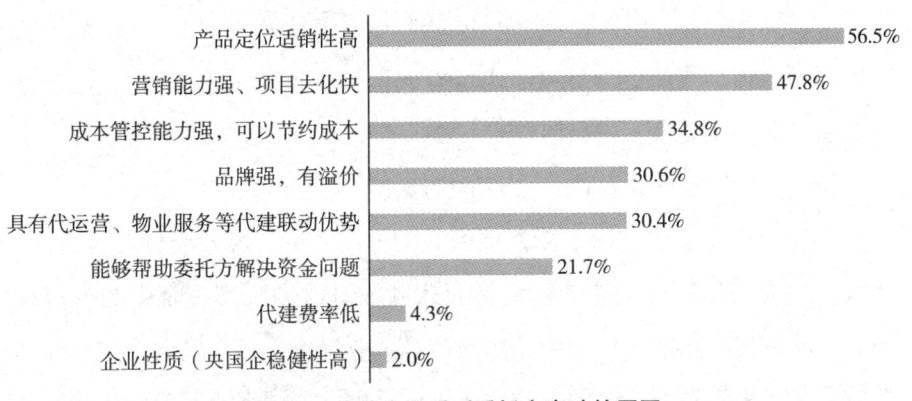

指标	比例
产品定位适销性高	56.5%
营销能力强、项目去化快	47.8%
成本管控能力强，可以节约成本	34.8%
品牌强，有溢价	30.6%
具有代运营、物业服务等代建联动优势	30.4%
能够帮助委托方解决资金问题	21.7%
代建费率低	4.3%
企业性质（央国企稳健性高）	2.0%

图 3-7　代建企业受到委托方青睐的原因

③新签约规模较能衡量代建企业实力。超六成受访者认为新签约规划建筑面积是衡量代建企业实力的最重要指标，排在之后的指标为营业收入、代建销售规模等。

随着代建快速发展，代建竞争加剧，代建企业若要突围，差异化竞争能力和创新能力也十分重要。因此，第 3 版代建蓝皮书研究方法体系在前两版的基础上进行了优化，如图 3-8，主要变更如下：

新增差异化竞争力指标

新增板块联动能力指标

新增创新力指标

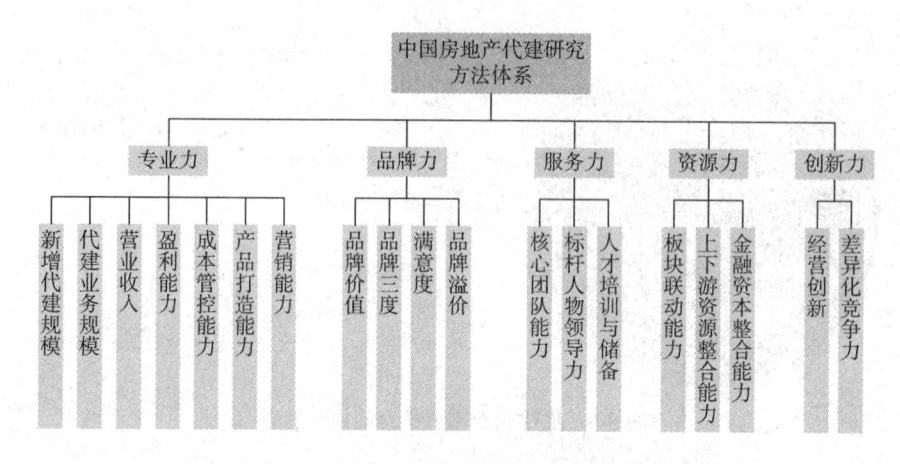

```
                    中国房地产代建研究
                        方法体系
    ┌──────────┬──────────┼──────────┬──────────┐
   专业力      品牌力     服务力     资源力     创新力
  ┌─┬─┬─┬─┐  ┌─┬─┬─┐   ┌─┬─┐    ┌─┬─┐      ┌─┬─┐
  新 代 营 盈 成 产 营 品 品 满 品 核 标 人 板 上 金 经 差
  增 建 业 利 本 品 销 牌 牌 意 牌 心 杆 才 块 下 融 营 异
  代 业 收 能 管 打 能 价 三 度 溢 团 人 培 联 游 资 创 化
  建 务 入 力 控 造 力 值 度    价 队 物 训 动 资 本 新 竞
  规 规       能 能             能 领 与 能 源 整          争
  模 模       力 力             力 导 储 力 整 合          力
                                  力 备    合 能
                                           能 力
                                           力
```

图 3-8 中国房地产代建研究方法体系

经过梳理，当前参与房地产代建的企业已逾百家，通过对这些企业进行分析，我们发现以下几个特点。

（1）主要房地产开发企业均涉足代建。

房地产代建是房企探索新发展模式的方向之一，日益受到房企青睐。当前，主要房地产开发企业均已涉足代建业务，如头部央企中的中海地产、华润置地、招商蛇口、中交房地产等企业均成立独立代建平台，开展代建业务；中铁置业、中国铁建地产等央企也由公司事业部主管代建拓展业务。绿城中国、金地集团、绿地控股等混合所有制企业在代建领域发展时间较长，代建品牌影响力更强，近年来业务拓展力度也更加迅猛。民营房企中的龙湖龙智造、旭辉建管、而今管理等企业虽然成立时间较短，但依托集团资源和业务布局，发展迅速。

（2）代建业务聚焦五大城市群，长三角及一二线城市更受企业青睐。

从代建企业业务布局城市等级来看，核心一二线城市更受代建企业青睐，这主要由于商业代建依旧是代建主流业务模式，一二线核心城市市场较为稳定，利于项目销售去化，因此更受代建企业青睐。如绿城管理、金地管理、龙湖龙智造、旭辉建管等企业均明确项目拓展区域为核心一二线城市。当然，由于一二线城市代建竞争激烈，部分企业亦会选择三四线城市拓展业务，通过良好的产品设计及营造能力，满足当地改善类客群需求。如中原建业专注于大中原区域三四线市场，向缺乏品牌和管理经验的中小开发商或拥有土地的中小企业、政府等合作方输出品牌和管理，实现品牌溢价。从城市群来看，长三角区域更受代建企业青睐。长三角区域政府代建法律法规透明度高，有利于代建企业在政府代建方面进行项目拓展；区域内房地产市场保持稳定，有利于代建企业在商业代建方面进行项目拓展。

（3）多种代建模式并行发展，并不断探索新业务方向。

参与房地产代建的企业，多采用政府代建和商业代建模式并行的发展状态，以单一代建模式发展的企业相对较少。近年来，纾困项目类代建为资本代建提供了更多发展机遇，部分代建企业在传统代建模式外，也在积极探索该类代建。如中铁置业已承接杭州临安、南昌红谷滩项目、广州增城佳源华府等多个纾困项目。与此同时，2023年8月，国务院审议通过《关于规划建设保障性住房的指导意见》，提出要建设配售型保障性住房。代建企业紧跟行业发展，绿城管理、而今管理均通过竞标的形式，代建配售型保障性住房项目。

（4）代建项目以住宅为主，项目类型日益丰富。

目前，以代建方式建设的项目多为住宅产品，代建企业通过输出产品设计、住宅产品品牌、项目管理能力、代销能力等形式，为委托方赋能。如绿城管理、中原建业、旭辉建管等企业代建的项目类型基本为住宅类项目。

值得期待的是，随着越来越多的企业介入房地产代建领域，代建的项目类型也在不断丰富。如华润置地以大场馆为核心的片区代建代运营模式，代建多个大型场馆，并参与后期的保赛及运营；金地管理凭借多年在商办写字楼代建领域积累的口碑，多年来代建多个大型写字楼项目；龙湖龙智造联动商管、长租公寓品牌，代建"天街"综合体及长租公寓，参与项目的后期运营，获取收益。同时，部分企业也将代建项目延伸至文旅地产、康养、酒店、产业园等领域，代建项目类型不断丰富完善。

第三节　专业力分析

一、产品标准化能力

1. 代建企业均已建立标准化产品，并持续迭代升级

目前，产品标准化已成为房地产企业的主流开发模式，大部分房地产企业均已有比较完善的产品系及标准化流程。与此同时，近年来，房企在原有产品系基础上，也基于客群变化及产品定位，持续迭代产品系，不断提升产品品牌影响力和口碑。如龙湖2023年首次对外发布了"云河颂"产品品牌，是龙湖集团推出的产品定位更高、配置标准更高、价值体系营造更丰满的产品，其产品在西安、成都和宁波均实现了开盘即售罄。

作为房地产行业的专业细分领域，房地产代建对产品标准化的要求更高，标准化带来的是产业化与规模化。目前，行业内参与房地产代建的企业均已建立起一套完整的标准化产品体系，通过推行标准化产品线复制、连锁开发，在全国"攻城掠地"。需要注意的是，随着代建竞争激烈，部分企业推出"定制化产品体系"。"定制化产品体系"指的是对不同的客户、不同的项目、不同的需求，量身定制解题方式，从产品打造方面，依旧遵循的是标准化的产品打造流程（表3-2）。

表 3-2　　　　　　　　典型房地产代建企业产品标准化一览表

企业名称	标准化产品
绿城中国	从开发现代别墅，到打造城市里具有亲和力的多层公寓，再到专注品质生活的高层公寓、叠墅。绿城中国目前已形成了典藏、尊享、优享、悦居、安居的产品分档
中原建业	从"五位一体"的产品研发视角，全方位捕捉用户需求，精心打造精品、奢华、尊享三大产品系，满足不同用户的置业需求
金地集团	基于多年来对客户价值观的深入研究，推出"褐石""名仕""风华""格林""峯系列""御系列"六大系列标准化产品，涵盖欧陆、中式、现代等不同风格，满足不同消费价值观、不同家庭生命周期的客户需求
龙湖集团	打造出云河颂、御湖境、光年、铂金岛等住宅及复合业态标杆产品
华润置地	以"品质、健康、智慧、服务"四大产品力价值为基础，打造"瑞系、悦系、润系、时光系"四条产品线
新城控股	为满足不同客户群体的多维需求，确立了"新中式、大都会、现代简约"三大产品系列。三大产品系列覆盖基于年轻时尚人群需求的"乐居"产品线、基于品质升级需求的"圆梦"产品线、基于颐养享受型需求的"尊享"产品线，形成新城九大产品系
招商蛇口	打造"成长系""成就系""传承系"三大住宅产品，以品质升级每一位居者的生活体验

数据来源：中指研究院综合整理。

2. 代建行业日趋规范，标准体系应运而生

伴随着宏观经济的快速发展，中国房地产行业也经历了爆发式的"野蛮生长"。与高增长相伴，"重规模、轻品质；重投资、轻开发；重装饰、轻服务"等一系列问题也随之而来。代建行业在这种"野蛮生长"的环境中也面临同样的问题。作为国内最早以轻资产模式运作的房地产开发管理型公司，绿城管理在多年的发展与实战操盘项目过程中，亦面临着发展上的瓶颈和痛点。

痛点一：诉求触及品质底线，无法予以满足

绿城管理的核心竞争优势之一就是品牌效应，而品牌效应的基础是绿城管理多年来有口皆碑的产品打造能力和独有的产品基因，即品质与特色是绿城管理一直坚守的底线。但在代建诉求方面，部分委托方仅寻求"绿城"的品牌作为其产品背书，或要求独立建造产品，或为了控制产品要求牺牲产品品质，严重影响绿城品牌。面对这些触及品质底线的诉求，绿城管理均无法给予满足。

痛点二：谨慎选取委托方，成本耗费高

因为痛点一的存在，绿城管理在选择委托方的时候，通常比较认真谨慎，除了基本的法律调查、资信情况、资金情况调查外，为了考察对方的经营诉求、契约精神，还需要了解对方高层的性格、处事方式等，确保合作的顺畅开展，耗费较多的时间和人力成本。

痛点三：供应商水平参差不齐，无法保证项目品质

在供应商选择方面，由于部分中小房企会偏向于选择熟悉的或者关系供应商，导致绿城代建体系内合格的供应商无法进入，绿城管理从产品设计到营造把控较弱，项目品质无法得到有效保证。

痛点四：诉求多样且复杂，内部沟通成本高

代建的委托方不同，诉求也不同，多个委托方诉求多样且复杂，绿城管理内部各个中心、分支机构联合作业的时候，整合资源的过程更加复杂，容易造成无效沟通，直接导致沟通成本很高。

痛点五：准业主担心品质，产生额外教育成本

购房者通常基于对绿城品牌的信任选择绿城的项目，但由于是代建项目，准业主会对项目的品质是否一致产生诸多疑虑，相关的解释工作会产生额外的教育成本。

为了解决以上五个痛点，绿城管理历时一年半的探索与论证，以寻求打造房地产行业的"米其林标准"为出发点，首次提出将代建产品和服务进行标准化，通过对项目的评分、分级、认证体系，以"菜单化、可视化、平台化"的理念为委托方、供应方和购房者提供一套星级识别体系。于是，一套多维度衡量"好房子"的项目评级体系"绿星标准"正式发布。

"绿星标准"通过菜单形式，实现房产品营造的可视化与透明化，以标准规范服务，实现多方价值与利益的共享。基于这套标准，绿城管理可以有效减少内耗和外部的教育成本、选择成本，快速把与绿城管理有共同认知的客户挑选出来。通过这套标准，绿城管理亦可以搭建终端客户的信任体系和委托方选定标准，同时统一供应商标准，作为实现准入制、提高项目竞争力的基础等，从而破解代建过程中遇到的五大痛点。

（1）绿星标准体系架构。

2018年3月，由中指研究院举办的"2018中国房地产百强企业研究成果发布会"在北京举行，绿城管理正式发布了项目评定体系"绿星标准"（或称"绿星标准1.0"）。"绿星标准"被业内称为对标"米其林星级标准"。体系覆盖代建前后端的产品、供应商、运营、服务四大模块，并与开发成本、收益绑定，让管理过程、结果清晰透明，为定制开发、成本控制、产品品质确立科学标准，是代建行业的首个行业标准。

"绿星标准"的优势具体体现在以下四个方面：第一，通过相互约束、实现企业共赢核心原则。绿星标准明确绿城管理与委托方、供应商的职权和约束机制，在产品开发之前明确产品星级，不同星级对应不同权责、费用、利润分成等，实现共赢。第二，通过平台运作、信息共享直击代建痛点。绿星标准以委托方、供应商和消费者三方的关注点为基础，直击痛点设计指标，覆盖代建前后端的产品、供应商、运营、服务四大模块，实现平台运作信息共享。第三，通过一键可视、菜单选择达到标准的透明清晰。绿星标准为委托方提供菜单式选择产品、供应商、运营团队和物业服务，选择结果透明清晰，一键可视。第四，通过锁定成本、实时监督保障定制开发。

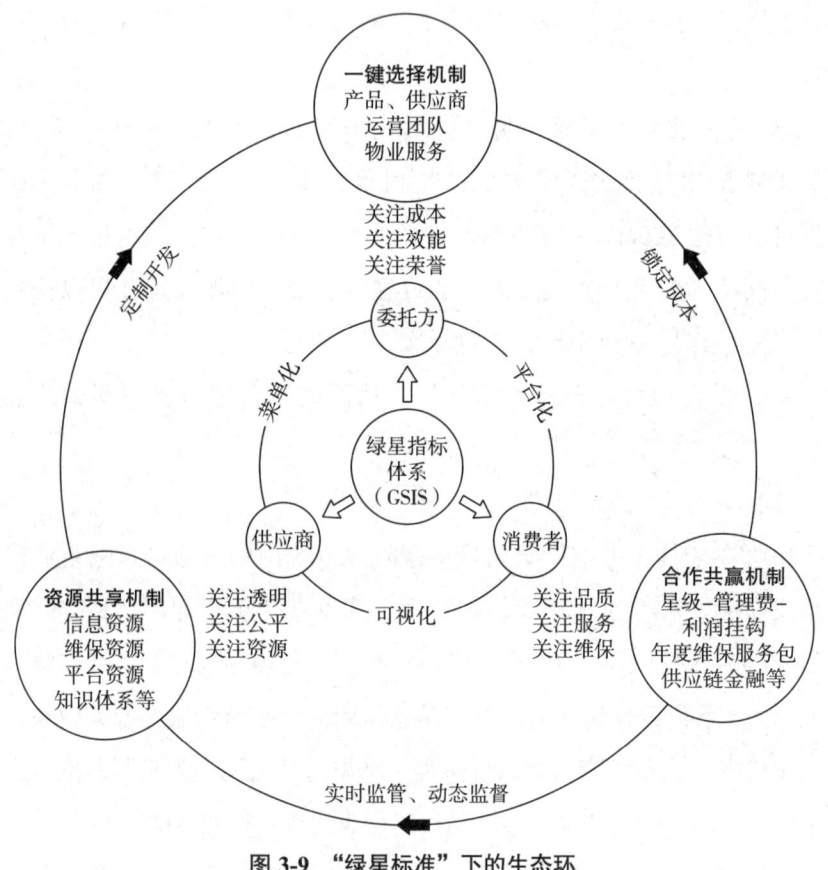

图3-9 "绿星标准"下的生态环

（2）绿星标准评分规则及共赢机制。

2017年，绿城管理发起"绿星标准"项目，通过包括绿城管理高层、委托方代表、供应商代表在内的13个访谈、经过10轮论证，最终确定了4大模块、17个二级指标和73个子项。

"绿星标准"下，委托方一旦选择了星级标准，双方合作的基础就形成了。绿城管理基于星级设定制定施工和费用标准，供应商和消费者亦可根据项目星级标准享受不同程度的权益，实现委托方、供应商和消费者三方共赢的生态机制（图3-10）。

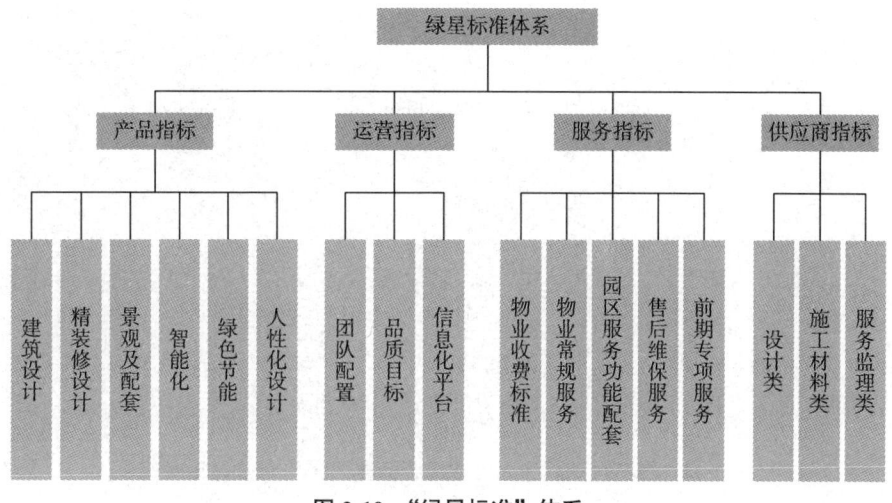

图3-10 "绿星标准"体系

"绿星标准"是对绿城多年"美好生活"理念以及背后的高品质产品营造与服务经验的核心价值提炼。在开放与共享的心态之下，绿城管理集团不仅把内部的美好营造体系进行系统化与标准化的呈现，更愿意通过开放性的知识共享平台与产业平台进行分享与输出，与行业共未来，共建激动人心的品质生活。

（3）绿星标准的延展——绿星标准（1.0G）。

"绿星标准（1.0G）"作为"绿星标准"的重要分支，以规范政府代建行业标准为目的，以协同打造产业生态圈和美好人居生态圈为宗旨，通过对项目的评分、分级、认证体系，形成具有普遍共识的政府代建行业标准。"绿星标准（1.0G）"把绿城代建的经验，用到保障房体系中，依旧从产品、供应商、运营和服务4大指标纬度，通过数据量化各项指标，进行星级评价，建立标准（图3-11）。

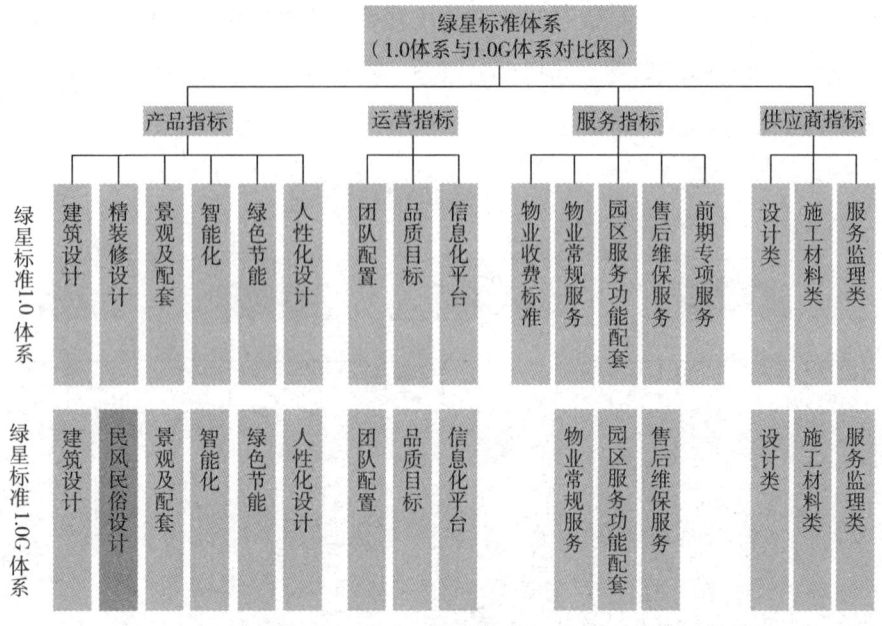

图 3-11 "绿星标准 1.0" 与 "绿星标准 1.0G" 标准体系对比

继绿城管理在代建产品和服务标准化的探索后，多家代建企业也陆续探索新的代建标准和模型。如 2022 年，金地管理率先在行业内建立了体系化的服务标准和模型，推出首个针对服务质量的标准化服务体系，将软性的服务以可衡量的标准进行分解，有效提升专业服务、软性服务、增值服务的能力，让委托方享受超值服务和体验，最终实现将服务力向生产力的转化。

未来，随着代建行业的快速发展，市场也将会更趋规范化，除相应法律法规的出台外，代建企业势必会在各类代建产品及服务标准化领域持续探索升级，为代建市场的有序发展贡献更多力量。

二、成本管控能力

在房地产代建过程中，委托方对成本管控的诉求相对较高，因此，对于代建方而言，如何在维持产品品质的前提下，做好成本管控尤为重要。从事房地产代建业务的开发企业普遍具备相对完善的成本管控能力，但传统项目的管控与代建项目的成本管控的思路和途径又有很多差异。目前，房地产代建的主流成本管控模式为："控总""管分""严收尾"。

1. "控总"，即为控制项目总目标

"控总"主要是通过确定协议形式和确定成本及进度两种方式来控制总成本。确定协议形式：初期委托方和代建方初步进行合作，签署委托协议一般采用"总价加经济价格调整"类型的合同来控制总体成本和项目进度的。这种类型的合同适用于范围明确、时间明确、合同金额较大、执行期长且很容易被经济大环境影响的项目。确定成本及进度：委托协议确定后，双方共同制定产品设计方案，共同进行项目目标成本制定，确定项目的总目标。在总目标成本的基础上形成"最高目标成本限额"和"省奖超罚"的补充经济条款。

2. 管分：分权管控，职责清晰

"管分"的内容包括三个层次的内容，分别为责权区分、付款模式和付款条件控制、成本和招标管理。

（1）责权区分。

委托方组建项目公司董事会，代表委托方行使监督权、决策权、建议权和知情权，财务负责人通常由委托方派遣。委托方负责涉及到与土地取得以及主要规划指标调整相关的前期审批事项。代建方负责项目管理团队组建，项目总经理及主要专业负责人由代建方派遣。项目管理团队根据合同约定、项目公司董事会的授权，以及项目公司管理制度，行使项目运营管理权，履行项目委托管理职责和义务（图3-12）。

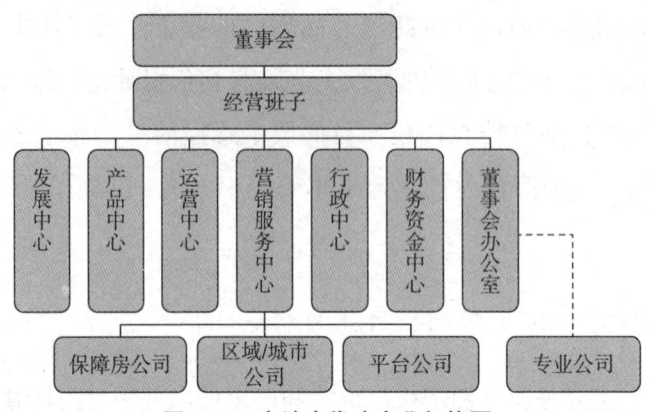

图 3-12　房地产代建企业架构图

资料来源：中指研究院整理。

（2）付款模式和付款条件控制。

主要包括项目成本款项和委托开发管理费款项。

项目成本款项：项目公司实行资金预算管理制度，项目经营团队负责定期编制资金使用计划，上报项目公司董事会同意后，合理安排资金使用；委托方结合资金计划和上报进度确认后直接支付给供应商，避免代建方的代付或周转。这不仅能有效提高付款效率，同时还增加了供应商的满意度和配合度，保证现场施工进度。

委托开发管理费款项：签订委托合同后付相应的首付款。根据项目工程形象进度及计划达成率进行进度款付款，同时保留质保金，形成对代建方的制约。按照不同的"销售去化比"进行管理费用的销售相关付款，最后按照项目的后期维护约定付尾款。

（3）成本和招标管理。

房地产代建项目普遍根据概算、预算设定成本管理目标，实行全过程动态成本管理。主要由代建方拟订招标方案并组织具体实施，委托方可全程参与，招投标方案和结果须经委托方审批。

在招标企业条件同等的情况下，行业原则是优先考虑代建方的合格供应商。这一方面是基于代建方具有相对较强的资源整合能力，以节约采购成本，保证采购品质；另一方面为保证代建项目产品与代建方传统产品项目材料、设备等相统一，更好地维持代建方的品牌效应。

3. 严收尾：代售、服务及考核

代售和服务：目前，房地产代建项目的销售和后期物业服务一般是由代建方提供。因为代建方具备优良的代售公司，能有效确保项目收益。完善的服务体系不仅能促进销售环节的项目去化，更能在后期确保客户的满意程度，因此多数代建项目中，代建方都会导入自身的物业服务体系，作为维护企业品牌形象的后续保障。

整体经营目标考核：以双方约定的项目经营指标（如成本差异率、施工进度偏差、销售总额、利润指标等）作为整体经营考核目标。当项目经营结果超过考核目标时，按一定标准提取项目业绩奖励，具体奖励方案根据项目实际情况协商确定。

总体来看，基于代建方自身原有的强劲成本管控能力，结合委托方的相关诉求，房地产代建行业已经形成了较成熟的成本管控体系，普遍拥有委托方相对欠缺的成本管控能力，为行业的健康发展提供坚实的保障。

三、营销能力

随着房地产市场快速发展，中国城镇住房规模总量、户均套数、人均住房面积等指标都有发生着改变，房地产行业供需两端发生了深刻的变化，无论是从客户需求端还是土地供应端来看，增量都在收敛。中长期来看，行业已步入存量竞争时代，市场从卖方市场转变为买方市场，全国商品房市场库存量依旧高企，市场进一步分化，加大房企项目去化压力。

与此同时，一方面，2021—2023年间推行的"两集中"拿地中，地方国资、城投公司等托底拿地现象明显。部分地方国资和城投公司操盘能力较差或缺乏开发能力，需通过寻求去化能力较强的代建企业进行合作，委托其开发旗下项目，以期获取最大的投资收益。另一方面，部分出险项目需要纾困盘活，引入的资本方无开发经验和能力开发经验和能力，也需要同代建企业合作，实现资金回笼。可见，代建方的项目去化能力无疑是委托方选择代建企业考虑的重要因素之一。一个好的代建方能在很大程度上消除消费者对购买预售楼盘风险、品质、物业管理等多方面的疑虑。同时利用代建方多渠道营销手段精准覆盖客群，并凭借其品牌溢价和客户基础，获得更高的投资回报。

房地产代建企业优秀的去化能力一方面是通过敏锐的市场嗅觉判断消费者需求，精准把握市场需求，从而调整产品类型；另一方面，全方位利用线上、线下资源，拓宽营销渠道，创新性有效解决营销痛点。

1. 产品定位：改善型成主流，高端市场需求较强

高端改善占比提升，调整产品类型实现去化。在以"稳"为主的大背景下，参与代建业务的品牌企业通过精细化的市场研判"对症下药"，精准把握城市结构性释放需求，"因城施策"调整产品类型以及高端、改善型产品比例，有效促进产品去化。

根据中指研究院2024年对代建企业、委托方的调研显示，对委托方而言，更加看重产品定位能力，近六成受访者认为代建企业产品定位的适销性很重要。产品定位的适销性需要代建企业较强的市场洞察力和客研能力。其中，市场洞察力更加依赖于根据市场变化，因城施策，调整产品结构。近年来，核心一二线城市需求结构占比中，改善类需求明显，高端类产品也日益受到市场青睐。根据中指研究院数据显示，一线城市中深圳、上海90~120平方米新建商品住宅成交套数占比超四成，其中上海占比高达55%。北京120平方米以上大户型占比超其他一线城市（图3-13）。代建企业在产品定位方

面，也积极通过精准把握市场结构性机遇，设计产品，实现项目的销售去化。如而今管理在上海代建的黄浦庆成府项目户型为174~242平方米，项目于2024年3月开盘，至2024年已取得59.86亿元的销售额。

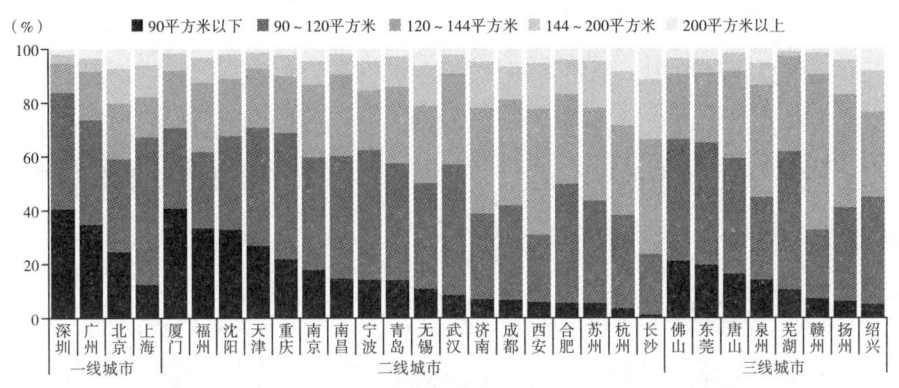

图3-13 2024年30个代表城市各面积段住宅销售套数占比

数据来源：中指数据CREIS。

加强客研能力，助力项目精准定位及有效拓客。近年来，代建企业对客研日益重视，企业通过深入了解客户偏好，制定客户画像，不仅可以助力产品的精准定位，也能够帮助企业构建有效的营销手段和触达网络，提升市场推广的效果，实现蓄客与拓客。如绿城管理基于绿城M营销模型的客群锚定，重庆春风晴翠作为纾困项目，跳出蔡家板块内生市场，转而立足于重庆的城市站位实现全国拓客成交。

产品创新能力持续提升。部分特色企业抓住政府大力推动绿色、健康、科技住宅为发展时机，瞄准细分市场，专研绿色科技在房地产开发领域的引用，通过差异化产品形成专业领域上的优势，凭借精准的定位和精良的品质，得到市场广泛认可。如近年来，随着第四代住宅概念的推广，部分代建企业也在积极代建第四代住宅项目，如招商建管的南通项目、金地管理的武汉项目均是对第四代住宅的代建探索。

代建企业较委托方有更强的市场洞察能力，更利于敏锐捕捉市场导向以及不同城市的需求结构变化，根据项目地块所处城市环境、区位等实际情况，规划设计更符合市场需求的产品，以适应消费者、市场需求的产品促进良好的去化表现。

2. 营销模式创新

在信息化环境中，消费者每天接受到的是各种信息轰炸，如何成功对接有效客户，实现营销转化成为房企获得销售突破的关键环节。同时，随着互联网、电子商务的逐步成熟，"互联网+"以一种新的经济形态与房地产行业深度融合（图3-14）。

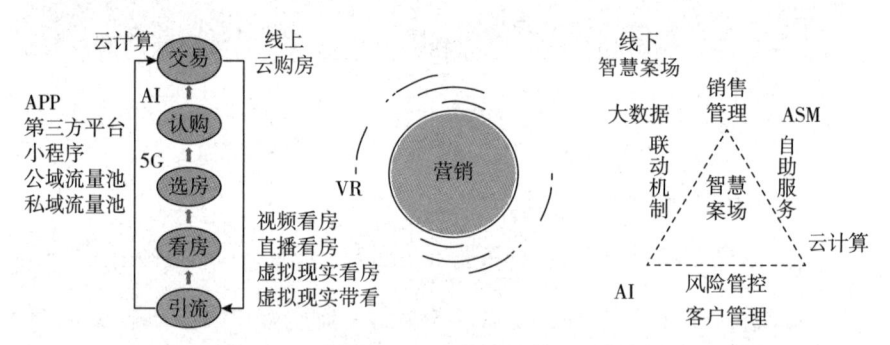

图 3-14　典型代建企业营销数字化转型方式

在营销渠道上，大多参与代建的典型企业，越来越注重互联网、新媒体、电子商务等方式应用。通过互联网、大数据等技术为消费者提供个性化产品和服务，与客户实现随时互动沟通、精准把握客户特征的相关信息。典型企业结合线上、线下营销渠道，逐步实现以客户为主导的创新营销机制，通过内部搭建和外部合作相结合最大限度扩充营销渠道，挖掘潜在客户资源。

在客户层面，部分企业通过建立客户信息的数据库或终端，迅速有效地找到、理解并服务客户，精准定位目标消费群体。目前大部分企业已将大数据技术广泛应用在收集客户信息的过程中，通过对到访客户提供免费WI-FI，从客户的使用记录中获得大量关于客户的行迹路线、关注的热点等多方面信息，形成客户使用痕迹的"信息库"。

近年来，随着数字技术的愈发成熟，如何快速促成蓄客和转化，并缩短"看→选→买"消费链路成为代建企业营销活动的重点。部分企业优化自建线上销售平台服务内容，通过线上购房的数字化完善了线上购房服务流程，从流量转化、购房优惠咨询服务、预约看房、线上签约认购等流程一站式线上完成。并通过线上服务实现了从购前咨询到物业服务等业务体系的串联，依托数字化提升运营效率，提高自建平台的使用频率，提升业主黏性，培育销售业绩增长有效动力。

多种优惠组合，促项目去化。参与代建的品牌房企给出的不再是单一的价格优惠，大多数给出了一整套营销方案，将多重优惠组合，包括网上售房+全民营销+购房优惠+无理由退房+差价补偿等。从售前以折扣等方式吸引顾客，到售房过程中多环节让利抓牢顾客，到售后环节的无理由退房、一定期限内的差价退还、保价到交付、顾客资源链的延伸，最大程度带来销售的可能性。此外，除了传统的直接给出现金折扣外，部分企业还开启了线上房源秒杀，一定程度上很好地激发了消费者的潜在购买欲。

综合来看，参与代建的品牌房企拥有超越大多数企业的市场精准研判能力、营销策略调整的敏捷性和营销模式的创新性，更有效地把握市场结构性机遇，聚焦主流市场，因城施策优化产品结构、精准推盘，同时创新扩充营销渠道、挖掘潜在客户，抢占市场先机，从而实现库存快速去化。

第四节　品牌力分析

品牌是给拥有者带来溢价、产生增值的一种无形资产，铸就和彰显出企业性格和产品特性，承载着消费者对其产品以及服务的认可，是战略合作、服务客户与保障客户权益的长期承诺。房地产代建服务领域发展的一个重要标志便是市场的逐渐成熟，品牌逐步成为企业的核心竞争力，品牌房地产企业通过产品、服务以及品牌的输出，实现了合作共赢的效果。

以十家开展代建业务代表性房地产企业为例，其2024品牌价值均值为502亿元，处于房地产行业的领先地位，同比2023品牌价值增长8.9%。品牌价值的增长除了得益于企业业绩的提升，更重要的是企业持续强化创新产品与服务模式，加速优势资源整合。在代建领域，通过细化行业分工，从开发到服务的各产业链环节实现专业化和标准化，为企业品牌和管理输出奠定基础。

对比来看，十家企业的品牌价值均高于全国、区域和专业领先企业均值（图3-15）。主要原因是：第一，开展代建业务的企业多属于综合类大型开发企业，规模优势突出，资源整合能力较强，品牌输出优势明显；第二，代建企业专业能力突出，在行业下行时，依靠轻资产业务实现效益增长，品牌价值也实现了逆势增长。

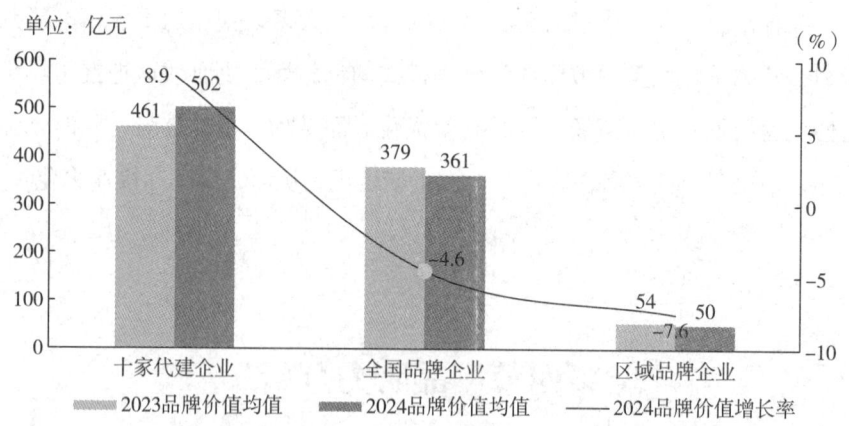

图3-15 十家典型开展代建业务的企业①与全国以及区域企业的品牌价值均值情况

数据来源：中指研究院综合整理。

---

① 代建业务已分拆的企业使用代建公司独立品牌价值，如无分拆的企业使用集团公司品牌价值。

第五节　服务力分析

一、团队建设

人才资源系统是代建业务发展的实质性保障，成熟的员工队伍更是代建业务拓展最为坚实的后盾。代建业务一般涉及到房地产企业从项目前期设计规划，到项目开发、销售管理直至项目交付以后的物业管理等，需要成熟、经验丰富的员工队伍。对于以智力服务为基础的代建管理，专业技术人才更是发挥着举足轻重的作用。

培训是提升人才素质的重要手段。代建企业在积极引进人才的同时，也注重通过培训提升员工能力。一方面，围绕企业战略开展各类学习培训，助力业务赋能；另一方面，针对各类关键人群和主题，开展各类培训（表3-3）。

表3-3　　　　　　　　部分代建企业员工培训情况

企业名称	相关培训
华润置地	围绕公司战略和关键管理主题开展11场行动学习；聚焦关键人群，紧扣最佳实践与案例开展"凤凰计划"第二期，并启动第三期；结合"青蓝计划"统筹开展"90后培养项目"和"万象将才"系列培训班；高质量承办面向校招生的未来之星置地营、"带路人计划"和"校招生三年培养"，由规模覆盖向系统化培养升级
招商蛇口	针对领导力的"高管远航班""转型先锋班""新经理班"等；应届大学毕业生发展计划的"新航程·启航""新航程·破浪""新航程·驰行"三级进阶系列培养项目；"社招新员工培训""乐学计划"等
绿城中国	"轻重并举"专题培训，"鲲鹏计划"供方赋能（景观专业）培训；持续更新开展领航计划、青柠檬计划、同道人加速舱培训计划的基础上，新增开展"彩虹+计划"，进一步提升培训项目的广度与深度。绿城管理积极推进《营销六力模型》《绿城管理代建营销全流程操盘手册》《营销登峰价值宝典》三大模型的系统化应用——通过定期举办的营销学院6点课堂、周/月/季度红黑榜、赋能加速仓、阶段性冲刺大会等节点统筹，提升营销体系认知共识和能力建设，有效助力员工成长

续表

企业名称	相关培训
金地集团	进一步加快系列化专题课程开发，构建培训管理体系，其中代建业务系列推出"代建大讲堂"（27门）、"复合人才培养计划"（39门）、"金钥匙计划"（31门）、"精益工程课堂"（14门）、"G+研习营·商办班"（7门）等系列专题
龙湖集团	2023年，龙湖员工培训覆盖率100%，累计培训时长达到175万小时，同比增长7%，人均培训时长达59.76小时，并持续多年打造校园招聘品牌，通过"仕官生"等品牌培养了多批优秀人才
新城控股	实施"长青计划""人才焕新计划""人才测评坊""新睿动力营""新员工融入"等系列培训项目，拓宽人才发展路径，加速员工成长
旭辉建管	2024年，旭辉建管分别开展围绕"低成本大客储""玖朝荟社群运营""全员线上营销""产品价值体系塑造"四大主题的营销训练营和以"定制先锋 合力共进"为主题的"设计战训营"，力求为委托方更好地创造价值

数据来源：中指研究院综合整理。

二、沟通效率

对于房地产代建企业而言，良好的沟通效率有利于与委托方建立良好的合作关系，提升管理效率，实现项目快速落地变现等。因此，头部代建企业积极借助信息化技术，建立平台等打通和委托方沟通壁垒，提升沟通效率。

"绿城M"APP，通过数字化、游戏化方式让代建服务过程更具象可感。代建中的团队配置、项目定位、成本控制、风险预警等问题都能在APP中找到答案。委托方用户能实时了解项目情况，通过工地现场的摄像头24小时监测动态，实时查看代建团队上传的各类报表，并对每个节点代建团队的工作进行评分和反馈，真正实现信息透明、对称，让管理更加扁平、高效。

金地管理重点培养了两大核心能力：一是价值创造能力；二是与委托方建立信任关系的能力。这两大能力也可以进一步分解为三个"力"：分别是产品力、经营力和服务力。产品力和经营力是开发商的通用能力，但作为代建企业，还要通过服务力将这两个能力嫁接到委托方的项目上实现落地。这就需要有良好的沟通和决策机制，以及优质的服务体验来降低双方的沟通成本，增加互信深度，提高决策效率。基于此，金地管理专注于服务力的打造和提升，率先在行业内建立了体系化的服务标准和模型，打造出"服务金三角"模型，包括委托方驾驶舱、《委托方服务白皮书》《代建服务质量体系》，持续升维代建服务力，引领代建行业服务力标准革新，为委托方提供优质服务。

2021年，金地管理推出《委托方服务白皮书》，旨在为委托方提供一份详尽的代建服务使用说明书，明确服务内容、流程和标准。同年研发出行业内首个为委托方量身打造的《委托方驾驶舱》并投入使用，为委托方提供了实时监控项目进展和关键指标的可视化平台。并在2022年创建了行业首个针对代建服务质量的标准化服务体系《代建服务质量体系》，旨在将无形的代建服务变得有章法可循。

三、B端和C端客户的沟通机制

1. 绿城管理："M登山模型"

十年前，绿城管理走的是产品驱动的战略，是C端客户喜欢绿城的产品才让绿城管理更受委托方青睐。2020年上市之后，绿城管理走的是信用驱动的战略，用资质和信用帮助委托方创造价值。面对当前的市场变化，绿城管理走的是认知驱动的战略，认清服务本质逻辑，把客户需求作为第一需求。在此背景下，绿城管理通过专业的理论、模型工具来分析，给出委托方专业的判断和建议，"M登山模型"应运而生。"M登山模型"强调了委托方与代建团队间的密切互动、高效协同，为委托方创造更大价值。

具体来看,"M登山模型"包含6大营地,涵盖23个服务节点动作,能指导代建公司在代建项目的全生命周期,帮助他们与委托方建立牢固的信任关系,以规范化、流程化的专业服务,确保经营兑现度,提升客户体验和满意度(图3-16)。

起点大本营	一号营地	二号营地	三号营地	四号营地	山顶
目标共识	团队共融	计划共通	场景共演	风雪共度	成就共享
企业互访沟通 项目全面评估	核心团队确认 首批团队派驻 决策机制共建 团队加速融合 派驻回访评估	定位访谈 招采商议 建筑评审 全景沟通 成本确认 月报沟通	营销策略会 首开前评估 首开后复盘	风险监测和沟通 问题通道和处理 满意度沟通反馈	交付风险评估 政企关系维护 结算保障服务 顶峰体验仪式

图3-16 M登山模型

该模型分为两大部分,一部分规范流程节点,用以指导代建从业者,提供代建服务全过程的标准答案;另一部分为问题合辑,解答委托方在代建合作过程中的高敏点和痛点,让双方在合作过程降低认知偏差,确保双方朝着共同的目标前进,最终实现合作共赢。

2. 中原建业:中原建业代建C平台

着眼于中国房地产市场供求关系发生的重大变化,中原建业于2023年9月顺势推出了全新升级的代建信赖体系——中原建业代建C平台。中原建业代建C平台是中原建业在品牌溢价能力、管理红利能力不断叠加的基础上,进行的一次革新化的探索和尝试,包含信赖、链接、利他三大内涵,是中原建业面对未来市场,构建的新模式和新逻辑(图3-17)。

图 3-17　中原建业代建信赖体系模型图

中原建业代建 C 平台将联合信托资金、AMC 机构、代销机构、行业智库、建筑总包单位等优质资源，链接并打造制度合伙平台、金融链接平台、数字化管理增效平台、供应链赋能平台、智库分享平台，在片区开发、资本代建、政府代建、纾困项目盘活等方面创新合作模式，形成平台合作优势。五大具化平台之一——供应链赋能平台已于 2023 年 12 月上线，已招募超 1000 家供应商入库，各类供应商持续扩充中。

第六节　资源力分析

当前，房地产代建已经不再局限于建筑施工的管理环节，而是逐步延伸至全产业链条服务中，其独特的资源整合特点也越来越明显，成为核心竞争能力的重要标志。房地产代建企业大多为房地产开发企业演化而来，其产品竞争力、品牌影响力、各业务板块的联动能力,以及决策机制等管控能力都已经相当成熟,通过打造综合服务能力强化核心竞争力,最终实现品牌与管理的输出。

一、板块联动能力

当前,房地产代建企业几乎参与到房地产开发从前期的拿地、产品定位、设计到中期的施工管理到后期的销售、运营、物业等全流程中,"设计+代建""代建+代销""代建+代运营"等代建模式已成为主流的代建模式(表3-4)。随着物业行业崛起与规范化发展,部分委托方在选择代建企业时也会关注引入的物业方。通常引入集团旗下物业方是代建企业的常规做法,良好的物业品牌在代建过程中也是加分项。因此,代建企业联动各业务板块的能力也变得尤为重要。如龙湖龙智造在"一个龙湖"的生态下,联动长租、商业品牌实现"代建+代运营"模式,获得较多代建项目。

表3-4　　部分代建企业多板块联动代建模式情况

代建企业	地块信息	代建模式
绿城管理	温州S1线永中站YB-bn01-2a、YB-bn04-01地块	勘察设计+代建+代销
龙湖龙智造	南京麒麟科创园天街项目	代建+代运营
金地管理	绍兴店口镇牛皋社区商住地块全过程代开发服务项目	设计+代建+代销
润地管理	深圳湾体育中心	代建+代运营
旭辉建管	丽水松阳县育英路北侧商住地块代建代销项目	设计+代销+代销
中铁建城发	嘉兴四季星城项目	设计+代建+代销
新城建管	临汾新东城街区商业项目	代建+代运营

数据来源:中指研究院综合整理。

近年来，物业水平也成为房地产代建企业的加分项之一。当前，随着物业企业纷纷登陆资本市场和房企成立独立代建平台，代建和物业成为相对独立的两大板块，通常通过合作实现共赢。大部分代建项目均引入集团下的物业服务板块，一方面便于代建管理结束后的项目维护，另一方面便于物业服务的输出，实现代建、物业共同盈利。

二、融资能力

房地产代建企业已经成为轻资产运营企业，不出资或者少量出资已成为代建企业发展的共识。因此，与外部资方建立良好的合作关系，通过外部资本杠杆实现巨量资金的撬动，从而为项目持续开发以及后期收益提供了重要保障。通常，在代建项目中，项目需要资金注入的形式包括以下三类：①委托方获取土地后，缺乏后续开发的资金；②已出险项目需要资金盘活；③委托方需要代建方以入股的形式作为信誉保证，为代建企业增信。随着代建市场竞争日益激烈，寻求资金的委托方也日益增加。代建企业积极对接外部资方，与资方保持良好的合作关系，这样做的优势明显：①在遇到需要资金注入项目时，为委托方引入外部资本，无疑会增加获取项目的砝码，助力企业项目拓展。②引入外部资金，可以有效隔离代建项目带来的潜在风险，特别是已经出险纾困项目。该类项目通常会面临停工多年、债权方众多且权责关系混乱等问题。代建企业合作的资方通常为资产管理公司，这类公司相较代建企业在资产处置方面更有经验，在处理此类项目时，通常会先行理清权责关系，并将不良资产做有效的隔离，当项目进入代建阶段时，项目前期出险所带来的风险已大幅降低甚至消除。③部分代建企业通过外部资金引入，收取"金融撮合"服务费，可增加企业的营业收入。④部分需要资金的项目在寻求资方合作时，由于代建企业与资方的合作关系，也有利于资方将项目引荐给代建企业，实现双向共赢。

三、上下游供应商的资源整合能力

房地产开发的产品是房屋，良好的供应商体系一方面可以确保项目品质的优良，另一方面可以通过降低采购成本，有效为委托方降低成本，提升代建企业的综合竞争力。虽然在实操中，供应商的最终决策权在委托方，但是代建企业依旧可以为委托方推荐适合的供应商。因此，代建企业也日益重视供应链建设。绿城管理作为代建行业的龙头企业，始终高度重视委托方需求，建立了针对代建的材料设备集采体系，通过丰富的集采库，完善供方管理体系，为委托方提供优质、高效的集采服务。凝练了绿城十余年集采经验的《2024绿城管理集采发展白皮书》于2024年发布。绿城管理已建立丰富优质的品牌资源库，集采库涵盖60余个品类，240余个集采品牌。金地管理通过严格考察筛选机制，建立长期优秀稳定的合作资源库，从规划设计到交付的全链条，拥有丰富的设计资源保障以提高产品品质。金地管理的战略采购资源包括64个方案设计单位、60个施工图设计单位。

第七节 创新力分析

2021年以来，房地产代建市场变化明显，其一，涉足代建的房地产企业持续增加，代建竞争加剧。其二，代建委托方发生改变，城投公司成为主要委托主体。同时，纾困项目的增加，使资方委托项目的数量持续增加。其三，代建企业良莠不齐，委托方在选择优秀企业时存在一定难度的甄别，对行业口碑和良性发展存在一定威胁。因此，优秀的代建企业为快速适应变化的市场和存在的问题，通过合作机制创新等方式，加强经营管理能力，不断提升专业能力和服务能力。

一、合作机制创新

近年来，为拓宽项目拓展渠道，代建企业均推出合伙人制度，旨在通过发展有深耕经验、有项目资源、有人脉关系的外部合伙人，不断拓展代建业务，具体见表 3-5。

表 3-5 部分代建企业人才招募计划

企业名称	项目名称	时间	内容	成果
中原建业	城市合伙人理事会	2022.12	由优秀的城市运营、城市服务领域的企业组成，实行成员推荐制和邀请制；合伙人具备信息共享、联合培训、联合采购、联合投融资等职能	至 2023 年底，已进行了 3 次集中签约，共计签约 73 个项目，预计规划建筑面积 886 万平方米
绿城管理	百川计划	2023.1	加大属地深耕型优秀人才及团队引进，针对全国各重点城市以多元合作模式全面引进城市合伙人。"百川计划"的引进对象主要为全国各重点城市的属地优秀房企区域/城市/多项目负责人或投拓负责人，人员需要具有经营意识、服务意识、沟通协调能力和资源整合能力，并在目标城市长期深耕、有丰富的属地资源，且成功操盘过标杆项目	至 2023 年底，合计引进城市合作人 30+，发展外部城市合伙人 400+，新增有效项目信息数 1000+
旭辉建管	千帆计划	2024.1	在江苏、安徽、广西等 28 个省市开始招募有优质的项目资源及关键人脉关系的企业或个人作为合作伙伴	至 2024 上半年，发展合伙人 219 个，推进项目 191 个，已签约项目 16 个
金科金建管	同路人计划	2024.4	招募对象不限行业、不限背景，一切能推动代建信息资源、推动项目签约、引入资金的个人或团队，具有较好政府城投平台、商业或资本代建信息和项目获取渠道者优先	至 2024 年底，已新增项目信息超千个，新增合伙人入库超百人，新增推进项目 50 余个，项目转化率不断提升

续表

企业名称	项目名称	时间	内容	成果
新城建管	同新计划	2024.7	在全国范围内招募代建外部合伙人，包括有效信息推荐、参与合作促进、深度合作促进、卓越人才引进、平台共建合作五种合作模式	已取得近百条有效项目信息
金地管理	星辰计划	2024.10	具备代建业务拓展资源及深耕优势的外部合伙人	—
而今管理	引擎计划	2024.10	具有业务信息和属地资源、愿意共谋发展的合作伙伴	—

数据来源：中指研究院综合整理。

二、差异化竞争力

房地产代建企业以资源优势和专业能力，一方面，选择具有优势的非住宅赛道，在产业园区、酒店等专业领域拓展代建服务边界，打造代建"护城河"。另一方面，为住宅类产品注入绿色科技元素，建立差异化代建品牌。

部分代建企业依托自身综合开发能力和片区打造经验，在城市片区统筹开发运营中，具有代建核心优势，形成一定的专业能力壁垒和排他性。如华润置地具有丰富的大型场馆及城市片区建设经验，在各类政府代建过程中，以运营思维协同政府推进片区建设，承担起包括深圳湾体育中心（春茧）、"西安三中心"（西安奥体中心、国际会展中心、国际会议中心）等在内的大型体育场馆及周边配套设施代建工作。

房地产代建企业依托自身已有的上下游产业链的资源优势，以及成熟业态打造的经验和管理模式，通过"前期咨询、招商招才、规划设计、成本管控、工程管理、园区运营"等全流程管理，代建产业园、特色小镇等项目，实现特色品牌输出。如幸福安基依托自身在产业新城等领域的独特优势，2021年以来，获取了较大规模的产业类代建项目。

房地产代建企业凭借优秀的管理能力、专业的技术支持和敢于创新的尝试精神，在商办、酒店等领域打造专业代建品牌。如金地管理在商办领域拥有较强背景，通过一系列商办经验沉淀、专业人才团队、智慧建造体系等为项目的落地保驾护航。其代建的深圳新华保险大厦即采用了商办代建市场上少有的"交钥匙代建"模式，为行业未来所需的专业化独立体系做出了创新尝试。开元建设依托开元旅业集团在旅游产业投资与运营的资源优势，以酒店及周边配套作为其代建赛道，具有较强的核心竞争力。

房地产代建企业聚焦于绿色科技等领域，为商品住宅代建注入差异化要素，依靠差异化建立品牌优势，赢得广阔市场空间。疫情对消费者的居住和生活带来了较大改变，消费者对安全健康等方面有了更加偏向性的诉求，绿色代建成为房地产代建企业寻求业务突围的发力方向。代建企业结合自身优势，为代建项目注入绿色、科技等元素，凭借独特的竞争优势获得委托方青睐。如腾云当代管理，秉持"绿色科技、美好生活"理念，以绿色科技为核心竞争力，专注绿色科技和全生命周期代建运营价值服务，持续创造中国绿色科技代建运营行业生命力。

表 3-6 部分代建企业的特色代建领域

特色领域	企业情况
片区代建	润地管理：以大场馆为核心的片区代建代运营。2008年从深圳湾体育中心的代建任务，迈出了代建管理的第一步，先后成功打造了西安奥体中心片区、成都世界大运公园等项目
产业代建	幸福安基：依托自身在产业新城等领域的独特优势，2021年以来，获取了较大规模的产业类代建项目
	筑健康代建：立足自身在多元化产业协同发展中的综合经验和先天优势，筑健康代建紧紧围绕"大健康"推出了工程代建、全程代建、投资代建、定制代建、咨询管理五大服务
特色业态代建	金地管理：在商办领域拥有较强背景，通过一系列商办经验沉淀、专业人才团队、智慧建造体系等为项目的落地保驾护航，代建多座商办写字楼项目
	中海管理：专注于大型复杂项目的全过程建设管理，专注于商业办公楼、商业和康养存量资产盘活类代建
	开元建设：依托开元旅业集团在旅游产业投资与运营的资源优势，以酒店及周边配套作为其代建赛道，具有较强的核心竞争力

续表

特色领域	企业情况
绿色代建	腾云当代管理：以绿色科技为核心竞争力，专注绿色科技和全生命周期代建运营价值服务

数据来源：中指研究院综合整理。

目前房地产代建仍处于规模竞速阶段，代建企业仍以追求新增签约面积作为重要目标。但随着代建竞争加剧，一味追求规模增长不利于行业良性发展，因此房地产代建企业需向有质量的发展去转变。在这一过程中，选择优势赛道做差异化代建，成为有质量发展的方向之一，可有效避免同质化的竞争，获得更多的发展机遇和空间。

第四章

中国房地产典型代建企业及项目案例

我国房地产代建的典型企业及其发展模式，对引领该领域的发展起到举足轻重的作用。本章将筛选出在代建领域中，具有较强贡献力、影响力和领导力的典型企业，既包括连续多年在"中国房地产百强企业研究"中荣获"代建运营优秀企业"第一的绿城管理，深耕河南辐射周边的中原建业，亦有专注于为全国范围客户提供全过程房地产开发管理服务的金地管理等。本章通过对企业的代建业务发展历程、发展模式、代建优势等多维度加以剖析，并辅以企业典型项目案例的深入研究，以期为相关企业提供前瞻性、多元化的发展思路。

第一节 典型企业及项目案例分析

一、我国房地产代建行业典型企业及项目案例筛选原则

1. 我国房地产代建行业的典型企业筛选原则

（1）从事房地产代建时间较长，具有一定代表性的企业。

(2）房地产代建规模相对较大，或代建业务发展迅速的企业。

(3）房地产代建模式先进，在行业具有一定领导力的企业。

2. 典型项目筛选原则

(1）房地产代建项目具有一定的市场及行业影响力。

(2）能显著凸显企业代建价值和代建意义的房地产代建项目。

(3）具有特色、个性化意义的房地产代建项目，如运用新的代建模式、理念等。

二、典型企业及项目名录

根据以上筛选原则，本书筛选出9家在房地产代建领域具有典型意义的企业（表4-1），并辅以多个典型项目案例，总结梳理典型企业/项目的运营思路和经验，为行业发展提供参考和借鉴意义。

表4-1　　典型房地产代建企业/项目名录及推荐理由

企业名称	典型代表项目	推荐原因
绿城管理	绿城·武汉桂湖雲翠、绿城·无锡奥体潮鸣、杭州萧山钱江世纪城项目	绿城管理代建起步早，规模在行业占据绝对优势。2020年于香港联交所主板上市（股票代码HK9979），成为中国代建第一股。截至2025年，绿城管理已连续九年在"中国房地产百强企业研究"中荣获"代建运营优秀企业"第一，持续打造代建行业标准
中原建业	周口郸城·建业府、宜阳建业江山汇	房地产代建领先品牌。2021年在港交所上市，2022年合伙人理事会成立，2023年推出代建信赖体系——代建C平台。形成"制度、管理、产品、服务、资源"五大独有优势，赢得市场青睐
蓝城集团	济南杨柳春风、杭州运河亚运公园、杭州天目里	作为房地产轻资产运营模式的先倡者，蓝城集团立足政府代建、商业代建与理想小镇建设，以20余年服务全产业链为资源基础，提供全生命周期、全产业链的一站式综合生活服务

企业名称	典型代表项目	推荐原因
金地管理	西安金地·玖峯悦、深圳湾超级总部C塔	金地管理专注于全过程房地产管理服务，2006年起承接代建业务，代建业务已布局全国超60座城市。通过建立"代建三力"模型即产品力、经营力和服务力赢得市场、社会和政府的高度认可
龙湖龙智造	成都西璟台、蚂蚁集团全球总部（二期）	集成龙湖集团全业态开发经验及行业领先的数字科技能力，面向未来城市发展提供全业态、全周期、数字化的"一站式解决方案"。为客户提供从开发建造到运营的全周期服务，实现客户价值最大化
中天美好·光影管理	安吉两山梦想产业园（国家级科技企业孵化器）	作为中天美好集团参与代建的全资子公司，中天美好·光影管理专注于政府代建、商业代建、全过程咨询、造价咨询、城市更新和乡村振兴等领域，致力成为完善公建配套、提升产业集群及多维度全咨赋能的综合代建服务商
腾云筑科	广州天河源筑	是世纪金源集团旗下，集金融资本、不动产开发服务、产业生态聚合、科技创投于一体的综合性资产管理公司。以科技服务力建设为主体，用创新模式和差异化实现各类代建的行业占位，以强大的"5T核心竞争力"赢得市场青睐
凤凰智拓	广东韶关翁源十里江山花园、广东佛山新翼花园	凤凰智拓建管公司传承工匠精神和管理经验，拥有资深专业开发管理团队，在管代建项目覆盖全国20个城市，通过全域服务能力、价值创造和全产业链优势等，成为懂市场和客户的代建企业
璀璨管理	杭州无忧传媒总部项目、荆州璀璨奥莱项目	璀璨管理紧随国家战略，深耕核心城市群，代建业务模式主要为商业代建，捕捉到行业细分趋势，推出璀璨共建模式。璀璨共建以业务托管及共建共营为主要形式，主要解决非房地产公司的地产业务管理及综合复杂业态的建设运营痛点，以极大的业务弹性满足目标委托方的全面共建需求

数据来源：中指研究院综合整理。

第二节　绿城管理：中国房地产轻资产开发模式的先行者与引领者

企业名片：代建第一股；中国房地产轻资产开发模式先行者、引领者

一、绿城管理代建发展概况

绿城管理控股有限公司（简称"绿城管理"），是中国房地产轻资产开发模式的先行者、引领者。绿城管理成立于2010年，是绿城中国（HK3900）的附属公司，也是绿城品牌和代建管理模式输出的主体。2020年7月，绿城管理在香港联交所主板上市（股票代码HK9979），成为中国代建第一股。

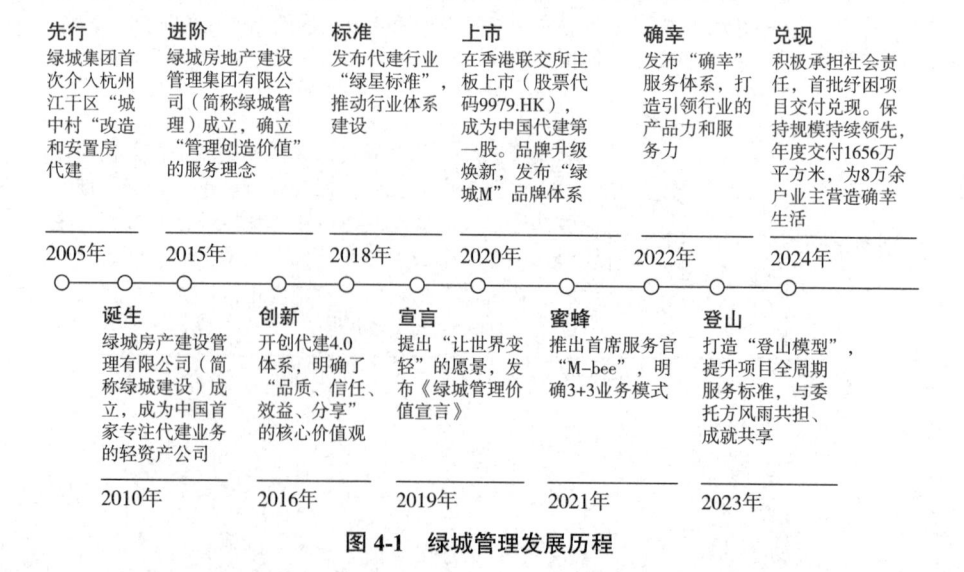

先行
绿城集团首次介入杭州江干区"城中村"改造和安置房代建
2005年

诞生
绿城房产建设管理有限公司（简称绿城建设）成立，成为中国首家专注代建业务的轻资产公司
2010年

进阶
绿城房地产建设管理集团有限公司（简称绿城建设）成立，确立"管理创造价值"的服务理念
2015年

创新
开创代建4.0体系，明确了"品质、信任、效益、分享"的核心价值观
2016年

标准
发布代建行业"绿星标准"，推动行业体系建设
2018年

宣言
提出"让世界变轻"的愿景，发布《绿城管理价值宣言》
2019年

上市
在香港联交所主板上市（股票代码9979.HK），成为中国代建第一股。品牌升级焕新，发布"绿城M"品牌体系
2020年

蜜蜂
推出首席服务官"M-bee"，明确3+3业务模式
2021年

确幸
发布"确幸"服务体系，打造引领行业的产品力和服务力
2022年

登山
打造"登山模型"，提升项目全周期服务标准，与委托方风雨共担、成就共享
2023年

兑现
积极承担社会责任，首批纾困项目交付兑现。保持规模持续领先，年度交付1656万平方米，为8万余户业主营造确幸生活
2024年

图 4-1　绿城管理发展历程

数据来源：中指研究院综合整理。

绿城管理秉持"品质、信任、效益、分享"的核心价值观，以"管理创造价值"为服务理念。通过项目管理整合资源、输出品牌及标准，以定制化的解决方案和高品质的服务，为客户创造价值。

规模稳居行业首位，市场份额持续领先。凭借积极主动的业务拓展、精准的市场布局以及持续优化业务结构，绿城管理实现新拓规模的持续增长，已连续九年新拓规模的市场占有率超20%，稳居行业首位（图4-2）。2024年，绿城管理新签约面积3649万平方米，同比增长3.4%，蝉联行业榜首。

图4-2 2016年至今绿城管理代建市场份额

数据来源：中指研究院综合整理。

截至2024年6月30日，绿城管理代建项目布局全国30个省、直辖市及自治区的128座主要城市，合约项目总建筑面积达到1.23亿平方米，同比增长8.1%。

从分布区域看，绿城管理主要经济区域总建筑面积达9280万平方米，占整体面积的75.5%。其中，长三角经济圈5440万平方米，占合约总建筑面积的44.3%；环渤海经济圈、京津冀城市群2510万平方米，占比20.4%；珠三角经济圈840万平方米，占比6.8%；成渝城市群490万平方米，占比4.0%。

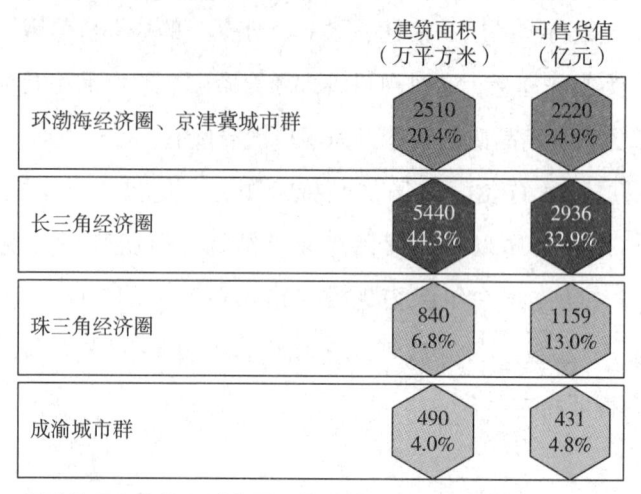

区域	建筑面积（万平方米）	可售货值（亿元）
环渤海经济圈、京津冀城市群	2510 20.4%	2220 24.9%
长三角经济圈	5440 44.3%	2936 32.9%
珠三角经济圈	840 6.8%	1159 13.0%
成渝城市群	490 4.0%	431 4.8%

图 4-3　绿城管理四大核心城市圈可售规模及货值（截至 2024 年 6 月 30 日）

资料来源：绿城管理提供。

除完善区域布局之外，绿城管理持续优化委托方结构。2024 上半年新拓代建项目中，政府、国有企业及金融机构的委托方占比达 70.5%，为不同类型的优质委托方提供差异化的管理服务。

二、经营业绩优异，"3+3 业务模式"打造可持续发展的生态圈

绿城建设经营业绩表现优异，2023 年营业收入达到 33.02 亿元，同比增长 24.3%；归母净利润 9.74 亿元，同比增长 30.8%；净利率 29.7%，同比提高 2 个百分点，是企业有史以来的最高水平。

绿城建设于 2021 年确立了"3+3 业务模式"（图 4-4），三项代建主业包含政府代建、商业代建及资方代建，三项配套服务指金融服务、产城服务及产业链服务。在该模式的基础上绿城建设不断把握新的机会，进一步拓宽和深化各业务板块内容。

图 4-4 绿城管理 "3+3 业务模式"

资料来源：绿城管理提供。

1. 政府代建夯实底仓基石，模式升级出新

政府代建业务是绿城管理的底仓基石。凭借内在的"品质基因"和先发优势，政府代建项目体量和品质连年位居行业领先地位，输出多个"地方首个"乃至"全国首个"的样板工程。在发展过程中，企业由单一的政府代建走向内涵更加丰富的政府服务，代建各类保障性住房、市政配套、产业园区、办公楼等多元产品类型，并稳步推进全国化布局。例如，绿城管理 2024 年成功中标浙江省首个配售型保障性住房项目代建，同时省外拓展继续突破，打开山东、广东、贵州、黑龙江等政府代建市场。

截至 2024 年年末，绿城管理政府代建累计交付约 6390 万平方米，累计为近 42.8 万户原住民改善居住生活环境。

2. 商业代建是收入主体，国企（含城投）委托机会成为业务增长的驱动力

商业代建是绿城管理最大的收入和利润来源，利用自身的品牌、管理及资源整合优势，积极参与城投托底类项目的代建服务，助力库存消化、保交楼等房地产领域重点工作。

持续推进属地化深耕策略，绿城管理业务稳定增长，商业代建的业务收入占比显著提升。2024年中期，绿城管理商业代建业务收入占整体收入的比重提升至78.3%，同比提高9.5个百分点（图4-5）。

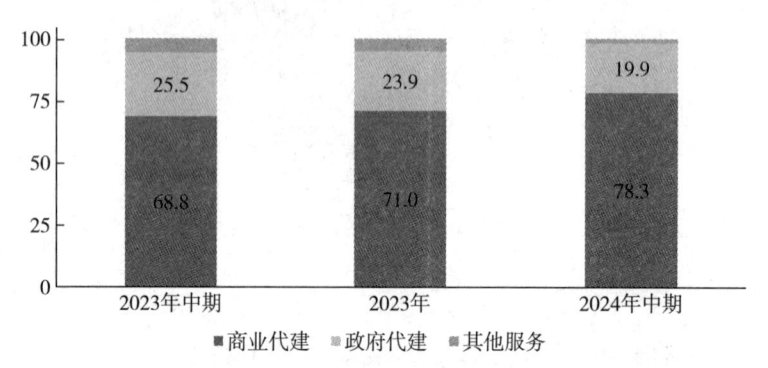

图4-5 绿城管理2023—2024年中期营业收入的构成（%）

数据来源：绿城管理历年年报和半年报。

近两年来，国企和地方城投成为土地市场的拿地主力，土地储备多但开工率低，亟需委托品牌代建企业共同开发建设。绿城管理把握这一机会，加大国企和城投客户的业务拓展。2023年年报显示，绿城管理国企和城投客户的合约建筑面积达2280万平方米，占新业务量的64.5%，成为其业务稳定增长的驱动力。例如，2024年5月，绿城管理成功竞标杭州运河集团旗下的两宗地块的全过程委托管理服务，进一步彰显其品牌和管理行业优势。

3. 资方代建共创共赢，纾困业务是新机会点

纾困保交楼业务是当前代建市场的重要方向之一，与经济和民生强关联。截至2024年12月底，绿城管理联合东方资产、长城资产、浙商资产、中航信托、光大信托、兴业信托、中国人寿等多家AMC、信托等金融机构，已在广州、杭州、重庆、武汉、南京、无锡、昆明、西安、珠海等地签约并推进数十个纾困项目，落地项目建筑面积逾1000万平方米，其

中首批纾困项目（江阴澄江明月、广州阳光半岛、广州江府海棠）已迎来交付。

图 4-6　绿城管理纾困项目的效益传导

资料来源：绿城管理提供。

在纾困业务中，绿城管理通过信用赋能、品牌焕新、产业链重整等多种途径，助力遇困项目激活销售。对金融机构、出险房企、购房者、供应链企业，以及当地政府而言，绿城管理的介入能起到多方赋能、合作共赢的作用。

4. 三大配套服务，打造全价值链的代建生态

绿城管理的三大配套服务包括金融服务、产城服务和产业链服务。

绿城管理在代建过程中，坚持轻资产模式，面对委托方资金需求的渐增，绿城管理通过提供金融撮合服务引入金融端参与项目来实现零出资做好代建项目（图 4-7）。绿城管理为有融资需求的委托方及代建项目寻找相匹配的金融机构或者资本方，确保项目稳健运营，已实现批量落地项目。

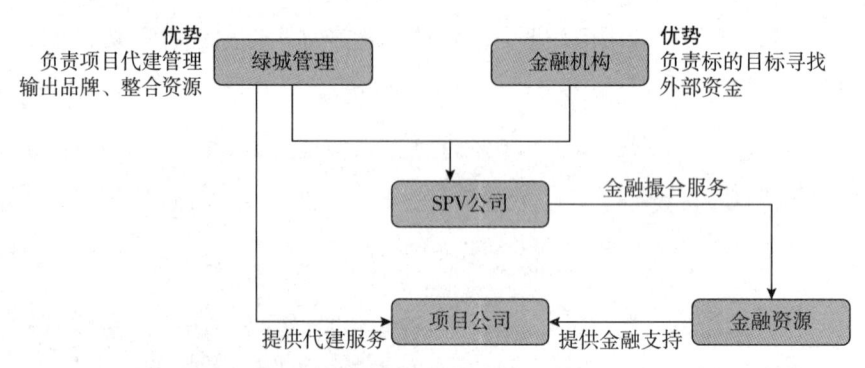

图 4-7 绿城管理通过金融撮合推进代建项目模式

资料来源：绿城管理提供。

在产城服务中，绿城管理积极整合各类产业资源，服务于城市更新和产业园区，向前协同一级开发，向后赋能产业运营。在产业链服务中，通过内部孵化及外部收购等方式，整合产业链上下游企业，实现相互导流与赋能，打造全价值链的代建生态。绿城管理的产业链服务包括咨询服务、资产管理、设计服务、市政服务、商业运营、培训业务等。

三、"M登山模型"，引领行业进入"标准化时代"

作为代建行业的引领者，绿城管理于2023年7月开源"M登山模型"，这是行业首个针对B端客户的服务标准化体系，为B端客户提供更优质的定制服务。

"M登山模型"将代建服务的全流程比做登山之旅（图4-8）：包含六大营地、23个服务节点动作，指导代建团队在服务全过程中，与委托方建立牢固的信任关系，以规范化、流程化的专业服务，确保项目经营兑现度，提升客户体验和满意度。

第四章 中国房地产典型代建企业及项目案例 / 165

图 4-8 绿城管理"M 登山模型"服务体系

资料来源：绿城管理提供。

"M 登山模型"分为两部分：一部分规范流程节点，用以指导代建从业者，提供代建服务全过程的标准答案；一部分为问题合辑，解答委托方在代建合作过程中的高敏点和痛点，让双方在合作过程降低认知偏差，确保双方朝着共同的目标不迷航，攀登过程中持续纠偏，对齐目标，最终实现合作共赢（图 4-9）。

图 4-9 "M 登山模型"六大营地 23 个节点示意

"M登山模型"的精髓，除了本身对代建流程节点的规范、指导和解答委托方在代建合作过程中的高敏点、痛点之外，最核心的是用服务的逻辑和认知，帮助客户解决问题，始终将客户诉求放在第一位，理解客户需求，落位客户需求，跟踪客户需求。

与"M登山模型"配套推出的"绿城M"APP软件（图4-10），通过数字化、游戏化方式让代建服务过程体验更具象、可感。代建中的团队配置、项目定位、规划方向、营造路径、成本把控、风险预警等核心难题都可在"绿城M"APP中找到答案。委托方用户通过委托方驾驶舱，能实时、直观、清晰了解项目全周期开发信息，涵盖从项目规划蓝图、工程进度、产品质量、供销存、市场动态等多维度内容。链接施工现场监控系统实现24小时动态监测，链接访客系统了解每日案场来访动态，随时查看各类代建团队管理报表，对各代建服务节点工作按需打分与评价并实现即时反馈。真正实现代建双方的信息透明与对称，让沟通更简单、让管理更高效、让服务更优质。

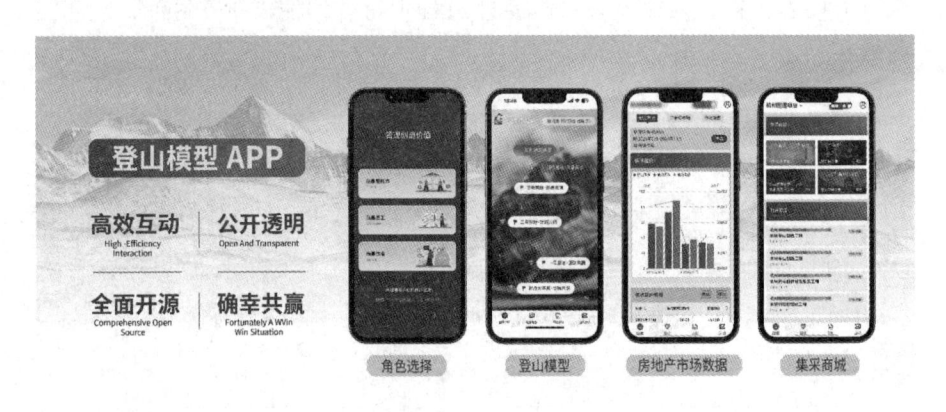

图4-10 "绿城M"APP界面展示

资料来源：绿城管理提供。

1.连续三年发布C端客户研究白皮书，让产品更贴近客户需求

绿城管理高度重视客户心声，始终秉持以"客户为中心"的服务底

色。从 2021 年开始，集团客研中心联动全国案场连续三年开展客户调研，问卷调研触达 3 万多组客户、面对面交流累计 300 多个小时，持续每年发布《绿城管理代建 C 端客户研究白皮书》，实现产品精准适配，提升其市场竞争力，助力项目销售。

2022 年，绿城管理提出"M 确幸社区"这一针对 C 端客户的社区生活服务体系，以"生命、生活、生长"为服务内涵构建三生体系，通过柔性定制、差异化服务，为居者创造确幸美好生活。

绿城管理的工地开放日是行业发起最早、历史最久的全国工地开放活动，已连续举办十三季。其始终将"信任"作为品牌基石，以最真实素颜状态迎接来自行业、业主等社会多方检阅。2024 联动全国 100 余个城市，开展了有史以来规模最大的工地开放日。

基于客户需求，绿城管理围绕产品迭代、产品营造、创新研发、精装升级、展示提升等方面不断精研产品，并快速落地应用于项目，提升项目在 C 端客户心中的综合竞争力，助力 B 端委托方更好经营兑现。C端客户满意度稳居行业领先地位，连续多年获得领先 B 端行业的高满意度评价。

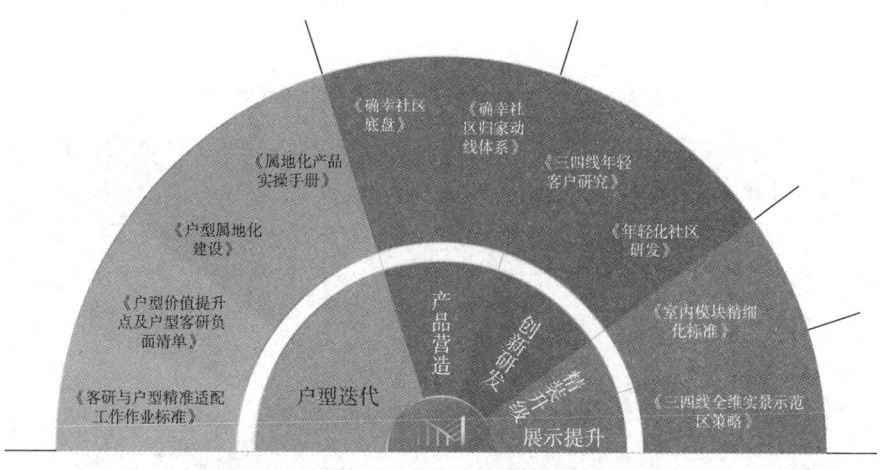

图 4-11　绿城管理围绕客户需求推动的产品迭代

资料来源：绿城管理提供。

2. 从产品到营销持续优化，多维发力驱动经营兑现

当前房地产行业全面进入"新供求"阶段，项目快速去化成为企业经营的重中之重。对于代建企业而言，能够迅速推动商业代建项目销售，助力委托方实现更为高效的经营兑现，已成为衡量其核心竞争力的关键能力。

2023 年始，绿城管理代建合同销售额成功跨越千亿大关，达 1068 亿元，同比增长 22.1%。绿城管理强劲的市场去化能力，除绿城品牌的强大影响力外，与企业在产品端及营销端持续优化提升密不可分。

2024 年，绿城管理升级发布确幸社区产品体系 2.0、确幸工坊 2.0 体系等，当年确幸工坊 2.0 落地全国逾 30 个项目，以功能实用、高品质工艺为导向提升产品能力。

以全维实景示范区为例，2024 年绿城管理全新升级全维实景示范区 2.0 更加注重以人为本，以客户需求为基，将功能实用、微创新和高品质工艺作为产品导向，链接工地开放现场，并融入确幸工坊 2.0 体系全面展示。2024 年开放 59 个全维实景示范区，在前期设计速率、示范区整体展示效果、展示面积、营造速率等方面大升维（图 4-12）。

图 4-12　绿城全维实景示范区七大特征

在住宅体系之外，绿城管理已积累了运动系列、文化场馆、城市综合体、酒店、办公、TOD、未来社区、城市更新、学校、医院、产业园、养老、公寓、商业等全品类公建作品，并于2024年发布行业首部《绿城管理集采发展白皮书》《绿城管理公建能力白皮书》，构建强大的产业链体系，不断强化多元业务解题能力，为委托方实现价值赋能，全面展示企业全赛道营造能力。

3.持续打磨和优化营销体系，提升品牌韧性

绿城管理不断打磨和优化营销体系的结果呈现，于2024年推出《营销六力模型》《绿城管理代建营销全流程操盘手册》《营销登峰价值宝典》三大模型的系统化应用。其中《营销六力模型》提炼攻坚力、适变力、自驱力、复合力、共情力、确幸力，旨在全面提升整合营销能力（图4-13）。

《绿城管理代建营销全流程操盘手册》承接绿城管理"M登山模型"，用【六大登山营地】对应营销服务的六个主要环节，以六大阶段的【标准动作】，实现经营兑现的全流程把控（图4-13）。

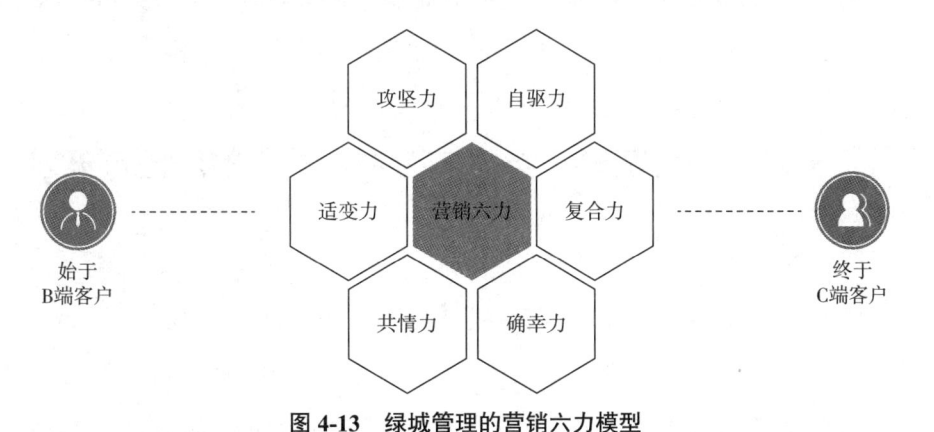

图4-13 绿城管理的营销六力模型

资料来源：绿城管理提供。

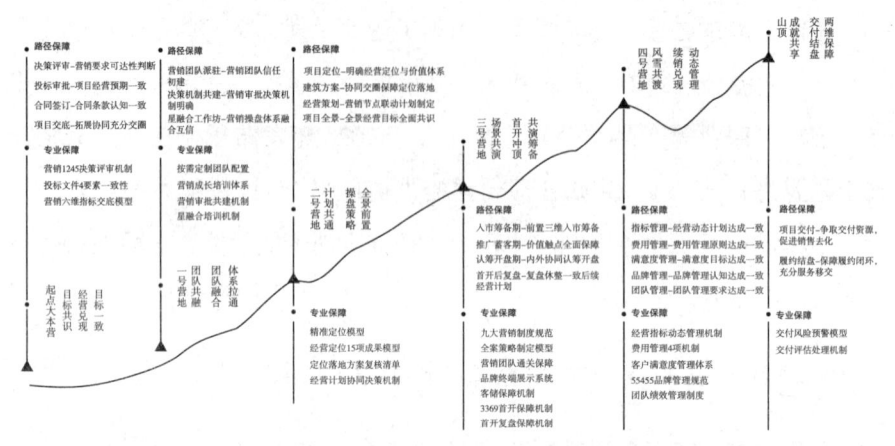

图 4-14 《绿城管理代建营销全流程操盘手册》

资料来源：绿城管理提供。

这些能力相互连通、渗透，形成"双向溢价脉络"，链接 B、C 两维客户，为 B 端委托方实现价值兑现，为 C 端业主营造美好生活。比如，宁波首个共有产权房和樾湾项目在市场下行期首开成交近千套，达成率高达 275%，提前实现了整盘全周期去化 70% 的经营目标。还有武汉桂湖雲翠项目，在纾困背景及历史遗留问题下，通过超 2 万平方米全维实景示范区的高品质呈现，多重营销赋能动作加持，项目首开即馨，首开当月认购近 200 套金额超 6 亿元，为当地楼市注入了信心。

四、未来：平台赋能，努力成为中国最大的房地产开发服务商

行业的发展，推动绿城管理积极升级新的战略方向——希望未来做成一个开放式平台，实现从品质立身、品牌溢价、信用赋能，到金融链接、平台赋能的战略进阶，成为以专业开发为核心能力，链接各方资源，服务不同行业从业者的平台化组织（图 4-15）。

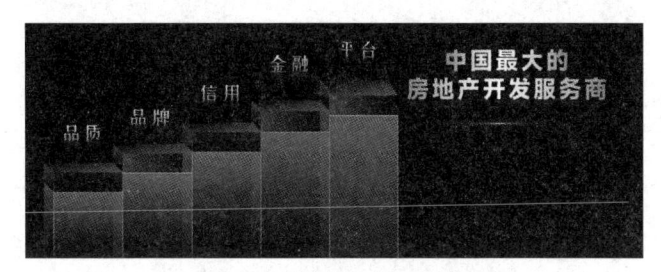

图 4-15　绿城管理的终极战略目标

从宋卫平的"产品即人品"到张亚东的"六品绿城",品质立身作为绿城管理的核心基因之一,是绿城拥有大量拥趸的最重要原因。

进入代建领域后,服务的对象从 C 端业主变为 B 端大客户,绿城管理的价值也跃升至"品牌溢价"阶段,通过产品力、服务力、信用力和品牌力,为"五维人群"创造价值。而随着房地产下行,凭借母公司央企背书和自身上市公司主体地位,绿城管理开始为纾困项目和资方提供"信用赋能",通过信用调和危机,实现"纾困保交楼"。

进入平台模式后,绿城管理的盈利模式也会变得更加丰富。除了赚代建管理费等,还可以赚业务流量、金融流量、资产管理的钱。在这个过程中,需要企业进一步提升业务规模,加强各个节点的精细化和标准化,实现资产的开发、销售、运营、增值等场景化服务,提升公司的全产业链服务价值能力。

五、优秀代建项目

案例 1　　资方代建——绿城·武汉桂湖雲翠

❑ 项目基本情况

绿城·武汉桂湖雲翠位于武汉主城二环洪山区南湖板块,一线临湖低密纯住宅用地,是武汉二环在售项目中唯一一个 270°一线临湖的绝版住宅,二环单宗体量最大的湖居大盘。项目依据土地价值打造,总占地约12.7万平方米，总建面约46万平方米，包含了叠墅、洋房、高层等业态，约2.53低容积率，75%户型皆可瞰湖。

项目紧邻南湖，全无遮挡，配套约1000米长的私家湖岸线和近4万平方米的云朵CAMPING度假滨湖露营公园。三公里内有百年名校华中师范大学、武汉理工大学，往南与华中农业大学、中南财经政法大学等隔湖相望，人文荟聚被七大"双一流"高校环抱，以南湖浸润人文厚土。

☐ 产品配置

委托方背景： 中国长城资产管理股份有限公司，是中国五大AMC机构之一，注册资本512.3亿元，由中华人民共和国财政部、全国社会保障基金理事会和中国人寿保险公司共同发起设立，财政部控股占比73.526%，围绕中小金融机构风险化解、重点受困房企风险化解、服务实体经济三大方向，聚焦中小银行改革化险、实体经济纾困重组、资本市场风险化解、房地产风险化解四大领域。

产品价值： 项目打造武汉首个超2万平方米全维示范区，于2024年11月初开放。超前预演绿城产品力进阶的四大新样本：酒店式归家礼制、大师级双下沉庭院、超4000平方米会所、内外风景园林，让客户直观体验到"所见即所得"的真实感。

项目尊享酒店式归家礼制，以"迎、承、启、停、洄、赏"六重礼仪烘托归家氛围，打造信步湖滨，履景归家的仪式感。4000余平方米静奢会所，引入武汉住宅园区首个壁球馆，与行政酒廊、瑜伽室、健康房、私宴厅等空间，革新高定生活体验。整个园区形成"两园两轴三芯七境十景"景观格局，实现约40%景观绿化率。建筑群落以柔美灵动的"曲面"呼应湖境，打造绿城新一代"无边框曲面屏"。高层90~200平方米、洋房138~180平方米，配置少量220平方米一线临湖叠墅产品，准四代户型的全面落地，得房率高达104%。

销售溢价：项目高层成交均价22229元/平方米，洋房成交均价29397元/平方米，同板块竞品项目成交均价约17000元/平方米，较周边楼盘溢价约30%。

销售业绩：项目于2024年12月8日首开，首开去化金额3.4亿元，去化率100%。12月21日项目迎来二度开盘，首开当月认购近200套，金额超6亿元。成为12月武汉市单价2~3万元项目成交金额TOP1，并在其所在区域洪山区成交金额TOP2。

图4-16 武汉桂湖雲翠项目

案例2　　　商业代建——绿城·无锡奥体潮鸣

❏ 项目基本情况

绿城·无锡奥体潮鸣为太湖新城集团&绿城管理，双强联袂，敬呈无锡城市领潮作品。项目总占地面积约10.8万平方米，总建面约31.8万平方米，规划10幢湖景大平层，29幢流动院墅，共计住宅858套（叠墅242套，高层616套），约1.8低容积率、车位比1∶2.7。

项目位于无锡市经开区奥体板块，与在建奥体中心一街之隔，与太湖直线距离仅约500米，毗邻贡湖湾与尚贤河两大湿地公园，紧挨地铁6号线奥体中心站（规划），邻近沪常高速、无锡南站（规划）等交通枢纽。10分钟车程范围内有无锡国际会议中心、太湖国际博览中心等国际级城市地标，及K11购物艺术中心（在建）、万象城、山姆会员店等商业旗舰综合体，占位无锡拥湖发展的前沿阵地。

□ 项目价值实现

委托方背景：太湖新城集团是无锡市属十大国有集团之一，由市政府直接授权经营管理授权范围内的国有资产。太湖新城集团是经开区唯一建设发展平台，定位为"综合城市运营商"，以"赋能城市生长，示范美好生活"为品牌使命。

产品价值：奥体潮鸣是无锡首批次高品质住区示范项目。项目携手GOA大象设计、香港郑中设计事务所（CCD）、观己景观设计等国际大师级设计团队联袂执笔，匠造一个契合未来语境的人居封面。整体立面以太湖和奥体为灵感，以扎哈曲线赋建筑韵律，将流动的太湖水和灵动的奥体魂植入规划理念，打造一个"灵动变化，精致典雅"的无锡TOP级住区。

叠墅产品各层轮廓采用弧形转角窗，以观景阳台搭配全面屏落地玻璃窗，打造270°全景视野，享受全方位观景体验。同时首创每户均配置私家电梯独立入户，更罕见为上/中/下叠均配备地下室，无论上叠还是中叠客户均享有地下空间。

高层产品层高约3.15米，叠墅层高约3.3米，配合大开间的南向尺寸设计，在纵深高度上、横向观景尺度感上实现了向奢侈感和舒适感的进阶。高层创新设置了全维架空空间，联动精装和景观大师设计，规划了层高约4.5米的室内型+室外型结合的主题架空层空间。

在超星级会所近2000平方米的空间里，配置了健身房、瑜伽房、恒温泳池和私宴厅、图书馆等，更收录了一部有"国家宝藏"之称的文澜阁《四库全书》。

项目溢价：项目高层产品成交均价约32935元/平方米，同板块竞品高层成交均价约31500/平方米，较周边楼盘溢价约5%；项目叠墅产品成交均价约38009元/平方米，同板块竞品叠墅成交均价约36000元/平方米，较周边楼盘溢价约6%。

销售佳绩：项目2023年12月17日首开劲销约12.8亿元，以最高销售单价/最高销售套数/最高销售金额，登顶无锡豪宅销售榜，引领无锡市场风潮。无锡千万豪宅成交中，奥体潮鸣占比高达74%。2024年连续12个月霸榜无锡销售榜TOP1，年度成交金额18.66亿元，冠领无锡，始终顶流。

图4-17 无锡奥体潮鸣项目

数据来源：中指研究院。

案例3 政府代建（保障性住房）——杭州萧山钱江世纪城项目

☐ 项目基本情况

项目位于杭州钱江世纪城核心区位——奥体板块，总建筑体量100.76万平方米，涵盖飞虹华庭、仁孝华庭、济仁华庭、盈瑞华庭、佳宁华庭、振盈华庭6个区块，可安置5861户人家。作为钱江世纪城区体量最大的安置房项目，历时三年建设交付完成。周边两公里以内有奥体印象城、杭州SKP、浙大妇产科医院、学军中学、崇文世纪城学校等重磅配套。

❑ 委托方背景

委托方为杭州萧山钱江世纪城开发建设有限责任公司，项目经公开招标获取，绿城与建筑企业组成联合体，以单价包干的形式全面承接项目的前期、设计、施工、验收及交付等全过程代建开发管理工作。

①营造高品质安置房，提升原住民居住水平，为政府委托方赢得居民满意度。

②赋新钱江世纪城板块城市界面。

③通过精益管理，确保项目开发进度及成本控制。

❑ 项目价值实现

产品价值：项目取法绿城"柳岸"产品系，以大面积玻璃和高级浅灰色调搭配衔接，辅以深灰色铝合金构件，通过材质、颜色的巧妙搭配，营造出高端、典雅的现代建筑形制，与周边城市新建筑相契合。区别于多数安置房的涂料或仿石漆外立面，本项目3层以下采用了石材+铝板幕墙，标准层则多采用水包水涂料，结合大面水晶灰玻璃，彰显优雅的高级感。

智慧管理：交付时即建智能化大数据，设车辆识别系统、人脸识别系统、高空抛物探头、监控室等技防系统。通过运行稳定安全的智能化系统，人防加技防全面提升小区管理效率。

安居体验：除全智能化小区打造，以改善人居环境品质之外，钱江世纪城项目也注重文化价值挖掘，打造邻里中心，提升居民的获得感和幸福感。与此同时，打造活力、运动、多元的景观，内部道路铺装以高级灰为主色调，辅以莫兰迪色塑胶跑道，串联海绵城市雨水花园、书法广场、儿童乐园、运动天地等活动空间，旨在满足全民参与、社交互动、便捷通达、生态可持续的现代城市居民多元化需求。

图 4-18　钱江世纪城项目

六、王俊峰——代建行业的领航者

在房地产行业深度变革的关键时期，绿城管理新任领航者王俊峰先生，凭借其前瞻的战略眼光和坚定务实的工作风格，带领企业稳健发展，保持绿城管理的行业引领地位和先发优势。

王俊峰先生长期深耕房地产领域，其职业生涯早已与代建行业紧密相连，多年的实战历程让他对这一领域有了深刻的理解和独到的见解。凭借深厚的积淀，他敏锐洞察、精确预判行业趋势。在竞争激烈的市场格局中，王俊峰先生始终保持改革进取精神，秉持利他主义，将委托方的经营兑现视为重要责任。深入一线沟通，以确保对项目和委托方需求的全面了解，为制定符合绿城管理实际情况、具有前瞻性和可操作性的发展战略提供了坚实的基础。推动绿城管理穿越下一个战略周期，促进实现"全品质、高质量、可持续"发展。

个人简介

王俊峰，男，汉族，1975年出生于浙江省义乌市。1999年进入绿城，历任项目公司/项目群总经理、绿城宁波城市公司总经理等职；2019年9月起，历任绿城浙江区域公司常务副总经理、浙东区域公司总经理；2023年1月，担任绿城管理控股有限公司执行董事、

执行总裁；7月，晋升为绿城管理控股有限公司执行董事、行政总裁。

王俊峰在宁波任职期间，绿城宁波销售额首次破百亿，2020年突破300亿元，2020—2022年连续三年稳居宁波商品房全口径榜和权益榜第一位。基于以上业绩，绿城宁波公司从项目公司升级为城市公司，进一步成为绿城中国首个计划单列城市公司，一年后晋级为绿城中国A类区域公司，成为绿城中国发展最快的区域公司。

绿城管理履职近两年以来，王俊峰先生着力推动内部改革，提升团队核心能力、拓宽业务赛道，在促进绿城管理持续发展的同时，也为整个代建行业的进步贡献了不可忽视的力量。

看行业：机遇与挑战并存的发展新阶段

随着房地产从"增量时代"迈向"存量时代"，在这一轮深度调整的过程中，发展新模式、新质生产力成为行业转型的未来方向。其中，代建凭借自身专业化、轻资产的商业模式，逐步走向聚光灯下，成为"新模式"的引领者，和"解决社会问题的人"，迎来新机遇的同时也承担着新的历史使命。

近两年，随着入局代建的房企数量不断攀升，行业内卷程度加剧，低价无序竞争的苗头初显。直面当下，尽管当前行业短期承压，但在新旧模式的切换过程中，代建也迎来了新一轮的市场机遇。从中长期来看，市场调整稳定后，代建行业依然存在较多的机会点，仍然有较大的成长空间，包括保障房建设、城中村改造的机会、纾困保交楼、城投托底的土地项目等带来的市场空间。

整体来看，当前代建行业处于健康良性竞争秩序的探索期，挑战与机遇并存，既是行业发展的大势所趋也是责任所在。

看企业：服务型代建企业的三大"度量衡"

作为服务型行业，市场规模、经营质量、能力壁垒等都是衡量验证一家代建企业最关键的指标，这几个核心指标不仅直观反映了企业当下在市场中的地位与竞争力，更是企业能否在未来实现可持续发展、应对各类风险挑战的重要指引。

就规模而言，绿城管理行业市占率连续保持在 20% 以上，稳居第一身位。根据中指研究院相关数据显示，2024 年行业新签约规划建筑面积虽有所下降，但总规模仍超 1.6 亿平方米；其中，绿城管理以 3649 万平方米的新签约规模稳居第一，拓展规模遥遥领先，且保持同比增长态势。

从经营质量来看，绿城管理凭借多年在轻资产领域的深厚积淀和先发优势，能够在市场变革中持续展现出卓越的适应力与韧性。依托强大的品牌影响力、精细化管理体系以及多元化问题解决能力，绿城的经营质量显著高于同行，具备穿越周期的持续竞争力和行业领先优势。

能力壁垒层面，绿城管理作为代建龙头企业，精心构筑起内部核心能力体系的"七龙珠"，即为主体信用、品牌资产、团队能力、知识体系、客户资产、供应链和金融协同，展示出绿城管理作为行业"多边形战士"的全方位能力。这些能力协同发力，推动绿城管理实现了从品质立身、品牌溢价到信用赋能的能力进阶。

看未来：多元业务驱动的增长新航道

代建是房地产发展的新模式，也是未来的新方向，目前还在快速成长当中。

在未来发展方向上，城投代建、政府代建以及纾困保交楼业务将成为代建业务的主要增长点。据中指研究院统计，2021—2024 年，重点 22 城累计拿地面积中地方国资（含合作拿地）占比超 40%，地方国资拿地项目中仍有超过 60% 处于待开工状态，城投代建规模可期；政府大力推进城中村改造、保障房建设等，为政府代建带来新机遇；持续开展的纾困保交楼业务也将创造更多业务机会。

从行业规模预测，未来房地产市场稳定后，预计每年住房需求的规模将稳定在8亿~10亿平方米。中指研究院相关数据预计，"十五五"期间房地产代建的规模将保持稳定，年均总规模将维持在1.5亿平方米左右。

在行业发展特殊时期，代建作为房地产新模式，正发挥着多维度的关键作用，成为推动行业变革与社会发展的重要力量。在促民生层面，代建成为服务国家"保障房建设"重要战略部署的承接载体；在助增长层面，代建成为化解城投公司转化压力、提升开工率的解决方案；在保交楼层面，代建凭借主体信用和专业能力，有效助力复工复产；在稳行业层面，代建成为缓解行业产能过剩，保产业链、保团队的稳定器，为行业信心筑底。

在房地产行业变革的浪潮中，代建行业以其独特的商业模式和创新力量，成为推动行业转型升级的重要引擎。而绿城管理将继续发挥龙头企业的示范作用，为代建行业的健康发展和房地产行业的可持续发展贡献力量，共同打造共建共享的代建新生态。

第三节　中原建业：五大核心优势驱动轻资产创新发展

企业名片：多元化代建服务商

一、发展历程

中原建业，全称"河南中原建业城市发展有限公司"，成立于1992年，是建业集团下属全资子公司，自2016年起，承接建业集团轻资产业务的拓展、运营与管理。中原建业于2021年5月31日在港交所上市，是一家以商业代建为主的纯轻资产模式的平台公司，专注于大中原区域三四线市场，坚持以"好人好地"为合作原则，以商业代建、政府代建、资本代建、专项管理咨询服务为主要运作模式，与合作伙伴深度合作，建立优势互补、风险共担、成果共享的利益共同体，从而为合作伙伴和社会创造丰盛价值，推动中国城镇化的建设与升级。

第一阶段（2015年6月—2016年6月）：探索模式。2015年6月6日，建业集团举行新蓝海战略发布会，建业开始轻资产业务模式的探索。2015年11月25日，建业集团首个轻资产项目漯河建业贰号城邦项目签约。2016年6月29日，建业集团首个省外轻资产项目海南澄迈县法国维希小镇项目签约。

第二阶段（2016年7月—2017年12月）：良好布局。2017年6月，中原建业组织合作方赴优秀企业考察学习，先后到招商局地产、阿里巴巴等企业参观考察、统一思想、拓宽视野，进一步加强了企业的"四个认同：文化认同、战略认同、标准认同、计划认同"。

第三阶段（2018年1月—2018年12月）：攻坚前行。2018年9月，中原建业第100个项目平顶山建业城项目签约。

第四阶段（2019年至今）：创新发展。2019年2月，中原建业开始独立化运营和集团运作。2020年4月，中原建业进驻新疆乌鲁木齐。至2020年底，中原建业签约项目数量突破246个，累计销售面积达到1805万平方米。2021年5月31日，中原建业在港交所上市。2022年12月，中原建业合伙人理事会成立。2023年9月，中原建业代建信赖体系——代建C平台发布。

中原建业肩负建业集团新蓝海战略转型实践之重任，以"共建业、同发展"为指导思想，以合作共赢为愿景目标，通过轻资产模式，对外输出品牌、管理和服务。近年来，中原建业获得"中国房地产代建运营优秀企业""中国房地产代建领先品牌""中国房地产政府代建领先品牌""中国政府代建运营优秀企业""中国房地产绿色代建领先品牌"等荣誉。

二、经营状况

1. 业务布局

中原建业作为中部区域最大的房地产代建企业，在深耕河南主战场外，开始发力省外大中原区域，以促进省外业务实现更大突破，形成覆盖以郑州为中心，周边500公里范围内大中原地区的业务布局。历经二十多载发展，中原建业项目覆盖河南、陕西、山西、安徽、河北、新疆、海南、内蒙古等省和自治区。

2. 业务模式

中原建业通过建业集团深耕大中原30余年的品牌影响力和操盘经验，向缺乏品牌和管理经验的中小开发商或拥有土地的中小企业、政府等合作方输出品牌和管理，帮助合作伙伴在品质管理提升基础上，实现品牌溢价。目前中原建业共有商业代建、政府代建、资本代建、专项管理咨询服务四种合作模式。

中原建业以商业代建模式为主，依靠自身品牌实力、产品优势以及资源优势，协同合作方共同建造优质产品，助力快速实现回款，以此回馈合作方、客户的信赖与支持。截至2024年6月，中原建业已累计签约432个项目，完全交付项目179个，在建项目160个。

中原建业全面对接政府平台，与政府开启深度合作，持续加大政府代建的比重，目前已与周口城投、郸城城投、伊川城投、南阳高新城投、上蔡县财政局、河南省机场集团等省内27家政府平台公司、8家国企达成战略合作，且有意向项目跟进。

中原建业政府代建模式

传统政府模式	合资平台模式	股权交易模式
由平台公司名下项目公司与中原建业直接签署项目委托管理合同，进行轻资产合作（单个项目）	中原建业与平台公司成立合资公司，合资公司就平台公司名下土地承接代建服务，由合资公司与项目公司签订委托管理协议，开展代建管理服务（规模合作）	平台公司摘地，通过引入资金，将其股权置换出去，股转后，中原建业与合作方达成合作，承接代建。

图 4-19　中原建业政府代建模式

中原建业的资本代建模式以不良资产处置为主，力争打造典型标杆项目。2021年12月与河南资产签署战略合作协议，为后续不良资产处理业务开展打下坚实基础。同时，中原建业入选河南资产不良资产相关不动产管理咨询机构库。通过与河南资产合作，实现许昌长葛龙熙府项目的重组盘活，在不良资产处理业务方面拉开序幕。双方在周口十八城项目中继续巩固合作基础，探索多元合作方式

中原建业依托行业深耕经验，通过整合各类产业资源，从更专业、精准的行业视角为有需求的委托方提供相应的咨询管理服务，以确保其项目稳健开展，相互赋能，共同助力代建行业发展。

3. 经营规模

新签约面积方面，2022年，中原建业实现签约面积349万平方米，其中商业代建签约283.32万平方米，政府代建签约65.68万平方米。2023年，中原建业实现签约面积694.5万平方米，其中商业代建签约569.8万平方米，政府代建签约124.7万平方米。截至2024年，中原建业2024年签约面积为307.3万平方米，其中商业代建签约227.6万平方米，政府代建签约79.7万平方米。

截至2024年9月30日，中原建业实现累计规划计容面积5442万平方米，累计交付住宅196251套，总销售金额达1989亿元，服务业主58.8万人。

三、创新发展

1. 代建C平台

着眼于中国房地产市场供求关系发生的重大变化，中原建业于2023年9月顺势推出了全新升级的代建信赖体系——中原建业代建C平台（图4-20）。中原建业代建C平台是中原建业在品牌溢价能力、管理红利能力不断叠加的基础上，进行的一次革新化的探索和尝试，包含信赖、链接、利他三大内涵，是中原建业面对未来市场，构建的新模式和新逻辑。

图4-20 中原建业代建信赖体系模型图

中原建业代建C平台将联合信托资金、AMC机构、代销机构、行业智库、建筑总包单位等优质资源，链接并打造制度合伙平台、金融链接平台、数字化管理增效平台、供应链赋能平台、智库分享平台，在片区开发、资本代建、政府代建、纾困项目盘活等方面创新合作模式，形成平台合作优势。

2. 合作优势

中原建业集合建业集团全系资源，结合多年代建经验，形成"制度、管理、产品、服务、资源"五大独有优势。

□ 制度优势

中原建业于2022年12月首创"城市合伙人理事会制度"，旨在聚集志同道合的城市合伙人，推动成员企业间的合作，让合作更顺畅，最终致力于推动中原城市化进程和社会全面进步。中原建业城市合伙人理事会是由入会企业本着平等互利的原则，以共同遵守理事会章程而构建的行业组织；由优秀的城市运营、城市服务领域的企业组成，实行成员推荐制和邀请制；合伙人具备信息共享、联合培训、联合采购、联合投融资等职能。中原建业城市合伙人理事会的竞争力不仅在于资金的整合与调度能力，更在于产品和服务的能力。中原建业合伙人理事会利用信用和融资手段，为成员企业打通项目库、资金库，嫁接资源，同时为客户打造优质产品，提供优质服务。

□ 管理优势

2019年中原建业提出并开展了"项目全流程精细化管理"工作，通过围绕"项目全流程精细化管理"梳理关键工作、优化组织效能、夯实基础能力、提升运营效率，形成了涵盖整个项目运营全流程的逻辑框架图，并对项目全流程中关键环节、关键工作的研究、提炼，拟定了"三会管理""项目分类分级分项管理""合作伙伴分类分级管理"为项目提供重点管理举措。

□ 产品优势

中原建业经过多年的发展，现已形成三大产品系和六条产品线。其中，三大产品系分别为精品系列、尊享系列和奢华系列，六条产品线包含庭系/郡系、城系、里系、半岛系/城邦系、园系和府系/筑系，见图 4-12。每个产品系的项目名称均遵循集团特定的命名原则，在承袭建业地产的设计风格与高水平建造工艺的基础上，加入了更多思考，力求在提供优质产品的同时，为业主提供"建业生活方式"，通过好产品、好服务、好生活的系统融合，打造全新幸福生活方式。

产品系列	精品系列	尊享系列	奢华系列
产品线	府系/郡系	城系 里系 半岛系 城邦系 园系	府系/筑系
客户需求	城市置业	功能改善/品质改善	高端奢享
命名原则	建业**庭 建业**郡	建业**城邦/建业**园 建业**上院 建业**城/建业**新城 建业**里/建业**半岛	建业**庭 建业**筑
产品价值点	全龄化、功能化、社区观、服务观	国际化、全龄化、舒适观、服务观、文化场	国际化、生活场、舒适观、服务观、科技观、文化场
产品形态	城郊宜居 组合住宅/高层住宅	城市舒享 组合住宅/高层住宅	新区顶级 组合住宅 / 城市顶级 高层住宅
产品风格	现代、新古典	新古典、ARTDECO、现代、新亚洲、新中式、地中海	可定制

图 4-21 中原建业三大产品和六条产品线

□ 服务优势

中原建业全系产品均由建业物业提供后续物业服务。建业物业是 2021 年中国物业服务百强企业榜 11 强，全面布局河南省、市、县、镇、村五级市场，并辐射至中部六省及新疆、海南等地。建业物业打造的基础服务、37.5℃幸福服务、"建业 +"增值服务、物业云智慧服务四大服务体系，在满足客户日常生活需求之外，为客户营造更美好生活。

□ 资源优势

中原建业以建业集团大生态资源为支撑，以"建业 +"APP 为云平台，倾心打造线上 + 线下、全触点、全周期的服务生态体系。

四、优秀代建项目

> **案例1　　销售力突出项目：周口郸城·建业府**

项目整盘41栋楼，近6个月封顶34栋楼，郸城首家承诺延期交付赔首付，首创全城监理模式。2023年9月，开盘劲销约200套，2024年2月热销超百套，项目当月登顶全省销冠。

图4-22　建业府项目

项目独特卖点：①工程进度快；②无公摊，得房率高；③纯洋房社区。

郸城建业府以领衔郸城未来十年的第四代住房，联袂规划、设计、景观顶级大师团队匠心打造郸城首家"零"公摊暖气洋房，约1.8容积率，户户南北双阳台送花池，让每一户都有空中大院子。全系产品得房率超100%，最高得房率可达109%。

> **案例2　　优秀设计类项目：宜阳建业江山汇**
>
> 项目位于洛阳市宜东新区，滨河北路以北、经一路（规划中）以东区域，占地约137亩，总建筑面积约16万方，含9栋（9~10层）多层住宅、10栋（18层）高层住宅。
>
> 区别于众多新中式建筑，建业江山汇采用现代风格，外立面遵循"大气简洁"的理念，整体将高级灰作为主色调，富有质感的外立面、大面积玻璃幕墙的应用，为城市绘制出一道符合国际审美潮流的时尚画卷，引领城市的审美潮向。
>
> 大区景观方面，提出了"生态自然的都市花园、轻松度假的生活方式、人性关怀的理想生活"三大主张，引入本地著名诗人李贺的四首诗塑造了"湾、谷、瀑、林"四大核心景观空间，荣获2020年全国人居景观前瞻奖。

第四节　蓝城集团：营造精品住宅，引领美好生活

企业名片：中国房地产轻资产运营模式先倡者

一、发展概况

蓝城房产建设管理集团有限公司（即蓝城集团），成立于2010年9月8日，是由宋卫平先生带领绿城核心团队和优秀资源组建而成。蓝城集团秉持美好生活综合服务商的企业愿景，立足政府代建、商业代建与理想小

镇建设，以20余年服务全产业链为资源基础，提供全生命周期、全产业链的一站式综合生活服务。

自1995年以来，经过20余年的探索与实践，蓝城集团逐步实现从产品营造到生活服务的战略转型，目前旗下拥有政府代建、商业代建、理想小镇三大业务板块及农业、颐养、健康、教育四大核心配套产业。

二、发展历程

最早在2005年，宋卫平先生便看到了企业转型的商机，带领团队首次介入杭州市江干区"城中村"改造暨安置房代建项目。

2010年，绿城房产建设管理有限公司（蓝城前身）成立，为政府及企业提供房地产全产业链代建开发服务，率先在国内开展代建业务，并成为中国轻资产代建运营模式首倡者。

2014年，绿城房产建设管理有限公司正式更名为蓝城房产建设管理集团有限公司（简称：蓝城集团）。蓝城二代保障房研究取得阶段性成果，并提出"因需求而设计，因设计而提升"的理念，得到住建部与浙江省住房和城乡建设厅领导的高度评价，成功应用于2015年乐居团队承接的杭州大江东289万平方米安置房（涉及四个街道：义蓬、新湾、河庄、前进街道）。

此后，蓝城在保障房代建和商品房代建两个主要业务方面均稳步增长，在不断的实践中更新优化代建模式，包括已出台的总包代建模式，以及全过程代建开发模式。

2005年
宋卫平先生带领团队首次介入杭州江干区"城中村"改造和安置房代建。

2009年
明确"品牌+管理"轻资产发展模式，首个安置房项目——杭州彭埠云河家园整体完工。

2010年
绿城房产建设管理有限公司（蓝城前身）成立，提出"为更多人造更多好房子"的目标。

2014年
绿建公司更名蓝城集团，正式将代建作为主营业务。

2015年
蓝城集团保障房研究院成立、专注于保障性住房、城乡改造和更新的研究和实践。

2017年
宿迁保障房——松张口、新行圩、周马项目荣获2019年江苏省级示范项目。

2018年
蓝城第四代安置房——杭州龙坞茶镇葛衙庄安置房落成交付，被誉为"中国最美安置房"。

2021年
蓝城集团完成杭州运河亚运公园建设，成功落地"代建+运营"模式。

2021—2024年
蓝城集团荣获"中国房地产代建运营优秀企业""中国房地产政府代建运营引领企业"称号。

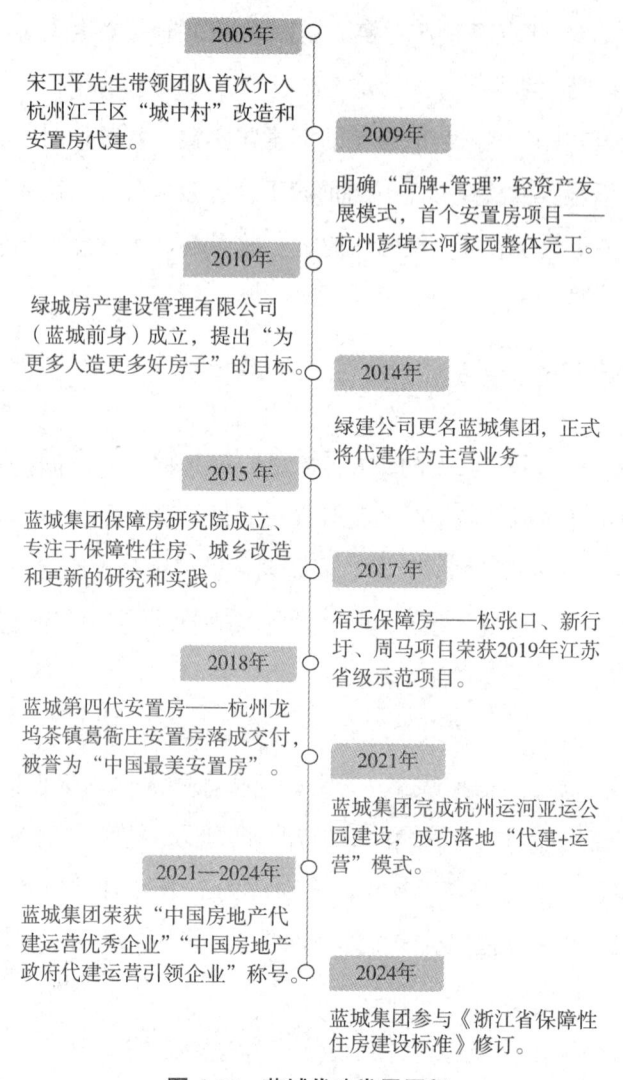

2024年
蓝城集团参与《浙江省保障性住房建设标准》修订。

图 4-23 蓝城代建发展历程

三、核心优势

以 20 余年的积累与沉淀为基，蓝城从前期代建咨询至交付后的生活服务管理，提供全生命周期代建服务。基于品牌力、产品力、服务力、管控力、生活力五大核心优势，蓝城始终保持着轻资产运营的领先优势，领跑代建服务行业。截至 2024 年 12 月 31 日，蓝城已进驻中国 27 个省及直辖市，147 个地级市，营造 690 个美丽家园。其中在管小镇项目 73 个，代建项目 503 个，政府代建项目 215 个。

1. 品牌力：二十余年品牌美誉

视极致为法，蓝城以 20 余年的积累与沉淀为基，产品和美好内涵在统一的原则下持续解构和融合，与时俱进，不断更迭创新，打造安定、恒久、美好的作品。

2. 产品力：多维度产品体系

宋卫平董事长亲任首席产品官，带领蓝城团队严抓方案设计、精装修设计和景观设计三个关键环节，严格把关每个代建项目。贯彻"产品即人品"的准则，蓝城设计规制温度、广度、深度、高度、厚度等专业五度，领创行业标杆。

3. 管控力：精细化标准化管控

蓝城集团特制五阶段规划设计管控，通过五个工作节点，多个分项内容，对项目进行设计评审，确保方案的完整性和领先性，力求以纯正的"品质血统"，达到行业内的"第一品级"。同时通过全成本管理，保障品质、进度、成本、利润等各项经营目标的达成。

4. 服务力：全过程专业代建服务

从前期代建咨询至交付后的生活服务管理，提供全生命周期代建服务，为每个环节提供专业保障。同时，蓝城集成国内外优质设计资源，拥有极富创造力的 2500 余名顶尖设计师及设计管控专业团队，有近百家优秀设计机构做后盾，覆盖建筑设计、景观设计、装饰工程、建筑科技等全配套设计服务机构，为蓝城产品的设计提供强大的支持。

5. 生活力：全资源链接品质生活

蓝城融合产业资源、生活服务体系内容及组织保障，服务人员以生活顾问的角色，从前期销售、中期社群到后期交付，以"全周期"营销战略模式，为业主创造丰盛的美好生活。同时将教育、养老、健康等生活配套专业服务植入其中，满足业主家人生活所需。

四、运营模式

蓝城在轻资产运营中秉持商业运营与社会责任双翼并重的理念，在政府代建方面，坚持为更多人造更多好房子，产品类型包含保障房、公益配套、公共建设等；商业代建则以契约形式，为委托方提供房地产项目全过程开发管理服务，旨在以品质共绘理想人居蓝图，在不同代建领域各有亮点与成效。

1. 政府代建

在政府代建方面，蓝城代建涉及的产品类型主要有保障房、公益配套、公共建设等。根据政府委托项目的不同需求，通过工程代建、代建+设计、代建开发、房企牵头的全过程工程咨询、代建代销开发等模式，对这些项目实施全过程管理服务，派驻蓝城团队，执行蓝城产品标准，营造宋氏蓝城品质项目，也可导入蓝、绿体系物业服务。

□ 居住·保障房

从第一代"以居住为主要目的"的居住保障，到第二代"从教育、养老、社交、文化、健康、物业管理等多方面"切入的生活保障，再到第三代"运用特色小镇建设思路进行安置区建设"的产业保障，直至从2017年开始的"逐步倾向对文化挖掘与保护"的文化保障，迄今为止，蓝城政府代建保障房已实现四次迭代升级。

□ 生活·公益配套

蓝城始终密切关注社会的发展与变化，并基于城乡发展态势及需求趋势，聚焦公益配套建设。例如，蓝城融合地域文化、自然特性及越剧元素打造的嵊州越剧艺术学校，被誉为"越剧艺术家的摇篮"。

□ 就业·公共建设

从"中国建筑工程鲁班奖"杭州运河亚运公园，到富春江畔的桐庐江滨公园，蓝城代建运营的公建项目，以城市新地标、文化新名片为目标，促进了城市内涵式发展。

□ 文化·城市更新

城市更新项目包含旧区开发、旧城区改造、土地的二次开发、用地性质和功能的转换、工业区转型、港区和滨水区的整治改造，以及近年来的城市生态规划和可持续发展等。

2. 商业代建

商业代建（委托代建）方面，蓝城以契约形式向委托方提供房地产项目全过程开发管理服务，授权委托方使用蓝城品牌、派驻蓝城团队、执行蓝城产品标准，通过销售服务体现产品价值，在建成后则会引入宋氏蓝、绿城物业及维保体系。

五、未来：事业合伙与创造价值

蓝城早就认识到，代建的价值归根到底在于用管理创造价值。无论是品牌输出、产品营造、工程管控，还是生活服务的理念与标准体系，蓝城代建的初心和目标，始终是"为更多人造更多好房子"以及"美丽建筑 美好生活"。

蓝城亦希望以"代建"为业务载体，与行业上下游资源开展事业合伙与同心共创，在创造价值的同时，更好地回馈社会，担当起企业的社会责任。

六、优秀代建项目

案例1　　销售力突出项目：济南杨柳春风项目

项目位于济南市槐荫区，总建筑面积约187.6万平方米（住宅约133.3万平方米，商业约48.9万平方米，教育配套约5.4万平方米）。产品包括中式合院、二代高层、民国风小高层，另有幼儿园、中小学、道路及公园等配套设施。

截至2024年10月23日，济南杨柳春风项目销售累计89.59亿元、交付90.11万平方米，商业地块建设稳步推进并成功引进知名品牌——银泰百货、万豪喜来登，取得了市场的高度认可。

图4-24　济南杨柳春风项目

从一线旗舰商业银泰百货、全球知名酒店万豪—喜来登的成功签约，到济南首条街区约巴的顺利启航，再到园区食堂的温馨开业，济南杨柳春风不仅是一个住宅项目，更是一个集教育、商业、健康、交通和生态环境于一体的生活综合体，致力于为业主提供高品质的生活体验。

案例2　　优秀设计与运营兼顾项目：运河亚运公园

运河亚运公园位于杭州市拱墅区申花单元，总建筑面积18.5万平方米，由拱墅区投资建设，该公园是浙江省首座集绿地、场馆、商业于一体的城市中央公园。第十九届杭州亚运会期间，公园承办了乒乓球、霹雳舞、曲棍球及亚残运会乒乓球、盲人足球五大项目。在该项目代建运营中，蓝城提供的服务价值包括以下几个方面。

1. 前期设计

在蓝城集团的积极推动下，项目提高了总体定位，充分考虑"市民公园"理念和赛后可持续运营需求，将绿地、商业、场馆融于一体；并进行国际招标，最终由美国ATS设计公司创办人、美国宾夕法尼亚大学建筑系主任、世界著名建筑设计师Winka Dubbeldam（温卡·度别丹）中标，景观概念方案由ACOM中标。由此使该场馆的建筑、景观元素别具一格、富有个性。

2. 建设管理

蓝城集团充分利用丰富的项目代建经验，在成本优化、工艺工法、工期管理、施工质量等方面提出并推动落实诸多有效措施，使该项目克服重重困难顺利完工，蓝城的服务获得委托方高度认可。该项目完工后，先后获得鲁班奖、中国照明学会第十七届中照照明工程设计类一等奖、钱江杯、西湖杯等一系列荣誉。

3. 运营管理

在日常管理中，以精干、高效的方式，实现了公园安全、卫生等方面的有序管理，为广大游客提供良好的游园体验，并获得良好口碑，自开园以来，公园在各大网络平台上的评分一直稳居杭州景区/公园前列。

在商业运营中，花令十二坊时尚街区人气不断提升，业态日渐完善，成为一座集自然、生活、娱乐、艺术为一体的都市品质生活社交后花园。通过蓝城的精心运营，这里融合了商业、休闲、居住、健身等多元业态，成为了杭州城市公园的典范，是当之无愧的"市民公园"。

在场馆运营中，亚运会结束以后，国球中心先后举办八三天演唱会、娃哈哈经销商大会、极氪汽车发布会等大型活动数十场，曲棍球场举办中国曲棍球联赛、拱墅区全民运动会等赛事活动，逐渐成为杭州市体育产业发展高地。

图 4-25 运河亚运公园项目

案例3　　　　全过程代建项目：天目里

天目里位于杭州西湖区天目山路与古墩路交叉口，是意大利著名建筑设计大师伦佐·皮亚诺在中国的第一个项目，总投资约35亿元，总建筑面积约23万平方米，由蓝城青州管理团队全程参与天目里工程营造、管理和前期招商运营工作。如今，天目里已成为一个集艺术、商业和文化于一体的标志性网红打卡地，无论是品味书香、享受美食还是参与艺术活动，都是理想的选择。

天目里涵盖办公、美术馆、艺术中心、秀场、设计酒店及艺术商业等功能，是一个具有地标意义的综合性艺术园区。在天目里项目的全过程代建中，蓝城输出的服务价值包括以下几个方面。

1. 领先设计

天目里最原始的设计概念非常简单，"它就像一个苹果：硬质界面的包裹下，是一个柔软而丰富的内核。我们希望去创造一个艺术事件的发生器，所以这个内核是立体的、多层次的、绿色的，所有的建筑都围绕并注视着这个内核。"

2. 品质工艺

清水混凝土——4万多方墙体营造实现的毫米级施工精度、表里如一的"丝绸般"质感，及艺术中心极薄承重墙实验均达到世界顶级工程标准。

幕墙系统——采用预制"单元式玻璃铝板幕墙"系统，利用"等压原理"及"雨幕原理"提高幕墙的气密及水密的性能，是第一个大面积采用室外电动遮阳卷帘的项目。

景观设计——邀请到美国著名植物生态学家Paul Kephart和日本当代枯山水大师枡野俊明，来为园区的植物和庭院做独特设计。

3. 项目荣誉

天目里项目多次获得各项赞誉，杭州"十大文化新地标"（2021年杭州市文化广电旅游局主办的杭州"新十大"评选活动）；第六届理想家未来大奖"最佳商业建筑"（2022年）；CTBUH 2022全球奖——都市人居（建筑尺度）类别最高奖及最具人气奖。

第五节 金地管理：产品力、经营力和服务力协同创造价值

企业名片：最受信赖的不动产综合开发服务商

一、发展历程

金地集团的代建业务始于2006年。自2018年起，金地管理作为金地集团（股票代码：600383.SH）旗下专属经营代建业务的子公司，在深圳设立总部，开展商业代建、政府代建及资本代建三大代建业务，提供项目管理和顾问咨询等多元服务。秉承"成就管理者，创造管理价值"的企业使命，金地管理始终致力于为委托方提供卓越的不动产开发管理服务。

凭借日益增强的代建实力和品牌价值，金地管理连续六年获得"中国房地产代建领先品牌"，连续六年被评为"中国房地产代建运营优秀企业"，并获得"中国房地产政府代建运营优秀企业""中国房地产政府代建领先品牌"等多项荣誉，赢得了市场、社会和政府的高度认可。

初创阶段（2006—2011年）：金地集团的代建业务在行业初期便积极参与了多个重要项目，包括代建深圳十大民生工程之一的龙悦居保障房项目，以及金地首个代建项目——深圳国际创新中心（原名福田科技广场）。这些项目不仅为金地管理后续承接代建业务积累了宝贵经验，也为其在代建领域的稳健发展奠定了坚实基础。

业务扩张阶段（2012—2017年）：金地集团的代建业务在此期间迅速扩张，成功进驻河源、沈阳、大连、成都、惠州、武汉、烟台、平潭等

地，实现了全国化布局。期间，公司参与了深圳对口帮扶河源代建产业园综合体—深河·金地创谷项目，以及代建深圳坪山国际网球中心等项目，充分展示了其在大型公共设施和商业项目代建方面的专业实力。

战略发展阶段（2018—2020年）：2018年，金地管理的正式成立标志着金地集团在代建领域迈出了专业化和品牌化发展的重要一步。成立后，金地管理迅速扩张业务，并于2019年完成全国七大区域的业务布局，其代建业务在全国范围内进入了一个全新发展阶段。2020年，公司发布了"代建共赢G体系"，通过整合内外部资源，为客户提供更加全面、高效、共赢的代建服务。

行业引领阶段（2021年至今）：凭借丰富的代建经验和专业优势，金地管理的业务规模迅速扩大，已成为代建行业的佼佼者之一。公司持续深化专业力与品牌影响力，发布多项创新成果，包括"委托方服务白皮书"（2021年）、"委托方驾驶舱"（2021年）、"代建服务质量体系"（2022年）、"服务金三角"模型（2022年）以及"代建三力"代建企业能力模型（2023年）。这些成果持续引领行业体系化建设，通过不断提升服务质量和服务效率，赢得了客户的广泛赞誉和认可。同时，作为行业领军企业，金地管理在2024年成功承办了首届中国房地产代建峰会，进一步巩固了其在代建行业的领先地位和影响力。

二、业务模式及规模布局

金地管理依托完善的房地产开发管理体系和强大的资源整合能力，满足不同领域委托方的需求，开展商业代建、政府代建、资本代建三大代建业务，提供驻场式项目管理及非驻场式顾问咨询两类服务（图4-26）。

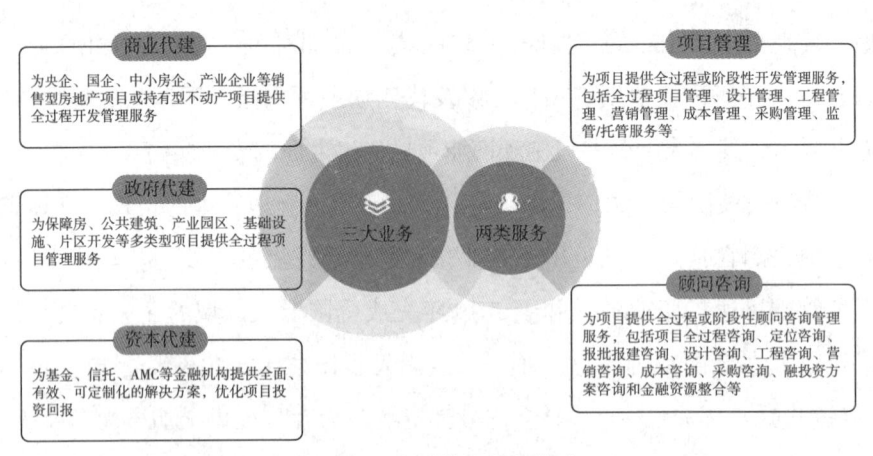

图 4-26 金地管理业务模式

商业代建：为央企、国企、中小房企、产业企业等销售型房地产项目或持有型不动产项目提供全过程开发管理服务

政府代建：为保障房、公共建筑、产业园区、基础设施、片区开发等多类型项目提供全过程项目管理服务

资本代建：为基金、信托、AMC等金融机构提供全面、有效、可定制化的解决方案，优化项目投资回报

项目管理：为项目提供全过程或阶段性开发管理服务，包括全过程项目管理、设计管理、工程管理、营销管理、成本管理、采购管理、监管/托管服务等

顾问咨询：为项目提供全过程或阶段性顾问咨询管理服务，包括项目全过程咨询、定位咨询、报批报建咨询、设计咨询、工程咨询、营销咨询、成本咨询、融投资方案咨询和金融资源整合等

三大业务　两类服务

金地管理凭借深厚的品牌底蕴和强大的专业实力，深耕细作，广拓版图，在商住、商办、政府代建等多个领域均取得了显著成就，实现了多元业态的协同发展，业务规模持续稳健扩张。截至 2024 年末，金地集团代建业务已布局全国超 60 座城市，累计签约管理面积超 3831 万平方米，其中住宅项目累计签约货值超 3204 亿元，商办项目累计签约管理投资规模超 849 亿元。其中住宅项目累计签约管理面积超 2592 万平方米，商办项目累计签约管理面积超 455 万平方米，政府公建项目累计签约管理面积超 784 万平方米（图 4-27）。

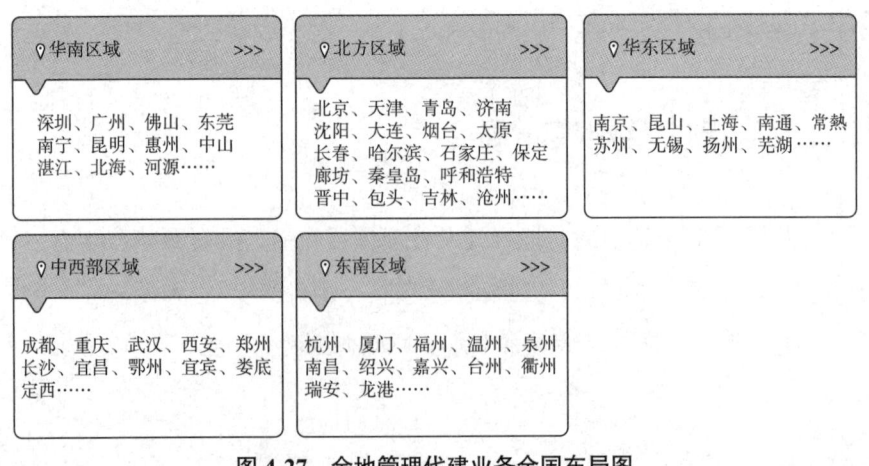

华南区域：深圳、广州、佛山、东莞、南宁、昆明、惠州、中山、湛江、北海、河源……

北方区域：北京、天津、青岛、济南、沈阳、大连、烟台、太原、长春、哈尔滨、石家庄、保定、廊坊、秦皇岛、呼和浩特、晋中、包头、吉林、沧州……

华东区域：南京、昆山、上海、南通、常熟、苏州、无锡、扬州、芜湖……

中西部区域：成都、重庆、武汉、西安、郑州、长沙、宜昌、鄂州、宜宾、娄底、定西

东南区域：杭州、厦门、福州、温州、泉州、南昌、绍兴、嘉兴、台州、衢州、瑞安、龙港

图 4-27 金地管理代建业务全国布局图

面对代建领域日益激烈的竞争和不断变化的外部环境,金地管理在坚持高质量经营的同时,积极寻求规模扩张。公司战略布局主要城市群、一二线城市及重点三线城市,持续扩大商住、商办、政府代建等多元业态的规模,致力于实现业务布局的多元化和规模的持续增长。同时,金地管理积极探索更加灵活高效的外部合作机制,以提升项目经营质量和效益,进一步打造具有金地特色的产品力、经营力和服务力优势,为公司的长远发展奠定坚实基础。

三、代建服务特色

金地管理,作为代建领域的佼佼者,其代建业务凭借四大显著优势,赢得了市场的广泛认可与委托方的信赖。一是 19 年的代建经验。自 2006 年涉足代建领域以来,金地已积累了 19 年的丰富经验,形成了成熟的项目管理体系、广泛的上下游资源网络、庞大的客户基础、卓越的市场口碑以及专业的人才梯队。二是专属的经营平台。2018 年,金地集团整合代建业务,正式成立金地管理公司,专注于代建领域的深耕细作,不断提升代建能力与体系化建设。三是独特的混合所有制优势。金地管理融合了国企的合规自律与市场化运营的高效灵活,形成了企业体制独特的竞争力。四是坚持直营模式。金地管理所有项目均由直属团队进行开发管理,确保服务标准的一致性和服务质量的均好性,助力委托方实现目标,共创价值。见图 4-28。

图 4-28 金地管理四大优势

作为行业领先的代建企业，金地管理的竞争力在于通过专业能力建设持续为委托方创造价值。在行业快速发展的背景下，金地管理秉持长期主义理念，构建了与代建业务相匹配的专业能力和标准化的服务体系，即"代建三力"模型：产品力、经营力和服务力。

在代建合作中，代建方如同受委托方"东家"之邀，担任其"掌柜"的角色，这三种能力共同体现了代建方的管理价值。具体而言，产品力代表着精湛的手艺与卓越的品位，它确保了项目的品质与出品；经营力则体现了财商智慧与资源整合能力，为项目的商业成功保驾护航；而服务力则象征着职业操守与规矩，它是代建方与委托方之间和谐相处的基石。金地管理积极践行"价值代建"的理念，通过构建并强化"代建三力"（图4-29），为委托方带来更加稳健的经营效益和更高品质的代建服务体验。

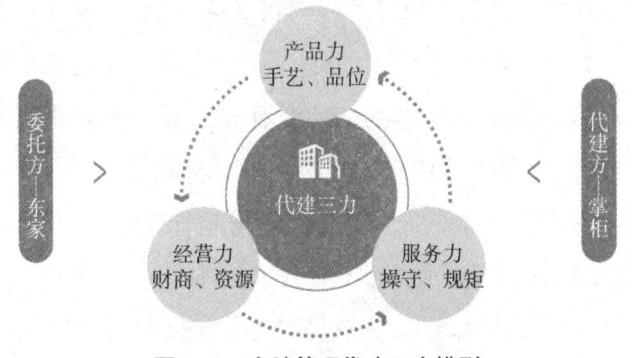

图4-29　金地管理代建三力模型

产品力方面，金地管理依托金地集团成熟产品体系，提供"褐石""名仕""风华""格林""峯"和"御"六大产品系列，满足不同消费价值观和不同家庭生命周期的购房者需求，同时结合代建业务特色进行灵活创新和应用，为各类委托方提供量身定制的产品解决方案，实现项目经营价值（图4-30）。

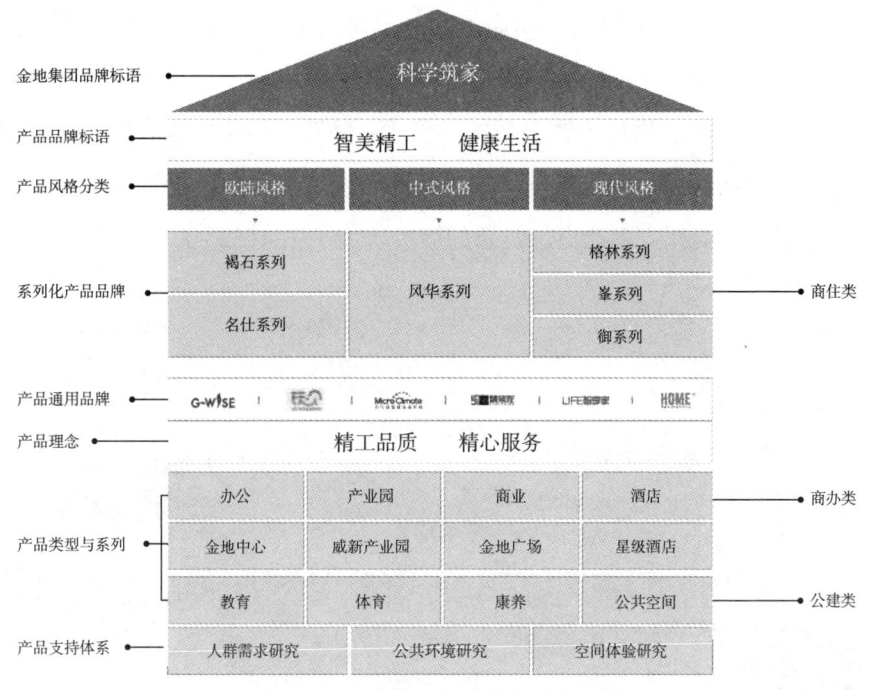

第四章 中国房地产典型代建企业及项目案例 / 203

图 4-30 金地管理标准化产品体系图

经营力方面，金地管理将"价值创造"理念融入品牌基因，具备精细化的全过程运营管理能力，以核心优势赋能土地开发，为委托方在品牌、体系、资本、资源以及团队五个方面进行赋能；以专业管理创造增值效益，在设计、品质、进度、合规、成本以及营销六个方面为委托方创造效益（图 4-31）。

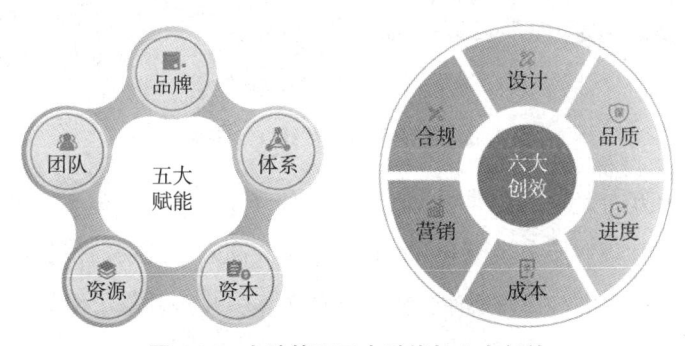

图 4-31 金地管理五大赋能与六大创效

204 / 中国房地产代建行业发展蓝皮书（第 3 版）

同时，依托集团丰富的产业资源和多元化布局，金地管理打造多方位"代建+"衍生能力，涵盖代建+产业招商运营、代建+长租公寓、代建+融资顾问、代建+物业服务、代建+体育、代建+康养等，通过资金匹配、前期规划、开发管理、产业招商、园区运营等，提供项目全生命周期服务，为委托方创造更长链条的服务价值（图 4-32）。

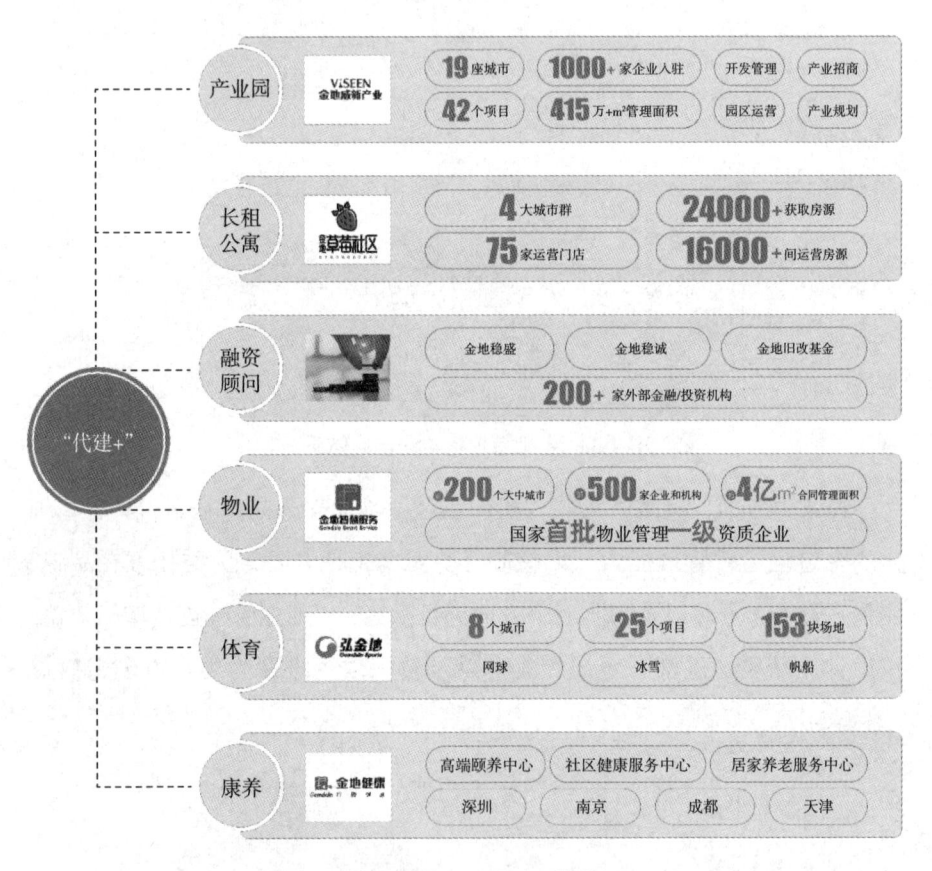

图 4-32　金地管理"代建+"体系图

服务力方面，金地管理率先在行业内建立了体系化的服务标准和模型，打造出金地管理"服务金三角"，提供专业、高效、透明的代建服务体验，更好地与委托方进行沟通协作，建立信任关系，实现共赢（图 4-33）。

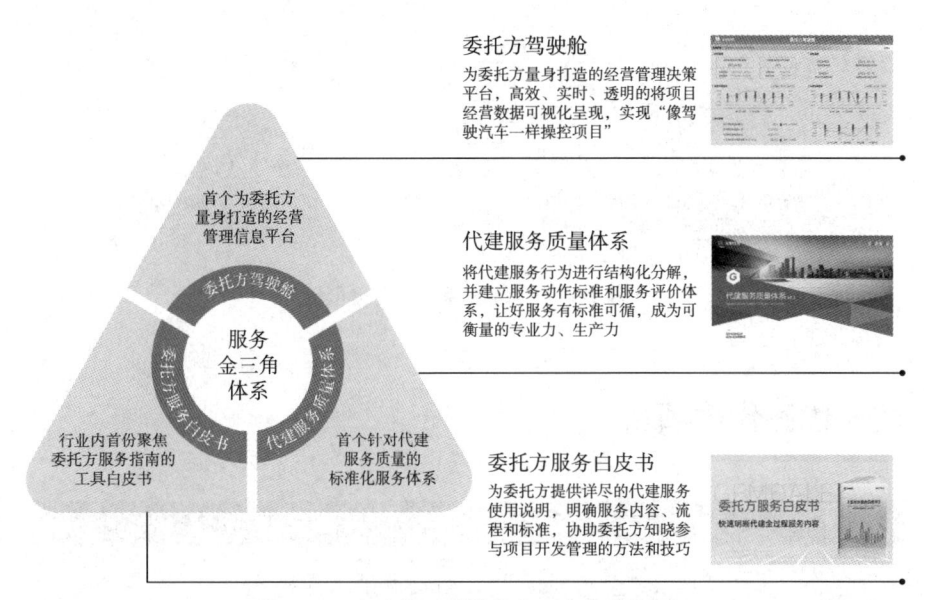

第四章 中国房地产典型代建企业及项目案例 / 205

委托方驾驶舱
为委托方量身打造的经营管理决策平台,高效、实时、透明的将项目经营数据可视化呈现,实现"像驾驶汽车一样操控项目"

代建服务质量体系
将代建服务行为进行结构化分解,并建立服务动作标准和服务评价体系,让好服务有标准可循,成为可衡量的专业力、生产力

委托方服务白皮书
为委托方提供详尽的代建服务使用说明,明确服务内容、流程和标准,协助委托方知晓参与项目开发管理的方法和技巧

图 4-33　金地管理"服务金三角"体系图

"企业的最终目标不是赚钱,而是提供价值。"为此,金地管理寻找能够衡量代建单位价值并得到委托方认可的综合性指标。金地管理结合自身超 200 个项目的经验,总结了三个核心指标:满意度调研得分、复订率(可复订机会成功率)、在管项目解约率。这三个指标分别代表笔头投票(满意度)、真金白银投票(复订率)和用脚投票(解约率),共同构成了对代建单位价值的全面评价体系。当价值真正得到认可时,这些指标将呈现"两高一低"特征:高满意度、高复订率、低解约率。

2024 年,金地管理的委托方满意度平均分高达 4.63 分(满分 5 分),复订率高达 84.6%,在管项目解约率仅为 2.75%,充分证明了其服务质量和价值代建理念的有效性(图 4-34)。近三年,金地管理平均每年收到 40 封以上委托方感谢信,进一步彰显了其卓越的服务能力和市场口碑。

两高一低
印证委托方认可与信赖程度的关键业绩指标

高满意度	高复订率	低解约率
4.63	84.6%	2.75%
2024年金地管理委托方满意度平均分（满分5分制）	2024年金地管理可复订机会成功率	2024年金地管理在管项目解约率

图 4-34　金地管理关键业绩指标

四、优秀代建项目

案例1　　　　商住类——西安金地·玖峯悦

4.0"空中绿院"，西安品质人居范本

国港玖峯悦项目位于西安国际港务区奥体板块，占地面积约3.5万平方米，总建筑面积约12.3万平方米，总户数620户，是金地管理进入西安后的第三个代建项目。项目采用天空院10大创新设计，融合人文社区、无边界空间、智能服务等院落生活体系，打造城市层峯奢享的高净值生活圈。项目一经面世，引起市场高度关注，逆势热销，项目售价高于同区域竞品15%，创区域价格标杆。

图 4-35　金地·玖峯悦项目

金地·玖峯悦作为产品和销售"双冠王",在产品上以首创西安人居4.0时代标杆、连续荣膺"2023缪斯设计金奖"与"2023TITAN地产奖金奖",并以领冠市场的热销实力,成为西安今年首个达到摇号开盘标准的项目,实现区域量价双收。

项目成功的要点如下。

(1)精准定位,前瞻布局。在项目前期沟通中,金地管理通过深入的市场调研及专业研判,为委托方提供了周到的前期服务及科学的产品开发方案。在签约后,项目团队立即对奥体北拓板块的价值进行深入挖掘,结合区域及项目定位进行设计优化。

(2)匠心筑造,美学呈现。优秀的品牌立足优质的产品。项目为金地"峯"系列产品,在设计中融入了人文健康、自然生态等理念,在港务区首提第四代人居概念,打造出奥体首款6米"挑高"悬浮院,形成垂直"空中绿院",打造全幕瞰景视野。

(3)营销创效,树立标杆。项目营销团队借助宣传端多渠道营销,通过产品爆点在线上发酵不断扩大低成本传播,形成自发引流效果;并且深挖板块价值和产品价值,让项目最终实现了"营销突围"。

(4)成本优化,高效管控。在成本创效上,在保证品质前提下,将重点投入与节约紧密相扣,施工过程中,项目团队研访业主及准业主核心关注点,通过施工措施优化和外立面涂料优化,为委托方实现了成本结余。

(5)品质保障,细节考究。金地管理从前期策划、技术交底、样板引路、防渗漏操作指引、实测实量等全方位严格把控全过程质量,极大提升了项目品质并实现提前推进各项重要节点。项目的成功,获得委托方的高度赞誉。

案例2　　　　商办类——深圳湾超级总部C塔

粤港澳湾区巅峰之作，标杆性总部服务中心

深圳湾超级总部C塔项目是深超总开发的重点公建项目之一，也是金地集团承接的首例商办项目全过程工程咨询服务。金地团队携手国内结构设计咨询界的权威机构——广州容柏生建筑结构设计事务所（简称RBS），以联合体形式进行投标，为业主和项目提供品质服务。深圳湾超级总部C塔项目，位于深圳市南山区深超总核心区位，是深湾都市核心区三个超高层地标之一，项目总用地面积3.6万平方米，总建筑面积约55万平方米，建筑高度393.2米，是集办公、商业、酒店、文化、交通市政、公共服务等功能于一体的企业总部、国际组织和机构服务平台。项目地下交汇多条城市及城际轨道线路，与地面建筑及交通设施共同形成片区双塔超高层地标TOD综合体，成为标杆性全球500强总部服务中心。

图4-36　深圳湾超级总部C塔

项目综合考虑人力资源情况、设计管理目标、技术复杂程度等多方面因素，采用了金字塔的"三级管理体系"和矩阵式的"多方协同"的"IPMT"一体化管理模式。委托方引入全过程咨询（金地+RBS）、方案单位ZHA、LDI深总院、交通顾问MVA、机电顾问WSP、结构顾问RBS、商业文化设计LEAD8、景观设计D+H等众多一流的国内外优质设计咨询资源，共同组成了一体化、专业化的项目管理团队。在此基础上，金地团队实行多项举措，确保项目工作高效推进。（1）建立专家咨询会机制，充分利用行业专家资源，对重难点设计成果进行把关，提供强有力的技术支持。（2）系统性优化例会制度，将设计例会固化为如下四类：PCM-项目协调会，拉通项目信息，整体跟踪项目进度，解决各机构间工作协调问题；DCM-设计协调会，就专项设计工作做研讨，推进重点设计专项突破；设计管理周例会，进行设计管理工作协调并确定下周重点工作事项及会议铺排，保障设计管理工作有序开展；单专业设计例会，分专业定期开展单专业例会，确保各专业设计工作高效推进。项目的高效推进获得了委托方深圳湾区城市建设发展有限公司高层领导的高度评价。

第六节　龙湖龙智造：以龙湖智慧智造未来城市

企业名片：智慧营造领航者

一、发展历程

龙湖龙智造是深度契合未来城市高品质、数字化、强运营的发展趋势，在"一个龙湖"生态体系内生长出的智慧营造品牌。龙湖龙智造集成龙湖集团全业态开发经验及行业领先的数字科技能力，以"龙湖智造未来城市"为理念，面向未来城市发展提供全业态、全周期、数字化的"一站式解决方案"，致力于成为"智慧营造领航者"。

自2022年品牌亮相以来，龙湖龙智造已与包括大家投控、中铁城投集团、清华大学、中国东方、蚂蚁集团、未央城建等在内的央国企、地方平台公司、AMC、保险公司、科技企业技高校等行业机构建立了良好合作关系。

凭借领先的综合实力，龙湖龙智造也荣获了中指研究院"2024中国房地产代建运营优秀企业"TOP10、"2024中国房地产代建领先品牌"TOP5等多项殊荣，持续助力智慧城市营造，赋能未来城市发展。

龙湖龙智造——智慧营造领航者，将以龙湖智慧，智造未来城市，创造美好生活。

二、经营状况

依托龙湖30余年的建造及运营经验以及行业领先的数字科技能力，龙湖龙智造2023年实现营收19.7亿元，同比增加66%；深耕布局北京、成都、天津、上海、苏州、南京、重庆、合肥、杭州、昆明、济南等20余个核心一二线核心城市，发挥"一个龙湖"生态协同效应，不断为客户创造超额回报。

进入2024年，龙湖龙智造持续高质快速增长。龙湖龙智造全年新增代建类项目60个，总建筑面积800万平方米；截至2024年底，已累计获取代建类项目150个，总建筑面积超2400万平方米。在管销售业态项目中，全年累计销售达106亿元，持续为委托方创造价值。

根据中指研究院最新发布的榜单显示，龙湖龙智造2024年全年代建销售额位列行业TOP6。

三、创新发展

1."一个龙湖"生态优势

依托"一个龙湖"生态，龙湖龙智造协同商业、长租公寓、物业服务等多航道生态资源，为客户提供从开发建造到运营的全周期服务，以终为始，实现客户价值最大化。

例如，2023年3月27日，龙湖龙智造与南京能谷能源产业发展有限公司达成开发管理合作协议，在南京市江宁区麒麟科创园打造商业综合体项目，龙湖龙智造为项目提供代建服务。

图 4-37　南京麒麟天街效果图

该项目建成后将引入龙湖旗下的天街品牌，凭借龙湖强大的商业运营及物业管理核心能力，提供丰富的全生命周期资产管理，从多维度赋能智慧建造，以空间创新提升资产回报。

2."五业务飞轮"战略协同

龙湖龙智造聚合五大业务"飞轮"：龙智研策、龙智建管、龙智设计、龙智精工、千丁数科，以完整的战略生态，为客户提供定位策划、开发管理、虚拟建造、装配式精装、数字孪生等一站式的服务，图4-38。

龙湖龙智造五大业务"飞轮"有机地相互推动与协同，助力未来城市营造。

（1）龙智研策，专注项目前端研判策划，围绕资产回报的投资逻辑、城市运营策划布局、龙湖专业化城市空间规划能力及CIM数字化呈现能力，为客户提供更专业的定位、产品、操盘、收益咨询，擘画城市发展的"全景蓝图"。

（2）龙智建管，以高品质、优成本、数字化的核心优势，提供客研、研发、运营、工程、供应链、营销、客服等七大智慧管理服务，赋能全业态、全周期开发建造。通过强大的集采能力和供方生态营造能力，龙智建管能够实现全周期成本管理，为客户创造超额回报。

（3）龙智设计，作为行业领先的全量BIM正向设计咨询机构，依托全周期"5M虚拟建造"重塑整个设计过程，将BIM信息模型从方案伊始贯穿至建筑全生命周期，推动效率和质量提升，助力未来城市不同业态空间的落地。

图4-38 5M虚拟建造产品

（4）龙智精工，以设计、集采及建造一体化服务体系，为客户提供全周期智慧建造。依托装配式"6+N"产品体系（图4-39），装配式核心模块与分业态选配模块的搭配组合，龙智精工构建起覆盖全业态场景的装配式精装体系，实现 EPC 综合管理提效 20%，整体工期缩短 20%~30%，助力客户提升价值。

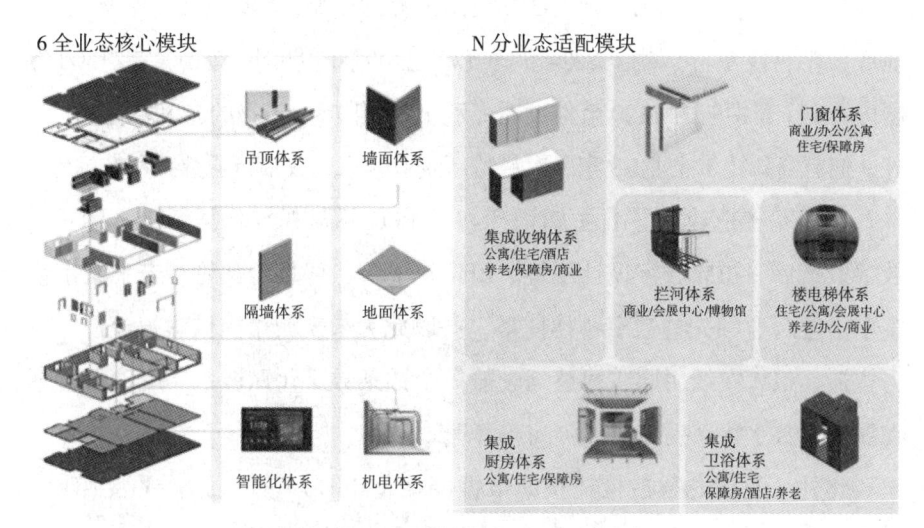

图 4-39 装配式"6+N"产品体系

（5）千丁数科，以 BIM、数字孪生、AI、IoT 四大技术为核心，在智慧城服、数字商业、数智园区、智慧社区、智慧建造等业务场景提供整体解决方案，用数字技术来给空间和服务赋予生命，为各类空间提供技术创新产品和新商业模式，激活创新发展新动能（图 4-40）。

图 4-40 千丁数科"4+N"智慧空间科技产品矩阵

3. 数字科技基座，智造未来城市

受益于龙湖在数字科技领域超百亿元的长期投入，龙湖龙智造构建起行业领先的 GIS、BIM、AIoT、大数据、图形算法引擎、XR（VR+AR+MR）等地产数字科技集群。截至 2024 年，龙湖已申请 15 件国际专利、超 1500 件国内专利（其中包含 1100 余件发明专利），每年持续申报的专利数超过 300 件，拥有高新技术企业 13 家、专精特新企业 4 家，成为行业数字科技高地。

龙湖龙智造建构了自主知识产权的 LFC 龙湖 BIM 数据标准、10 万+数字资产库、BIM 数字设计系统、BIM 云平台、智慧驾驶舱、未来城市数字孪生等行业领先的数字科技体系，并以此为未来城市提供虚拟建造、实体智造、BIM 在线协同、智慧驾驶舱等全链条数字化赋能，实现项目管理在线化、数字化，提高业务协同与管理效率。

此外，龙湖龙智造依托空间数据网格（MSD）、智慧运营平台（IOC）、社区服务平台（NSM）等数字化产品，通过模型全周期管理、CIM 全要素管理、物联感知、增强现实引擎、空间大数据等数据融合系统，串联线上线下的人、空间、服务，为智慧城市运营提供数字化赋能。

四、优秀代建项目

案例 1　　　　　　　　成都西璟台

□ 项目概述

成都市美联蜀房地产开发有限公司（以下简称"美联蜀公司"）于 2021 年 9 月 23 日向郫都法院申请破产重整，2023 年 8 月 28 日美联蜀公司重整计划草案获法院批准。该项目重整计划中，成都市郫都区菁汇创业投资有限公司（以下简称"菁汇创投"）作为重整投资人联合成都龙湖龙智造工程建设管理有限公司（以下简称"龙湖龙智造"），采取"共益债+代建及代销支持"模式参与"美联蜀"破产重整项目。该项目是龙湖龙智造首次联合国有企业通过"共益债+代建及代销支持"模式参与破产重整项目，为处置存量不良资产探索了新的路径。

□ 重整计划实施进展

1. 工程进展

项目于2024年1月31日取得《建设工程施工许可证》，整体项目拟于2024年12月31日前完成竣工备案，完成竣工后根据政府要求时间节点进行交付。

2. 销售进展

西璟台实体展示区和售楼部已于2024年8月30日盛大开放，4个月来也在持续热销中，到访、销售量均大幅领先市场竞品。

与此同时，自取得《预售许可证》以来，与前期代建业主开展了转签收款工作，截至2024年12月31日，277户代建业主已办理230户，协助二期业主领取资料并办证完成76户。

图 4-41　西璟台项目

□ 项目服务亮点

龙湖龙智造在代建盘活过程中，通过服务模式的创新，重塑价值，包括选品、开盘、销售等，重新找回项目的节奏感、口碑、声誉，实现权益方等多方共赢。

1. 模式创新

该项目是龙湖龙智造首次联合国有企业通过"共益债+代建及代销支持"模式参与破产重整项目，为处置存量不良资产探索了新的路径。

2. 社会民生效益

该项目被列为成都市市法院依法适用破产程序化解房地产停工项目矛盾纠纷领导小组第二批试点项目，并作为第二批试点项目中首个复工复建项目，获得市委、市委政法委高度认可。

项目停工至今7年有余，涉及未收回债权的债权人852家，未办理房产证、销售但未交房的住宅（含车位）857套，涉及企业、百姓1700余户（次），对债权人造成极大损失。通过此次破产重整，可使已销售房产完成交付及取得产权证，同时预计可将刑事退赔债权、工程债权、担保债权、职工债权、社保税收债权全部清偿，并对普通债权达到一定的清偿率，全力助力保交楼、保交付。

3. 经济效益

截至2024年12月31日，项目累计到访5278组，日均到访近50组，连续4个月郫都区到访量第一；项目累计销售619套，蝉联9—12月郫都区销售第一名，有效地助力资产盘活和价值权益兑现。

☐ 经验总结

1. 研发设计端

纾困项目产品往往比较陈旧过时且难以调整，产品底线控制相比产品价值提升更为重要。

针对美联蜀项目三期无法调整总图、业态、立面、户型、景观、动线、示范区、施工图和现场的困局，项目通过对原施工图纸风险地毯式排查，设计产品底线甄别，共梳理和解决131条规范风险类问题，36条设计缺陷类问题，23条验收类问题，并沉淀资料风险自查清单，为未来烂尾纾困类项目的盘活提供借鉴。

2. 工程实体端

纾困项目往往都是烂尾数年，工程实体质量评估和按图施工核对尤为重要。

针对检测鉴定，在进场前需对已建工程部分需提前聘请有资质的第三方单位进行检测鉴定，以及对项目自身和周边情况做好证据保全工作。检测鉴定的结果对工期的铺排和成本的扰动都会带来极大的影响，如检测鉴定结果为承载力不足，则需考虑结构加固，从而铺排后续工程进展。

3. 证照资料端

纾困项目的资料缺失是常见问题，但更是难以解决的"头疼"问题，资料混乱却难以下手，而从已取得的证照先作为切入点可以尽可能避免遗漏。如项目已取得施工证，但未取得预售证的情况下，除了需核对施工证之前所需的国土证、工规证、图审合格证等证照是否齐全以外，还需逐一排查各证照所需的要件资料。根据缺失资料的情况，项目也需积极寻找主管部门获取支持和解决路径，从而快速推进纾困项目的开展。

案例2　　　蚂蚁集团全球总部（二期）

❑ 项目概述

2024年3月，蚂蚁全球总部二期设计方案揭开神秘面纱，效果图惊艳亮相。连同一期的A空间，两个项目总体量达58万平方米。

图 4-42　蚂蚁全球总部二期设计方案

蚂蚁全球总部二期总建面约26.5万平方米，园区紧邻茶山，顺应原始地形铺陈开来，结合本地植物营造蚂蚁绿廊、蚂蚁森林、花园屋顶等绿色景观。中间一条蚂蚁绿廊将园区一分为二，更高效地布置办公区、访客中心、综合服务中心、员工餐厅、活力HUB等功能。该项目由龙湖龙智造提供代建服务。

2024年9月，蚂蚁全球总部二期成为中国首批测评通过的16个零碳建筑项目之一，也是浙江省首个和唯一获得零碳建筑设计预评价认证的项目。

❑ 项目服务亮点

1. 产品设计深化，引领全球总部标杆

通过对标全球顶尖总部办公园区，龙湖龙智造在蚂蚁总部二期项目的圆环形建筑进行了优化，提升了通透性，展现了蚂蚁集团的开放、包容的企业文化，并与杭州的城市特色相呼应。

针对交通路线，龙湖龙智造与蚂蚁集团充分沟通，建议连通一期、二期园区进行整体考虑，围绕车行、人行及地库动线进行优化，在出行更高效基础上，也极大地缓解周边特别是上下班交通压力。此外，二期项目中的蚂蚁绿廊将提升员工办公体验感及舒适度，实现高效办公。

值得关注的事，在低碳园区建设方面，龙湖龙智造依托龙湖集团过往的成功实践经验，计划将为蚂蚁全球总部打造全国首个零碳活动中心及六认证园区，预计年节碳量超1600吨。

2. 基于BIM的虚拟建造，沉浸式产品体验

项目创新使用数字化设计生产方式，通过VR虚拟点评、BIM虚拟建造、产品协同审核平台等三大数字化能力工具，助力全过程减少设计变更，确保设计效果高品质呈现。

（1）产品协同审核平台：开展扩初、施工图线上评审，蚂蚁团队、集团各专业专家、项目全职能团队、顾问团队共同参与，可同时在线且意见共享，累计提出3000余条图审意见，提升图纸质量。

（2）BIM虚拟建造：方案阶段BIM提前介入，验证全量空间的层高净高，优化地下室设计；出具设计阶段、施工图阶段BIM碰撞报告、三维模型及管综图、施工前100%虚拟建造验证，有效地减少施工建造期变更，确保设计效果高品质兑现。

（3）建筑VR点评：依托VR技术，高精度的模型还原和展现，让客户在建造前沉浸式的体验建成以后得"真实空间"，通过虚拟点评技术累计点评处理优化九个关键问题。

… / 中国房地产代建行业发展蓝皮书（第3版）

第七节　中天美好·光影管理："1+N"服务体系赢双业主信赖

企业名片：多维赋能型代建专家

一、发展历程

中天美好集团有限公司（简称"中天美好集团"），国家一级房地产开发资质，成立于2004年，隶属中国500强企业——中天控股集团有限公司。中天美好集团定位为"产品与服务领先型的美好生活服务商"，深耕长三角经济带和西安、乌鲁木齐、长沙等重点城市，积极拓展"地产+"，业务延伸至物业服务、代建管理、长租公寓、商业运营、装配精装等见图4-43，2023—2024年连续两年荣获"中国房地产公司品牌价值TOP30"称号。

图4-43　中天美好集团业务布局图

中天美好集团于全国保障房建设浪潮中，受临安经济开发区管委会委托，首次代建青山湖安置房项目，开启代建管理篇章。作为代建领域的先行者与稳健发展者，2010 年组建事业部，2020 年成立光影管理子公司，彰显其在代建赛道坚定前行的决心。

随着代建行业的蓬勃发展，房企纷纷入局，行业竞争加剧且集中度提升。2023 年，中天美好·光影管理实现新签规模超 200 万平方米，同比增长超 10%，在保障房代建基础上，实现公建项目代建、产业园代建等多维度业务突破，彰显其综合竞争力和持续发展能力。

发展至今，光影管理累计代建管理面积超 1000 万平方米，专注于政府代建、商业代建、全过程咨询、造价咨询、城市更新和乡村振兴等领域，致力成为完善公建配套、提升产业集群及多维度全咨赋能的综合代建服务商。

二、业务模式

中天美好·光影管理的业务领域包括三大代建业务和两大咨询业务，其中代建业务以保障房、城市更新、政府公建等为主的政府代建，以资本代建纾困、保交楼和私企代建为主的商业代建，以村级留用地开发和乡村振兴为主的其他代建。咨询业务则包括全过程咨询和造价咨询（图 4-44）。

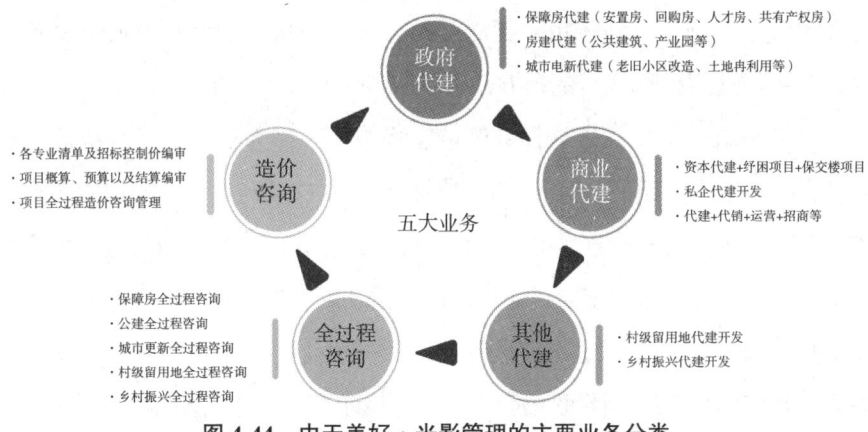

图 4-44 中天美好·光影管理的主要业务分类

数据来源：中指研究院综合整理。

1. 政府代建守初心，高标准成就高品质

自2010年起，中天美好集团便在代建市场崭露头角，承接了杭州青山湖大园新城、谢村安置房、金华二七新村棚户区改造安置房建设等多个政府代建项目。2020年专业子公司光影管理成立后，持续深耕政府代建领域，以品质践行社会责任。

例如，由中天美好·光影管理代建的天万、万常社区安置房二区及东湖社区安置房项目均获"2023年度浙江省杭州市建设工程西湖杯奖（优质工程）"。两个项目均以创建标化工地，优质结构工程，西湖杯为目标，运用光影管理"精细化管理"标准，坚持样板先行、事前策划交底、事中监督落实、事后总结提升，确保施工品质。同时凭借"1+N"服务模式有效提升业主方满意度，获得业主单位及各级主管部门领导的高度赞赏。

2. 精研城市更新之路，助力乡村振兴新发展

随着城市化进程的加速，城市更新成为提升城市品质、改善居民生活的重要途径。基于利好政策的频繁出台，城市更新项目数量持续增加。目前，中天美好·光影管理已在城市更新、乡村振兴等领域进行深入探索和业务实践。在城市更新领域，已深度参与金华婺城区酒园片区城市更新项目、笕桥街道明桂社区苑的提升改造工程等。

以笕桥街道明桂社区苑提升改造工程为例。作为安置房与经济适用房相结合的老小区，该项目对天庐苑、明桂苑、明桂北苑、明桂南苑四个小区进行改造。在项目改造过程中，中天美好·光影管理贯彻公司管理制度及优秀施工工艺、做法运用在项目前期设计优化及后期施工中；充分挖掘社区历史文化，对各个区块因地制宜进行改造，得到业主及社区群众的赞扬。比如，天庐苑小区（原铁路职工经济适用房）的口袋公园，景观廊架等部位增加铁路文化元素，让居民有高度归属感；明桂社区（明桂苑、明桂南苑、明桂北苑）施工中吸纳居民诉求，聚焦外立面真石漆、架空层活动区、小区绿化及大门门楼全铝板装饰等改造，使项目施工完成效果趋近商品房标准。

图 4-45　笕桥街道明桂社区苑项目提升效果图

3. 多元业态拓展，赋能代建业务新跨越

凭借敏锐的市场洞察力，中天美好·光影管理积极拓展产业园区、公共基础设施及商业办公等新业态领域的代建业务。

公建型和产业类代建项目是光影管理重点关注的领域。自 2023 年下半年至 2024 年期间，光影管理先后签约了江山小微企业产业园、杭州华云科创园、安吉两山梦想产业园等产业型代建项目。特别是安吉两山梦想产业园项目，不仅实现了代建模式与当下流行的 EOD（绿色生态办公区）相融合，同时项目采用超低能耗建筑设计，建成后项目将成为国家级科技企业孵化平台，推动绿色低碳、无界共享的生态园区建设。

光影管理积极涉足公建配套类项目，目前已签约金华婺州之心和东莞市儿童科普教育基地等代建项目，为当地经济和社会配套注入活力。如东莞市儿童科普教育基地，总用地面积超 50 万平方米，以其综合性生态型儿童成长空间的设计理念，为全龄段儿童提供科普教育与活动参与的平台。

4. 全面推进咨询板块业务，拓展业务版图

在积极拓展代建业态类型同时，光影管理大力推进全过程咨询业务和造价咨询的发展。天台螺溪村项目作为光影管理代建的全过程咨询典型案例，采用了1+X+N模式，通过项目管理、监理和造价模式，为项目提供了全方位的专业支持。

集结中天美好专业骨干力量，光影管理造价咨询业务在全国多点开花，足迹遍布浙江省各市区、湖南长沙、新疆乌鲁木齐、陕西西安、河北唐山、安徽全椒、江苏南京、徐州、淮安、宜兴等地，与大家、海威、西房等房企合作，屡获业主单位和合作伙伴的高度赞誉。

团队专业从事建设工程全过程咨询、工程概算、预算、结算、竣工结（决）算、工程招标代理服务、政府采购招标代理、代建咨询等服务。凭借中天美好20多年咨询业务实践经验和雄厚的技术力量，为客户提供优质、高效、多方位的造价咨询服务。

三、服务体系

1. 服务体系：深化"1+N"服务体系，八大优势赢得双业主信赖

秉承中天美好集团"真心缔造美好生活"的企业使命和光影管理"管理成就品质，用心创造美好"的企业愿景，中天美好·光影管理持续迭新服务体系，不断丰富"1+N"服务体系内涵和外延，运用精准的策略和专业的服务，创造出有序、标准和相互依存、共同成就的服务理念。

在不断完善"1+N"服务体系过程中，中天美好·光影管理整合聚焦八大服务：需求赋能、资源支持、定制服务、人才配置、智荟建造、运营管控、满意度保障和增值发展。

其中，需求赋能体现为光影管理基于市场研判与客户需求制定个性化代建策略；资源支持则为代建项目提供涵盖产品力、技术团队和专利技术等全产业链资源支持，保障项目全程的品牌、管理与资源整合。

定制服务则是光影管理为委托方提供量身打造的多元化解决方案，满足客户个性化需求。委托方的一份委托是信任基础，后续"N项"工作内容及服务均由光影管理提供一站式服务。

图 4-46　中天美好·光影管理"1+N"全过程服务

人才配置上，光影管理组建高服务力与执行力的专家代建团队，借助人才盘点体制与能力模型提升专业技能。智荟建造则引入中天领先的工程技术体系、新技术新工艺，提升项目质量和效率。运营管控中，光影管理实施全面的大运营管控体系和质量监督系统，完善运营管控、品质管控和风险管理，确保项目按照既定目标和高标准顺利进行。满意度保障方面，重视客户的满意度，通过专业第三方机构飞检、产品工程条线交付前巡检、考核评估等方式持续改进服务质量，确保客户的需求和期望得到满足。增值发展则是光影管理提供项目全生命周期的增值服务，根据项目规模和需求扩展服务体系，包括销售、精装、前后期物业服务等。

2."π型人才"强团队，执行端的品质保障

在将好产品更好地落实过程中，管控体系和执行团队缺一不可。因

此，中天美好·光影管理独创"π型人才"培养、管理体系，培养员工横向整合跨域能力以及第一专长、第二专长的开发，加强企业认同感和团队凝聚力，提升个人能力、促进部门协同。

图4-47　2024年光影学院成立

光影管理在发展过程中，积累经验并构建标准化、体系化的人才引进与考核流程，同时将企业文化、品牌理念、团队协作、专业技能的融合其中。2024年成立的光影学院，进一步提升员工专业技能与管理能力，通过系统课程培养员工品牌服务意识，增强专业技术实战和统筹协调管理能力，使其成为一专多能的复合型人才，为公司长远发展提供人才保障，以适应市场及代建模型新发展需求。

四、未来展望

破局房地产新态，固本拓新强品牌。在未来的发展中，中天美好·光影管理将秉持专业创新精神，深耕政府保障房代建业务，稳固既有优势根基；同时，积极拓展产业园区、公共建筑与城市更新等新兴代建领域，注入发展新动力。同时，深化"1+N"服务体系至C端市场，实现从B端到C端服务链条的有效延展与价值提升，以多元业务布局和服务优化塑造企业在代建行业更为卓越的市场地位与品牌形象。

五、优秀代建项目

案例　安吉两山梦想产业园（国家级科技企业孵化器）

2023年11月，中天美好·光影集团与安吉县产业投资发展集团有限公司签订安吉两山梦想产业园建设工程委托合同，承接湖州首个全过程代建开发项目，对集团极具战略意义。该项目是浙江省"千项万亿"重大项目，投资11.2亿元，建筑面积14.9万平方米，建成后将作为国家级科技企业孵化平台投入使用，为安吉创业人才提供低成本、便捷化的创业孵化服务。

❑ 项目背景：以产业集聚区公共服务平台建设推动区域经济发展

安吉作为"两山"理念诞生地、美丽乡村的发源地和绿色发展先行地，近年来深入实施"人才强县、创新强县"战略，创新环境吸引众多青年返乡创业；与此同时，安吉县"十四五"发展规划提出：提质升级五大产业平台，规划建设六大专业产业园，统筹布局小微企业园、科创园、孵化园，全面推进"园区外无企业"，安吉两山梦想产业园建设工程在此背景下应运而生。

❑ 代建环节：速度与品质协同共进，精研产品雕琢，双向赋能客户满意度提升

1. 高效运作：既快又好展风采，优秀项目树标杆

中天美好·光影管理围绕项目目标实现度和客户满意度，"搭班子、定战略、建机制"，入场一周内完成策划管控，制定管理规划大纲及实施规划，迅速推进各项工作，包括委托服务单位开展设计与咨询，组织联合体施工方进行现场准备，实现场内场外同步推进。

2024年1月春节前夕，在签约两个半月则落地了用地规划、工规、

施工许可证，施工现场同步完成桩基工程30%，土方工程50%；正月初十召开全年攻坚启动会，提出"锚定目标、大干快上、平零封顶、穿插提效"的指导思想，并明确各月工作安排，促进设计、采购、施工交融交叉；6月完成地下室±0工程；10月完成主体结构封顶，较原计划提前45天。

该项目备受关注，安吉县电视台与湖州市《看见》栏目相继播报了《安吉两山梦想产业园项目开足马力抓进度，争分夺秒抢工期》《跑出项目建设"加速度"》等报道，彰显出中天美好·光影管理的高效建设组织能力与工程管理体系。

2. 第四代产业园区：多元复合形态，引领现代工程服务新趋势

安吉两山梦想产业园的产品定位为"第四代产业园区"，即适配各类企业规模与租赁形式，打破传统制造单功能局限，根据客户特定需求匹配打造集办公、园区展示中心、人才公寓和商业配套等复合业态，整体办公面积占比82%，配套面积占比18%，符合未来生态园区的核心要求。

在项目建造中，中天美好·光影管理于微观层面聚焦产品与成本分配，严控结构性成本，合理运用功能性成本，着重投入敏感性成本以塑造高端产业园区形象。比如，加大投入外立面玻璃幕墙、公共部位精装修、园林景观、智能化工程等敏感性成本。

在项目施工中，中天美好·光影管理采用第三方飞检，定期巡检，专项巡查、评估等形式多频次、多维度检查评分来保障品质。2024年半年度通报中，安吉两山梦想产业园项目成绩优异，吸引了业主方与住建部门组织多个项目交流学习。通过一系列严谨且有效的管控举措，该项目成功实现了质量目标（冲击钱江杯）和安全文明目标

（创建省标化工地）。

> □ 经验总结：以匠心精神塑造品质代建，赋能城市发展高度对位
>
> 在安吉两山梦想产业园全过程代建中，中天美好·光影管理切实从委托方、业主的角度出发，满足双方的需求，依托中天全产业链提供增值服务。在项目的把控上，光影管理不仅做到严控品质、及时交付，同时在成本管控、品牌打造、增值服务等诸多方面，以项目口碑的沉淀，提升中天美好·光影管理代建的品牌影响力，为代建业务发展赋能。
>
> 在总结安吉两山梦想产业园全过程代建经验的基础上，中天美好·光影管理将强化与区域城市发展的契合度，积极探寻代建业务与产品的转型之路。借由全过程代建管理服务的精研锻造，从单纯工程管理迈向核心价值传导，达成与客户核心及优势资源的交互重塑，推动城市产业生态价值链的高质量、可持续发展。

第八节 腾云筑科：科技服务力引领代建新模式

企业名片：中国领先的科技型城市发展服务商

一、发展历程

腾云筑科成立于2020年12月，是世纪金源集团旗下，集金融资本、不动产开发服务、产业生态聚合、科技创投于一体的综合性资产管理公司。以科技服务力建设为主体，股权基金和资本代建为两翼，创造更多城

市科技应用场景。致力成为中国领先的科技型城市发展服务商,以科技筑美城市,成就幸福人居生活。

2020—2021年,腾云筑科成立之年。形成了创业者精神和合伙人基石的底层逻辑。

2022年,筑科发展元年。一体两翼战略目标逐渐清晰,重资产逐步向轻资产转变,代建版块规模化发展,与四大AMC合作,形成共赢的商业模式。与当代置业进行深度合作,同时对科技的先导性有了更深维度的认知,并更加关注科技应用。

2023年,筑科模式进阶年。"共同进化"战略发布,明确一体两翼,即资本代建为主体,股权基金与科技赋能为两翼,达成代建基金科技的商业模式共识,成立基金科技平台,并发布科技型轻资产代建战略。截至2023年,形成在管规模超千亿元。

2024年,筑科深度变革年。坚定"新一体两翼",以科技服务力为主体,股权基金和资本代建为两翼,创造更多城市科技应用场景。轻资产模式让筑科成为一家由创业精神、创新自驱、流量思维和利他服务能力驱动的公司,并连续获得"2024中国房地产代建运营优秀企业""2024中国房地产代建领先品牌TOP10"等殊荣。

二、经营状况

1. 业务模式

腾云筑科明确以科技服务力为主体,股权基金和资本代建为两翼。在代建领域中,致力于成为最具科技创投标签和资本引领的优秀代建运营企业,用创新模式和差异化实现品牌代建、资本代建、纾困代建、政府代建的行业占位。实现思维破圈,突破传统地产开发业态,面向城市空间激活和城市未来发展领域,进行突围和落地,在行业新形势下,实现多方共赢,彰显服务价值。

腾云筑科在明确战略愿景下,将金融资本、不动产开发服务、产业生态聚合、科技创投作为四类战略业务。

(1)金融资本服务。

腾云筑科平台与国内外顶尖银行、基金、信托、AMC公司建立密切战略合作伙伴关系,依托腾云资本体系、世纪金源母基金支撑,可提供广泛且灵活金融资本服务。

产业基金服务:针对产业园及城市更新项目,联合上下游金融资本,提供基金导入、融资设计、基金管理、资产证券化、公募REITs等相关信息咨询支持和财务顾问服务。

资产纾困服务:针对面临现金流困境项目,通过增量资金引入及与AMC及其他金融机构合作,为项目提供资金盘活服务。同时可以基于腾云筑科母公司信用能力,优化融资成本,提供灵活金融纾困服务组合。

金融投资服务:依托腾云筑科基金平台矩阵,直接参与项目投资,提供GP管理服务,寻找价值标的,挖掘价值洼地,同时可针对项目实际诉求,提供多元化服务组合。

综合融资服务:在CMBS/CMBN、供应链金融ABS、公募REITs、地产基金、产品代销等方面,为企业提供全方位、多层次、多元化的综合融资服务。

(2)不动产开发服务。

腾云筑科在全国主要增长极储备大量地产开发、产业运营、商业运营顶尖管理团队,并拥有极具市场竞争力的品牌能量。

品牌代建:在住宅开发、商业开发、健康养老、科技产业、文旅小镇等,输出腾云筑科品牌矩阵,并根据企业对其持有物业的开发建设诉求,提供具有专业性、规范性、高效率及特色化的品牌代建服务,提升项目价值。

纾困代建:与面临资金链压力公司合作,为处于资金困境项目提供资金支持。合作方式包括股权合作、融资代建服务、担保代建服务、品牌代建服务，盘活困境资产。为处于管理不良的项目，输出一流管理体系、管理体系及管理人员，盘活经营困难的各类产业。为缺乏拳头IP及产品的项目，提供一揽子优质资源组合，并通过资源倒入撬动相关政策倾斜，实现项目良性运行。

政府代建：基于城市发展诉求，提供一揽子代建及运营服务，包括房屋建设、产业园及商业建设及运营，提供具有竞争力的产品成本控制、产品设计、产品工程管理、项目招商、运营管理、物业服务等一系列服务输出。

（3）产业生态聚合。

依托金源投资生态及项目、行业生态资源汇聚，聚合产业生态。

集团产业生态聚合：汇聚集团旗下所投资的四大航道资源，通过各类载体，形成生态链接。

建筑科技生态聚合：通过一阶段的代建与二阶段的多类产业载体，汇聚国内领先的建筑科技生态。

文商娱人文生态聚合：依托金源项目与生态资源，汇聚全国先锋的、能为城市商业、文娱等场景赋能的新型文商娱体验生态。

科技智创生态聚合：围绕高精尖、数字经济等国家高度重视的产业方向，汇聚一批能够在城市产业空间发展中起到产业链引领的链主企业、服务企业。

（4）科技创投。

腾云筑科聚焦对城市产业空间发展有较强赋能作用的产业核心标的进行投资，占领优质赛道，为生态聚合形成引领作用。

腾云筑科将实现资本代建向综合性资产管理公司的进阶，形成新资管、新科技、新生态，三力融合的价值创造闭环，筑美城市、创造幸福。

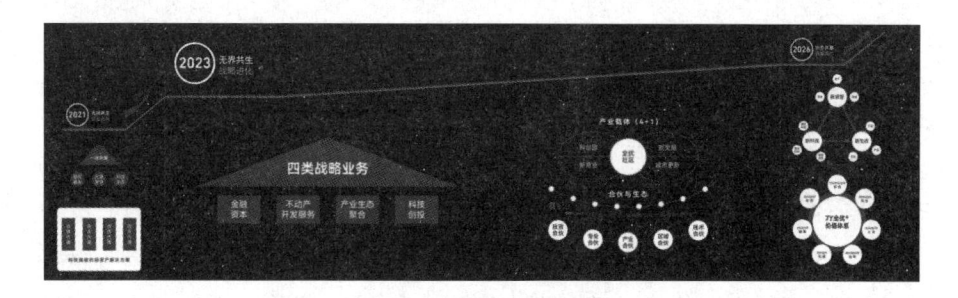

图 4-48　腾云筑科三力融合价值创造闭环

2. 城市布局

腾云筑科深耕一线城市及强二线城市，已进驻北京、上海、广州、深圳、西安、长沙、武汉、苏州、南京、无锡、温州、济南、佛山等地，目前已布局全国 16 省 45 城，在管项目达 60+。

从新签规模看，2022 年，腾云筑科实现签约面积 363 万平方米。2023 年，实现签约面积 1127 万平方米，其中商业代建签约 1102 万平方米，政府代建签约 25 万平方米。截至 2024 年，实现签约面积为 865 万平方米，其中商业代建签约 457 万平方米，政府代建签约 408 万平方米。

从累计管理规模看，截至 2024 年 12 月 31 日，腾云筑科实现累计代建业务签约面积 2989 万平方米。

从营收及盈利看，面对不断变化的市场，腾云筑科持续优化战略方向及经营策略，积极拓展服务边界，实现核心业务的稳步增长。2022 年，腾云筑科实现收入 1.2542 亿元；2023 年，实现收入 1.3296 亿元，净利润 0.5347 亿元。

三、创新发展

腾云筑科以科技服务力为主体，股权基金和资本代建为两翼，致力于成为一家由创业精神、创新思维、流量思维和利他服务能力驱动的轻资产资管公司。拥有强大的"5T核心竞争力",即:强劲的金融资本服务力、领先的科技赋能产品力、综合的产业生态聚合力、全链条数字资管运营力、共生共赢的新合伙机制。

CAPITAL强劲的金融资本服务力——依托世纪金源集团平台实力,建立腾云筑科股权基金生态,实现"不动产基金+科技生态投资基金+持有型物业运营基金"组合,建立资本矩阵,和AMC机构、银行、信托等形成战略合作,并以此基础为服务对象提供更为灵活的股权投资、债权融资及基金服务的金融资本生态。

TECHNOLOGY领先的科技赋能产品力——在空间科技的运营方面,科技涵盖建筑科技、智能科技和数字科技,腾云筑科拥有业内领先的绿色科技品牌腾云当代及其旗下关于绿色建筑、健康建筑、LEEDND和WELL等系列专利技术和认证。同时在科技创投方面,数字科技和互联网科技方面也将逐步落地。此外,腾云筑科专注于科技赋能建筑与城市人居,以7Y全优+产品价值体系"科技+人文+无界+共生+健康+领潮+生态",引领城市发展新模式与幸福人居生活。

图4-49 腾云筑科"7Y全优+产品价值体系"

腾云筑科的科,是刻在基因里的图腾。通过建筑的科技改变生活,数字的科技保障落地,无限的科技持续发展。始终以"科技筑美城市"为企业使命,专注于以科技赋能建筑与城市人居。

INTEGRATION综合的产业生态聚合力——依托世纪金源集团幸福产业

生态圈，以理念创新和空间设计创新为核心竞争力，聚焦产业IP再生孵化聚合与模式创新，实现科技智创类产业IP和人文生态类产业IP整合导入。

DATA全链条数字资管运营力——线下提供"投、融、建、管、退"全过程管理服务，包括从项目投融资、建设、运营到项目退出各个阶段的解决方案；线上拥有全产业数字流程与运营平台，以BOS系统融合AI，构建数字空间全生命周期操作系统。

PARTNER共生共赢的新合伙机制——以成人达己、成己为人的立业原则，以"共生、共担、共创、共享、共赢"为核心理念，致力于寻找优势互补、志同道合的合伙人，建立起拥有创新投资合伙、产业合伙、专业合伙、产品和服务技术合伙、区域合伙等各种不同类型的合伙阵容，集智共创实现创业理想。

四、优秀代建项目

案例	广州天河源筑

天河源筑，作为腾云筑科在广州首个标杆项目，择址于天河核心圈，距珠江新城约4.5千米，太古汇、天环、K11、IGC等核心商圈、超10家顶级商场、五星级酒店举手可得，畅享繁华都会生活。此外项目占据环五山创新策源区核心，华工、华农、暨大、华师4大高校总部环伺，与高校教授院士为邻，数百所科研所、研究院等集聚，学术氛围浓厚，坐拥近万亩高校后花园，稀缺自然氧吧。

拥有独一无二生态资源的天河源筑，以无界科技理念打造健康共生社区，打造广州罕见全屋分户式七恒气候系统科技人居范本，综合考虑当下人居痛点，以科技筑造幸福空间。从框架、到管线、到系统，皆以让建筑更永续为基调，以保证住宅性能和品质的规划设计、施工建造、维护使用、再生改建等技术为核心，以及实用新型工业化体系与集成技术管线分离的设计，形成灵活多变格局，让具有弹性的空间、人性化的工艺、经久耐用的家，护佑不同阶段生命成长。

全屋七恒气候系统，一键解锁恒温、恒湿、恒氧、恒静、恒洁、恒智、恒怡七大功能，让原本冷冰冰的房子做到有温度，知冷暖，会"呼吸"。如图4-50。

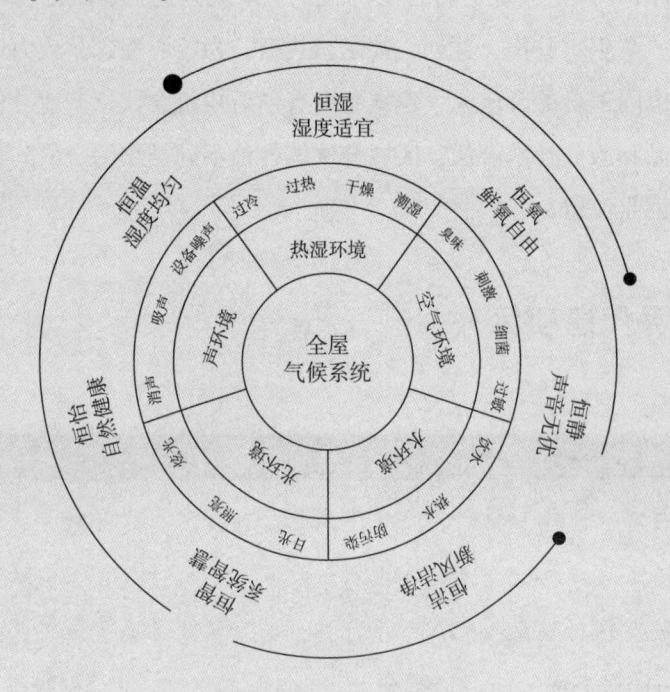

图4-50 天河源筑全屋七恒气候系统

天河源筑多手段实现恒温环境，3、4栋使用全屋中央空调，1、2、1A栋使用健康末端恒适系统，温度均匀传递，通过变流量、变水温技术，系统智慧运行。结合外窗中空Low-E玻璃和结构保温系统，阻隔大多数红外线以及有害的紫外线，让室内全年保持健康舒适21~26℃的人居温度环境，做到真正四季如春。

第四章 中国房地产典型代建企业及项目案例 / 237

此外，配备除湿新风系统，智能温湿分控运行，室内全年保持在30%~60%的人居健康湿度范围。独立置换式新风系统，全屋空气置换0.8~1次/h左右，时刻保持室内空气鲜氧。其中1、2、1A栋采用地送顶回形成新风流动场，可做到下送上排，轻松置换通风。

天河源筑还精心在厨房配置了高效补风系统，烟机启动即可自动打开小窗户进行补风，加上独立的厨房空调，全方位解决厨房油烟困扰。户式安全独立新风机系统，拥有新风滤网双重过滤，隔绝空气中灰尘颗粒PM2.5杂质、过敏原、霉菌孢子，将室外污染空气过滤后送进来的同时，结合"恒氧"系统将室内污染气体排出。另外，天河源筑深知睡眠质量的重要性，在客厅和卧室门窗安装高性能节能门窗，同时采用卫生间同层排水、楼板层间隔音做法，让室内生活环境静谧如林。

天河源筑因地制宜，分户设置四重过滤软化水处理系统（前置过滤器+中央净水+中央软水+末端直饮水），结合零冷水系统，直接过滤细菌病毒、无机盐、重金属、水垢、微生物、有害物质等，可直饮健康弱碱性水。

真正的科技住宅，便捷至关重要，无需多次调控，手机一键操控屋内一切，还可以通过智能终端实时监测室温、湿度、PM2.5、甲醛等环境数据，或是一键设置多种生活场景（如访客、归家、离家、睡觉等场景）。

天河源筑，以无界智联，延伸未来科技社区无限边界。

第九节　凤凰智拓：全产业链赋能一站式服务

企业名片：专业创造效益、管理提升价值

一、发展历程

凤凰智拓建管公司传承工匠精神和管理经验，整合社会优质资源，以"专注的态度、专业的能力、专属的服务"为客户创造价值，实现合作共赢。

凤凰智拓建管公司的业务包括"政府代建""商业代建""资本代建""管理咨询"四大类。2024年凤凰智拓建管公司新签约代建面积800万平方米，位列中国房地产代建企业新签规模排行榜第10名。

凤凰智拓凭资源优势及专业能力，持续稳步发展，并荣耀行业多项荣誉，包括：

·荣获中指研究院"2024年中国房地产代建运营优秀企业"

·荣获中指研究院《2024年1~9月中国房地产代建企业新签规模排行榜》第6位

·荣获中指研究院《2023年代建销售规模排行榜》第6位

·太湖熙湖云邸项目荣获中指研究院评选"2024年1~9月中国房地产优秀代建项目"

·韶关顺朋十里江山项目荣获中指研究院评选"2023年中国房地产优秀代建项目"

·荣获"2024年中国房地产代建企业新签规模排行榜"第10位

·欢创集团总部大厦项目荣获中指研究院2024年中国房地产优秀代建项目

二、经营状况

1. 业务模式

凤凰智拓建管公司的业务包括"政府代建""商业代建""资本代建""管理咨询"四大类，服务于政府机构、城投公司、资管公司、民营房企等各类客户。合作的项目涵盖了居住物业（住宅、安置房、公租房等），城市配套（教育、文化、酒店、医疗、商业、综合体、城市更新等），园区基地（科技产业园、写字楼，训练基地等）。

凤凰智拓建管公司凭借经验丰富、专业精湛的开发管理团队，为客户提供从项目策划、设计监督、成本控制、集中采购、进度规划、质量监控、安全保障到市场营销等各个阶段的专业管理服务，并特别提供数字化转型的专项支持，构建覆盖全周期、一站式的综合服务生态平台。

2. 业务布局

凤凰智拓建管公司的业务覆盖黑龙江、辽宁、河北、山东、河南、四川、江苏、广东、广西、陕西和海南等省份和自治区。截至2024年12月，在管代建项目覆盖全国20个城市。

3. 经营规模

截至2024年12月，凤凰智拓建管公司已累计承接代管代建项目达201个，累计管理面积1868万平方米。目前在管代建项目近40个，在管开发面积近733.85万平方米，在售货值约300多亿元，覆盖全国20个城市。2024年1~12月，凤凰智拓建管公司新签约代建面积800万平方米，位列中国房地产代建企业新签规模排行榜第十名。

三、竞争优势

凤凰智拓建管公司拥有其独特竞争力，一直获得合作客户的认可。

1. 全域服务能力：纵横南北，覆盖全国

凤凰智拓建管公司拥有资深专业开发管理团队，业务范围覆盖全国31个省/自治区/直辖市，超1400城镇，熟悉各地开发报建流程。在一二线城市，凤凰智拓建管公司能够提供差异化的代建服务；在三四五线城市，凤凰智拓建管公司具有独特的经验沉淀和服务队伍，是一个懂市场和客户的代建企业。

2. 价值创造能力：卅载积淀，匠铸精品

☐ 高效率

凤凰智拓建管公司能够为委托方提供项目全周期各阶段的专业管理服务，包括投资策划、设计管理、成本管理、集采管理、计划管理、质量管理、安全管理、营销管理等及数字化赋能专项服务。

凤凰智拓建管公司前置40项沟通工具，快速争取最优设计条件；设计53个标准设计计划节点，保障设计进度；具备"星府云天"四大产品体系及标准库，提升设计效率。同时，搭建大运营数据管理平台，进行计划运营、质量安全管控与检查评估，并提供售后服务。

☐ 产品力

凤凰智拓建管公司对规划、建筑、装修、景观、门窗、亮化、智能化、导视系统、物业管理进行各条线充分交圈，减少错漏碰缺；对建筑、装修、景观等方案中客户敏感性材料进行封板定样管理，保证设计还原度；对展示区、样板房、交标板房等关键节点进行把控，确保设计品质落地。

凤凰智拓建管公司所开发的多个项目荣获鲁班奖、广厦奖、各类设计大奖。其中，保定高新鲁岗北商务中心项目荣获中国建设工程鲁班奖；广西贺州碧桂园中央公园、陕西凤凰城豪园、宁夏银川嘉誉里等项目荣获国家广厦奖。

□ 成本力

凤凰智拓建管公司具有行业领先的成本管理体系，能够精准制定目标成本和做好过程管控，在成本合理的前提下确保项目最优品质。

凤凰智拓建管公司对10类指标进行限额设计管理，从设计源头有效管控成本。在产品成本方面配置将10个专业分140+模块精细化分档分级管控配置。通过成本大数据平台，做到前端锁目标、过程控动态、末端折成本，始终保持成本意识，让资金都用在刀刃上。

3. 全产业链优势：一站服务、高协协同

□ 提供一站式服务

凤凰智拓建管公司业务涵盖设计、施工、家居、园林、智能化、监理、商管、酒店、投资、教育、物管、资金策划等全产业链增值服务（图4-51）。

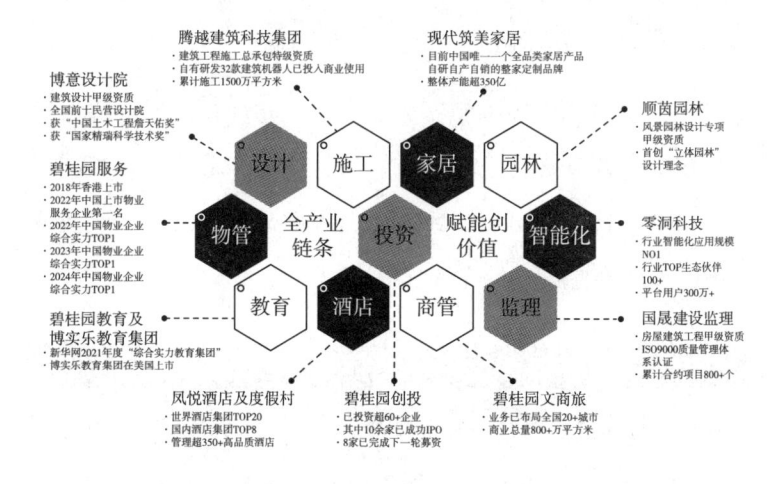

图 4-51 公司全产业链服务

□ 高效的内部协同

凤凰智拓建管公司拥有丰富的全产业链供应商资源，各产业链服务无缝对接，成熟的沟通机制确保高效协同。

四、优秀代建项目

案例1　产品力突出项目：广东韶关翁源十里江山花园

韶关十里江山项目代建类型为资本代建，委托方为资方，服务模式为全过程开发管理。该项目物业类型为商品住宅，占地面积80亩，总建面达16万方。

图4-52　韶关十里江山项目

凤凰智拓建管公司协助资方提前介入，并进行深度市场调研、科学定位。前置与政府进行多轮沟通，在地块挂牌前落实对资方最优的条件。产品设计阶段利用一二线豪宅项目的设计手法、三四线城市的成本水平，力求对竞品形成降维打击。

案例2　服务力突出项目：广东佛山新翼花园

广东佛山新翼花园项目为佛山顺德北滘镇人才保障房，委托方为地方国企，服务模式为代建+代销。该项目占地面积84亩，总建面达23万方。

图 4-53　佛山新翼花园项目

项目团队在拿地前期就全面介入，争取到最优规划指标落地，并合理利用政策，支付一半土地款，降低投资方自有资金投入。拿地当天即获取施工证，预售证入件当天即获取。

第十节　璀璨管理：只做精品的非典型代建之路

企业名片：中国领先的不动产创新服务商

一、发展历程

1. 创立背景

璀璨管理集团自 2008 年起步，历经 15 年不动产行业锤炼，参与开发建设项目超 300 个，拥有行业最卓越的全业态项目开发运营能力。自 2016 年创建璀璨联盟，不断吸纳行业顶尖人才，打造职业经理人"黄埔军校"。凭借自身在不动产全周期管理核心环节的专业能力，自 2018 年开始布局轻资产管理咨询业务，为众多合作方创造可观价值，吸引了众多社会资源的青睐。璀璨管理正式创立的标志是2021年正式成立轻资产管理公司。

2. 各发展阶段及重要节点

图 4-54　璀璨集团发展结点

2011年：起于福建，单盘管理。

2016年：精研产品，销售首破百亿。

2017年：城市深耕。璀璨管理团队进行组织裂变，通过高周转深耕全省，当年销售额突破200亿元。

2018年：冠领福建，管理输出。团队能力受到一致认可，开创合作开发新模式，广泛开展小股操盘及代建代销，实现全省9地市全覆盖，当年销售额破500亿元。

2019年：快速发展迈向全国。凭借高效管理能力及团队韧性，充当集团全国化发展排头兵，走出福建，进军京津冀、大湾区、长三角等国家级城市群，在全国打造50个标杆项目。

2020年：千亿地区立足湾区。璀璨管理团队发展为三个地区公司，管理项目遍布长江以南。骨干团队立足福建及大湾区，年度销售额破千亿；涉足资产盘活、城市更新等业务板块，广泛服务于小型上市房企及区域政府。

2021年：正式布局轻资产。准确把握行业趋势，基于团队能力提出轻资产发展策略，筹备专业化轻资产平台，当年拓展总代建面积150万方。

2023年：团队品牌化。轻资产业务开展，团队服务能力进一步加强，响应市场号召，进行团队品牌运作，输出璀璨管理品牌，更好的服务各方。

2024年：共建共赢：提出"非典型代建之路——只做精品，一年只做10个项目"。强代建，精运营，可制胜。

二、经营状况

1. 业务模式

集团核心业务涵盖全过程项目管理、专业咨询和专项咨询，在设计管理、工程管理、成本管理、营销策划、商业招商运营、物业管理、特殊资产管理等多个领域拥有行业最顶尖的管理及专家团队。

代建业务模式主要为商业代建，包含高科技企业超级总部及产业园、新媒体超级总部、珠宝城项目、城市更新改造项目、商业奥特莱斯项目、五星级酒店项目、高端改善住宅项目、养老地产、绿色建筑等。

2. 城市布局

紧随国家战略，深耕核心城市群：长三角城市群、长江中游城市群、关中平原城市群、北部湾城市群、海峡西岸经济区、粤港澳大湾区、京津冀城市群、成渝城市群。

代建业务范围涵盖：累计进入省/直辖市14+，城市30+个（北京、天津、广州、深圳、东莞、佛山、杭州、三亚、西岸、宝鸡、长沙等）。

表 4-1　　　　　　　　　　璀璨管理代建城市进入情况

城市群/经济区	省份	城市
长三角城市群	安徽	合肥、黄山、全椒（滁州）
	浙江	杭州、衢州、宁海
长江中游城市群	湖南	常德、郴州、长沙
	江西	南昌
关中平原城市群	陕西	宝鸡、西安
北部湾城市群	海南	海口、乐东、三亚
	广西	桂林、南宁
海峡西岸经济区	福建	福州、福清、建瓯（南平）、龙岩、宁德
粤港澳大湾区	广东	广州、深圳、东莞、佛山、茂名
京津冀城市群	北京	北京
	天津	天津
	河北	唐山
成渝城市群	四川	崇州（成都）
其他	云南	丽江

3. 经营状况

表 4-2　　　　　　　　　　璀璨管理住宅类项目代建业绩

	年份	业主类型（政府城投、企业）	年总代建面积	年代建总货值
近年住宅类项目代建业绩	2021	企业	149.8 万平方米	231.6 亿元
	2022	企业	204.8 万平方米	158.5 亿元
	2023	企业	12 万平方米	6.8 亿元
	2024	企业	192 万平方米	136.7 亿元

三、创新发展

1. 特色共建

房地产代建行业正从单一的建造管理向多元化、专业化、全周期服务方向发展，未来，代建行业将更加细分，璀璨管理敏锐地捕捉到行业细分趋势，推出璀璨共建模式。璀璨共建以业务托管及共建共营为主要形式，主要解决非房地产公司的地产业务管理及综合复杂业态的建设运营痛点，以极大的业务弹性满足目标委托方的全面共建需求。

在共建模式下，璀璨管理提供基于专业可信赖的管理罗盘，在项目开发全周期与委托方进行共同管理。管理过程中璀璨管理充当领航员角色，随着项目的推进委托方项目管理团队也可以得到专业提升。

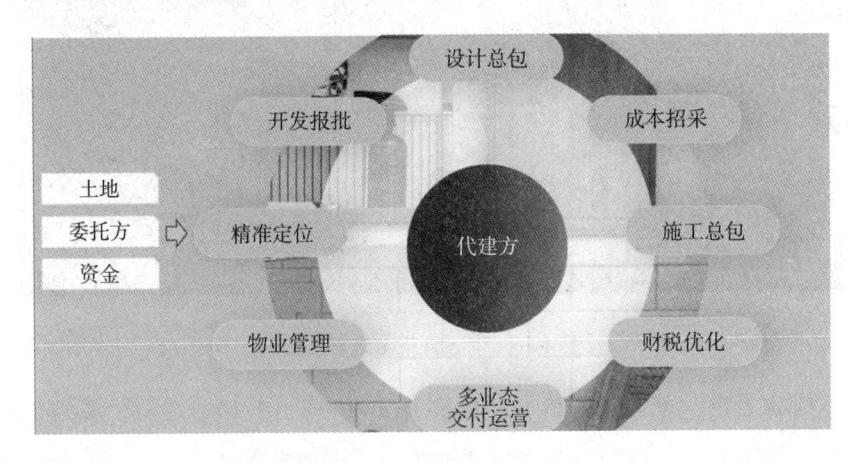

图 4-55　CCM 共建模式

而针对非房地产公司的地产业务，璀璨管理逐步摸索出类似业务托管的共建方案。璀璨管理核心管理团队进驻企业房地产板块，担当专业把关角色，协助委托方完成管理体系构建、管理标准制定，并进行具体的业务评审把关，从根本上帮助委托方构建专业化的地产管理能力。

璀璨管理共建模式依靠其灵活性及针对性，已在持续为委托方创造可观价值。

2. 服务优势

璀璨管理核心管理团队多次经历行业周期，积累了全面的操盘能力及管理经验，拥有不动产全业态领先经验。结合多年管理经验，可在项目前端确保项目 80% 的价值创造,以前端深入管理为矛,以过程管理为盾,最终实现项目经营目标。

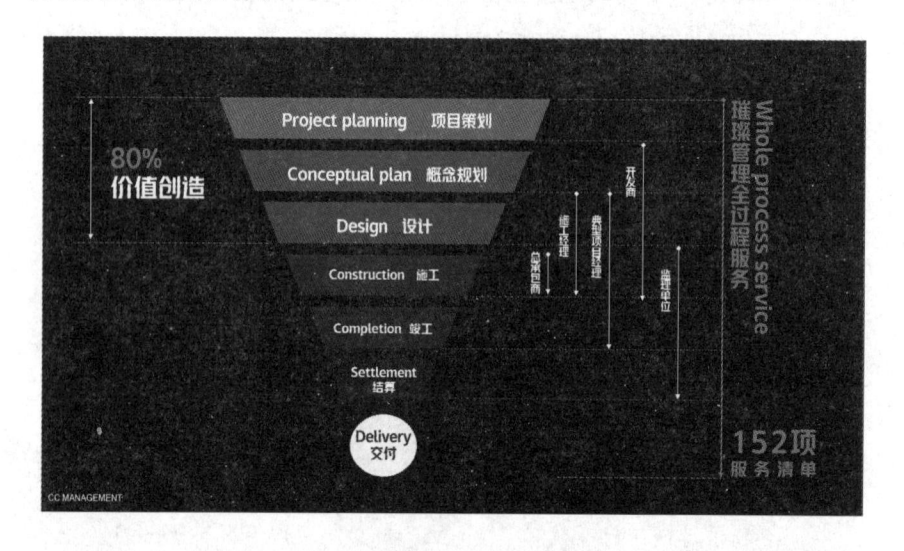

图 4-56　璀璨管理全过程服务

精准策略:璀璨管理核心团队拥有 300+ 项目的操盘经验,覆盖传统住宅、低密大盘、主题商业、高端酒店、城市地标等业态,可为共建项目提供精准的策略指引。在住宅业态策略方面,深入结合片区发展特点及土地资源禀赋,挖掘项目潜在价值;在低密大盘策略方面,结合属地规范及区位条件,以创新产品及精准配套引领市场;在主题商业方面,融合璀璨管理自营商业经验及行业洞察,在商业日趋饱和的市场背景下实现特色主题商业突围;在高端酒店方面,凭借丰富的酒店规划、建设、管理经验以及广泛的酒店品牌资源,给出高适配性的领先方案;在城市地标方面,璀璨管理依靠 300 米以上的地标规划及打造经验,可为对应项目提供前瞻性策略。以上各业态的精准策略能力来源于璀璨团队的项目历练,更来源于璀璨人对策略制胜的卓越追求。

精研产品:璀璨管理产品力的实现在以下三个环节表现得尤为突出:一是策划环节,二是设计环节,三是营造环节。在这三个环节中,有三种核心能力贯穿其中，即卓越的产品策划能力，优秀的设计管理能力，出色的资源整合能力。产品力的实践在设计管理环节尤为重要，承接产品策划落地，进行方案的落地，输出到下游部门完整的设计成果，是决定项目成败的关键。璀璨管理高度重视项目设计方案评审环节，全职能贯穿式的设计评审体系，打破原有的设计单条线评审模式，将成本，营销，工程一起纳入其中，追求客户价值最大化和项目整体价值平衡。

精细成本：根据委托项目的总体经营目标，以委托方确认的项目目标成本为管理目标，在项目实施过程中，以委托协议和璀璨管理高标准、严执行的成熟成本管理制度为原则，可以匹配委托方的定制化成本管控体系，发挥璀璨管理成本管控优势，对委托项目全成本进行前端精准策划、过程主动管控、实时成本风险预警机制和成本考核等一系列管理活动。通过流程标准化，合约标准化，操作规范化等标准化管理动作，实现精准成本管控能力，提供优质供应商，实现产品适配成本，确保产品品质和进度的落地，实现项目经营效益。

资源优势：璀璨管理凭借丰富的资源积累和行业影响力，与国内外领先的设计、工程、咨询、商业资源建立了全面的战略合作，可为不动产开发全周期提供的全专业资源，以行业内突出的服务能力，最大化为委托方创造项目价值和经营效益。

四、优秀代建项目

案例 1　　　　杭州无忧传媒总部项目

项目坐落于杭州萧山经济开发区的核心地段，由璀璨管理为无忧传媒专属定制总部基地，项目团队致力于将其打造为浙江省的标杆之作。

在项目规划上，璀璨管理凭借丰富的项目管理经验，结合直播产业特点，规划了新媒体孵化、虚拟直播研发、直播场景搭建、体验中心、路演及选品中心等多元化功能区域，并配套餐饮零售、文化展示、运动健身等裙房业态。

面对复杂施工条件，包括北临地铁和西侧高压电路通道，璀璨管理综合考虑安全性、经济性和施工周期，选择了最优基坑维护方案，为业主创造了显著经济效益。

在建筑设计上，项目外观充满科技感，外立面采用矩阵模块设计，裙房和连廊配备LED和透明屏幕，彰显活力。同时，项目遵循绿色环保理念，达到国家绿建二星标准，配置雨水回收系统和太阳能光伏板。挑空大堂和人性化休憩空间的设计，更营造出简约惬意的氛围。

案例2　　　　　　　　　　荆州璀璨奥莱项目

项目位于荆州市沙市洋码头，是首个长江码头工业活化购物公园。项目由璀璨管理联合荆州城投公司合作建设，由璀璨管理进行商业运营，将打造成为荆州潮玩新主场。

项目原址为荆州江滨老工业区，近年政府完成了对江滨工业区的更新改造，形成了休闲新场景，但缺少商业内容。璀璨管理经过考察后，认为该空间适合打造为带有城市记忆要素的购物公园。最终确定以休闲乐活为主的业态定位，并积极引入各类品牌，其中荆州首店占比20%。

此外，针对目前扶老携幼的家庭出行模式，解决老人、小孩午睡需求、缓解普通公园的卫生间焦虑是项目在服务规划方面的首要关注点。为此，公司按照行业标准的两倍设置了卫生间及休息座椅，确保随时解决燃眉之急。此外，在客服中心设置多功能服务室，满足老人、小孩临时小憩，及工作人群紧急会议的需求，让家庭出行无后顾之忧。

项目的开业实现了"工业锈带"向"生活秀带"的华丽转身，璀璨管理特色共建，通过精准定位、设计赋能、资源导入、高效运营等一系列动作，为此类闲置优质资产带来了真实的价值重塑。

图4-57　荆州璀璨奥莱项目

第五章

海外房企转型及代建模式研究

海外代建制模式兴起和发展时间相对较长，制度规范相对完善，相关研究也较为细化和成熟，实践经验较为丰富，对我国房地产代建行业发展有着重要借鉴意义。从海外理论研究方面来看，相关学者主要在代建制度规范、管理激励、合作评估等方面进行了深入的研究，从不同的角度对该模式进行了深入的探讨与分析；从操作实践来看，受国家制度及文化差异的影响，海外房地产代建模式各有不同，尤其政府房地产代建受政府体制及制度不同差异较大。

综合来看，海外发达国家的房地产代建已经处于相对成熟的发展阶段，尤其房地产金融属性突出，而我国房地产代建仍处于快速发展期，政府代建仍在不断改革完善和深度市场化，而商业代建刚刚起步，总体仍在摸索与学习进程中，因此学习和借鉴海外房地产代建经验对我国房地产代建发展具有重要的意义。

2021年以来，国家倡导房地产企业要探索新的发展模式，房企也积极转型升级。本书为积极响应国家倡导，除介绍海外房地产企业的代建模式外，还对典型海外房企转型路径亦进行探讨，供房地产企业借鉴学习。

第一节　海外房企转型研究

一、典型海外房企发展路径分析

1. 美国房企——霍顿公司

霍顿公司（D.R.Horton）是美国四大房产公司之一。公司1978年成立于得克萨斯州的沃斯堡，主营业务为住宅建设及销售，以及房贷发放等房地产相关的金融服务。1992年IPO后，霍顿公司积极扩大业务规模，将经营活动地理区域多元化，开拓新的市场，同时收购其他的房屋建造公司。霍顿的房屋建造活动大部分收益来自于销售完工住宅，少部分来自于销售土地。霍顿主要的金融服务收入来自于发布和销售抵押贷贷款，收取所有权机构发行和交割的业务费用。

霍顿公司的发展历程可以分为四个阶段（图5-1）。

把握资产证券化机遇	公司上市、高杠杆并购扩展	控制成本、强控土地风险	新市场机会、战略扩展
1978年成立 1980年成为沃斯堡最大的开发商	1992年上市 1996年纽约证交所挂牌 1998年销售额22亿美元 2005年销售额140亿美元	2007年次贷危机 2008年低价处理土储，以亏损换时间	扩大产品供给 扩大业务地域范围
起步阶段 （1978—1991年）	快递扩张阶段 （1992—2006年）	稳定发展阶段 （2007—2012年）	多元化发展阶段 （2013—至今）

图5-1　霍顿公司发展历程

数据来源：企业年报，中指研究院整理。

起步阶段（1978—1991年）：企业初步成立，把握资产证券化的机遇。70年代末到80年代初恰逢美国Q条例取消，利率自由化开始。"可变利率的按揭贷款"在各州推行，按揭利率大幅下降促进了。金融创新降低购房的成本和风险，需求暴增。1978年，美国现房销售达到创纪录的398.6万套，这个纪录一直保持到1996年。霍顿公司抓住历史机遇，迅速拓展房地产生意。到1990年代初，已控股25个新屋建造公司。从1978年到1991年，霍顿公司一直以家族企业形式经营，文化比较单一，决策速度快，这在初创期极大地利于公司在行业黄金时期抓住机遇。

快速扩张阶段（1992—2006年）：公司上市，高杠杆并购，外延扩张推动。1992年，霍顿公开上市，改制为股份制公司，并于1996年在纽交所挂牌。通过上市，霍顿公司从一个家族公司蜕变，借助资本的力量全国扩张。1991年企业上市后随即收购了25个前期公司，开始了外延并购之路。企业通过大规模并购扩张，1992—2005年，公司总共进行了17次并购，经营范围迅速从得克萨斯州延伸到东南沿岸、中大西洋、西海岸和西南地区。在此期间，企业销售额从1996年的5.5亿美元，增长至2005年140亿美元。

稳定发展阶段（2007—2012年）：成本控制，加强土地风险管控。面对沉重的债务压力，霍顿通过削减土地存货回收现金。一方面，企业出售多余土地和地块，减少土地支出；另一方面，签订地块期权合同以购买成品地块，降低土地所有权的风险。

多元化发展阶段（2013年至今）：把握新市场机会，战略扩张。二十世纪五六十年代美国出现了所谓"婴儿潮"，美国社会的中坚力量接近退休或者已经退休，但仍然充满活力，积极追求生活品质，成为市场强大的购买力。霍顿公司抓住市场机会，从1999年开始布局长者市场，提供新的住宅社区，以吸引广泛的入门级、升级、活跃的成人和豪华购房者。同时，霍顿公司创立了霍顿抵押贷款合资公司，提供抵押融资和附属服务（如所有权代理服务），通过金融手段协同主业。

霍顿在管理好现有业务的基础上，适当增加运营策略，围绕住宅拓展金融服务业。从业务发展的过程来看，霍顿从住宅起家，逐步巩固"开发与持有"的核心业务优势，并拓展"金融服务与租赁"延伸业务，实现业务体系的整合与完善。一方面，企业借助收并购树立业务优势，构建了企业一级整理与二级开发联动模式。另一方面，依托"霍顿"品牌优势，规划完善产品线，实现业务的系列化、标准化和品牌化发展，夯实核心业务板块。目前霍顿公司主要有四大业务板块，分别为住宅建筑、金融服务、租赁和其他业务。

2. 日本房企——住友不动产

住友不动产作为日本房地产市场中背靠财阀系的头部房企之一，其前身为住友财团旗下的综合房地产企业。1949年集团解散后，继承住友株式会社的不动产事业部成立，1957年企业更名为住友不动产株式会社。1990年住友不动产经营业绩达到历史顶峰，此后，受日本房地产泡沫和亚洲金融危机影响，1991年以来日本房地产市场进入严重衰退期，企业业绩增长放缓，通过出售不良资产改善企业经营状况。在消除实际损失之后，住友不动产提出了改革和资产负债全面复苏计划。1997年以来，住友不动产制定中长期发展战略，倚靠新兴的房地产证券化市场建立改变发展策略，增强房地产流动性，从而激活和促进房地产交易及市场循环扩张（图5-2）。

1st Plan 1997—2001年	2nd Plan 2002—2004年	4rd Plan 2005—2007年	4th Plan 2018—2010年
● 五年重建计划 ● 营收恢复业绩顶峰 ● 开展不依赖土地的业务投资	● 实现3年收入增长 ● 培育第四大支柱产业	● 实现3年收入增长 ● 房地产投资业务 ● 重点发展建筑业和房地产经纪业务	● 实现3年收入增长 ● 竞争优质地块 ● 财务均衡化

5th Plan 2011—2013年	6th Plan 2014—2016年	7th Plan 2017—2019年	8th Plan 2020—2022年
● 实现3年收入增长 ● 强化租赁业务	● 实现3年收入增长 ● 加强资金流 ● 发展多元化业务	● 实现3年收入增长 ● 加快发展租赁业务 ● 发展第五支柱产业	● 重点发展写字楼租赁业务

图5-2 住友不动产中期经营计划

数据来源：企业年报，中指研究院整理。

第一次中期经营计划（1997—2001年）。住友不动产启动五年业务重建计划，以期业绩重回巅峰。企业制定了在不依靠土地投资业务的前提下，发展定制建设及经纪业务，同时逐步平衡各业务领域的发展。该阶段强调四个发展目标，即停止土地投资业务、将现有的存货房地产转换成投资性房地产、注销不良贷款，以及减少有息负债。

第二次中期经营计划（2002—2004年）。住友不动产启动新三年增长计划，保持业绩持续增长。首先，企业强调建立稳定的财务基础，在利率上升的情况下实现持续盈利，同时将集团的有息负债降至营业利润的10倍。其次，在加强租赁、销售以及经纪业务的基础上，培育第四大支柱业务建筑业。

第三次中期经营计划（2004—2007年）。住友不动产制定三年快速增长计划，重点发展建筑业和经纪业务。首先，建筑业和经纪业对利润的贡献率提升1/3。其次，持续完善财务状况，有息负债降至营业利润的8倍，降低企业净资产负债率。最后，适当拓展收并购业务，为计划完成后的持续扩张做好准备。

第四次中期经营计划（2008—2010年）。住友不动产制定三年增长计划，实现收入和利润连续11年增长目标。首先，持续开展收并购业务，奠定业绩增长的基础。其次，改善财务结构，净计息负债与股东权益比降至2.0。最后，平衡租赁、销售、建筑以及经纪业务领域发展。

第五次中期经营计划（2011—2013年）。住友不动产制定三年收入和利润增长计划，业绩增长再创新高。受日本大地震、欧洲债务危机和日元强势升值影响，日本房地产市场持续低迷，企业灵活应对经营环境变化，目标强调重回收入和利润增长轨道，尽最大努力实现第五个中期经营计划目标。首先，保持营业收入的稳定增长；其次，日本大地震后，市场上对抗震和能抵抗断电等灾害破坏的建筑需求增多，住友不动产拥有该方面投资组合优势，企业提出强化租赁业务发展。

第六次中期经营计划（2014—2016年）。住友不动产制定三年营收和利润增长计划，三年累计利润提升至4000亿元，收入和利润再创新高。首先，在营收方面，实现营业与利润的同时增长。其次，在财务方面，增加内部储蓄和延长还款期，不断提升信用评级；最后，开展多元化业务，在现有的租赁、销售、建筑和经纪业务基础上寻找新的发展方向，开展新业务（拓展海外开发），寻求全新的行业发展领域。

第七次中期经营计划（2017—2019年）。加快办公楼发展步伐，巩固写字楼开发和租赁核心业务。首先，营收和利润增长超过第六次中期经营计划；其次，进一步加强东京中心城区的租赁业务发展，每年总建筑面积5万平方米。最后，打造第五支柱业务，全面提升定制住宅、出租公寓、酒店以及多功能厅运营能力。

第八次中期经营计划（2020—2022年）。重点发展写字楼租赁业务，培育成为业绩增长的主要动力。在维持现有增长水平的基础上，实现利润的大幅增长。首先，努力保持和提升公寓的产品规划与销售能力。其次，保持和扩大建筑部门、定制住宅建设以及房地产经纪等部门业务利润增速。

日本房地产泡沫破裂后，住友不动产在收入和效益上急剧下降。为了实现集团可持续发展，企业改变了资本密集的经营方式，从房地产开发业务向房地产服务业务转变，业务范围主要集中在租赁、销售、建筑和经纪四大业务上。租赁业务方面，以写字楼为主，企业以东京为中心，开发写字楼扩展其商业平台。销售业务方面，住友不动产以东京都市区为中心，进行住宅和公寓销售。建筑业务方面，一方面利用企业在开发写字楼和公寓方面的专业知识，在全国范围内提供先进、功能和有吸引力的设计定制住宅；另一方面利用老房子的基础和柱，翻新整个房子。物业管理业务方面，以二手房为主要服务对象的公寓管理(售后)服务。

3. 新加坡房企——凯德集团

凯德集团（CapitaLand）是亚洲最大的多元化房地产集团之一。凯德集团总部位于新加坡，其投资组合跨越多元化的房地产类别，包括综合开发、零售、办公、住宿、住宅、商业园区、工业、物流和数据中心。集团业务遍及40多个国家的260多个城市，以新加坡和中国为核心市场，同时继续在印度、越南、澳大利亚、欧洲和美国等市场扩张。自1994年进入中国以来，中国市场逐渐成长为凯德除新加坡以外的核心市场之一（图5-3）。

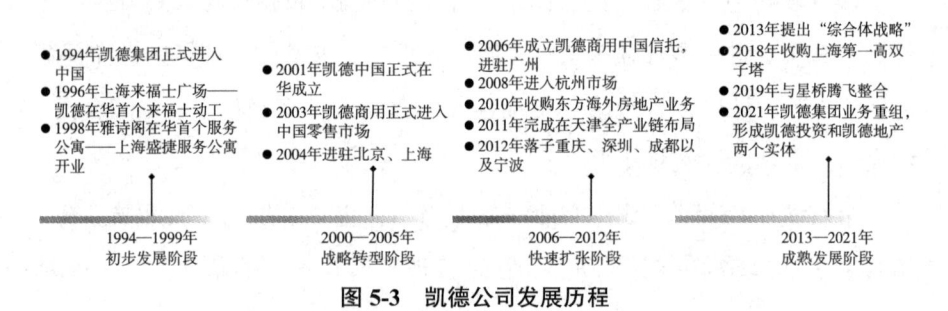

- 1994年凯德集团正式进入中国
- 1996年上海来福士广场——凯德在华首个来福士动工
- 1998年雅诗阁在华首个服务公寓——上海盛捷服务公寓开业

1994—1999年
初步发展阶段

- 2001年凯德中国正式在华成立
- 2003年凯德商用正式进入中国零售市场
- 2004年进驻北京、上海

2000—2005年
战略转型阶段

- 2006年成立凯德商用中国信托，进驻广州
- 2008年进入杭州市场
- 2010年收购东方海外房地产业务
- 2011年完成在天津全产业链布局
- 2012年落子重庆、深圳、成都以及宁波

2006—2012年
快速扩张阶段

- 2013年提出"综合体战略"
- 2018年收购上海第一高双子塔
- 2019年与星桥腾飞整合
- 2021年凯德集团业务重组，形成凯德投资和凯德地产两个实体

2013—2021年
成熟发展阶段

图5-3　凯德公司发展历程

数据来源：企业年报，中指研究院整理。

初步发展阶段（1994—1999年）。1994年凯德集团正式进入中国，以重资产运营为主，角色为开发商。企业成立初期，从事房地产开发及投资业务，其中住宅开发收入占总收入比重最高。

战略转型阶段（2000—2005年）。执行新战略，2000年，凯德置地提出了轻资产运营的基金化转型方案，这一战略重组规划成为凯德地产金融业务成功发展的基础。2002年，凯德推出新加坡首只上市房地产投资信托基金——凯德商用新加坡信托。以此为转折点，公司的运营战略和经营业绩出现明显变化。凯德能够实现"脱胎换骨"的变化，基金化的地产金融业务模式功不可没。随着凯德地产金融平台的扩大，国际化优势和亚太区的地产金融经验又为它赢得了更多的本土合作机会。

快速扩张阶段（2006—2012年）。大规模进军中国市场，将新加坡模式复制到中国。2003年获取北京上元项目，标志着大举进军中国住宅业的开始。2004年发起第一只中国资产私募基金，专注于住宅开发。2005年发起中国发展基金，收购35家购物中心。2006年将中国大陆的7个商场打包进入REITs(CRCT)，并开始有意识地使基金和REITs配对。2008年起基金名下的西直门MALL注入CRCT，标志着"REITs+基金"模式在中国复制成功。2009年，作为凯德商业地产运作平台，凯德商用在新加坡交易所分拆上市。此后，凯德商用在中国加速扩张，短短4年间，凯德商用通过一级土地市场或二级市场收购等方式，在中国市场就完成了37个城市布局，购物中心数量达到62个。

成熟发展阶段（2013年至今）。凯德调整策略，收缩三四线城市投资，将主力放在一二线城市。一方面，凯德在中国聚焦五大核心城市群。2017年，凯德在华新开业六大综合体，均位于五大核心城市群。公司将进一步强化在华五大核心城市群的业务布局和规模优势。2018—2019年间，凯德在中国新收购了约300亿元的项目，包括上海北外滩来福士项目、浦发大厦、广州科学城和增城地块、重庆两江春城，其中上海北外滩来福士项目斥资达128亿元。另一方面，企业多次抛售位于中国内地的商业物业。根据企业战略，凯德加大了一二线核心城市的投资。2018年，该公司向万科旗下商业地产平台印力集团，一次性抛售了20家购物中心，交易总对价为83.65亿元，其中15个为三四线城市项目。2019年，宣布抛售其所持有的全部建业地产股份，套现28亿港元。

凯德集团自持物业包括办公楼、购物中心、产业园区、工业及物流地产、商业综合体、城镇开发、服务公寓、酒店、长租公寓及住宅。2021年，企业进一步剥离开发业务，与凯腾控股实施集团业务重组，将凯德集团旗下的投资管理平台和旅宿业务整合为"凯德投资管理（CLIM）"（该公司已在新加坡证券交易所上市）。同时将集团的开发业务私有化，通过这一操作剥离开发业务使得上市平台进一步实现"轻资产"运营。

二、典型海外房企发展路径总结

美国房地产企业专注在其特定领域深耕，极少涉及多元化，其中建筑住宅商专注开发、房地产投资信托运营商依赖高杠杆，以及房地产管理与开发服务商专注咨询和估值业务。日本房企发展，以三井不动产为例，经历了从重资产向轻重并举的转型。新加坡房企，以凯德集团为例，实现了通过资产管理建设多元化综合平台的战略转型。总结成熟市场房企发展模式，将其分为美国的专注开发模式、日本的轻重并举模式，以及新加坡的资产管理模式，为国内房企探索新发展模式提供参考（图5-4）。

	土地持有	开发	建造	运营	投资	其他
美国		建筑住宅商（莱纳、帕尔迪、霍顿）			房地产投资信托运营商（西蒙）	房地产管理与开发服务商（CBRE）
日本		轻重并举综合开发财团（三井不动产、三菱地、住友不动产）				
新加坡		资产管理集团（凯德集团）				

图5-4　海外典型房企发展模式

数据来源：公开资料，中指研究院整理。

1. 美国房企：专注住宅开发

美国的房地产行业包括三个子行业：建筑住宅、房地产投资信托以及房地产管理与开发。值得注意的是，美国不同类型的房企专注深耕细分领域，极少涉及多元化经营。住宅建筑商专注开发，在保障自身低杠杆的同时通过专业化提高产品线标准、降低成本，提高周转增加盈利。房地产投资信托类企业则通过募资高杠杆、负债久期长、融资以固定利率为主的方式追求更高盈利，对金融依赖程度较深。

以美国住宅建造商中资产规模和市值最大的莱纳、帕尔迪、霍顿为例，坚定以住宅开发作为业务核心，新房开发销售业务收入占比保持90%

以上，并在不同市场阶段采取不同发展战略。增量阶段房企住宅开发的核心竞争力是规模和速度，增量存量并存阶段房企的核心竞争力是市场空间布局和产品变革创新。一方面，在房地产市场快速发展的情况下，成熟经济体龙头房企以层级更高、大经济圈的城市作为发展重要策略，以确保企业业务快速增长。另一方面，在趋于稳定的市场环境下，房企的竞争重心将逐渐从追求规模增长回归到为客户创造价值。以客户为导向的发展策略成为房企经营的重心。美国住宅建筑商的特点是：专业化、低杠杆、高周转。

（1）专业化。在美国，成熟房企加强对客户画像的深入研究，将家庭人数、婚配情况、子女情况、活跃情况等目标群体的特定生活方式与收入能力、消费需求等客户支付能力进行精准匹配，建立目标客户细分模型。将房屋设计、社区开发与各特定用户类群相结合，开发契合目标核心诉求的产品，并对不同人群进行精准营销服务，见图5-5。

支付能力	低端客户	中产阶级	高端客户	
家庭生命周期	青年立足	青年成家	中年持家	老年家庭
子女情况	丁克家庭	单亲家庭	成熟家庭	
教育情况	学前家庭	小学家庭	中学家庭	
家庭构成	青年一代	中年两代	老年三代	
购房动机	家庭居住	商务需求	后代需求	
活跃程度	空巢家庭	跨城家庭	活跃家庭	

图 5-5 美国房企购房目标客户细分模型

数据来源：公开资料，中指研究院整理。

（2）低杠杆。以霍顿为例，次贷危机爆发后，收入锐减超70%，资产负债率超66%，短期偿债能力极其薄弱。为应对危机，霍顿除直接出售土地回收现金外，选择采用部分回购外发债券以优化债务结构、利用期权锁定土储、兼营按揭贷款等方式充分利用金融工具，有效降低杠杆水平摆脱短期信用风险。

（3）高周转。一方面，美国头部房企致力于缩短土地持有年限，普遍通过标准化与规模化生产提高周转效率，并依托专营生产住宅部件工厂进一步缩短建设周期。美国头部住宅建筑商目前基本实现当年销售、当年回款、当年结算。另一方面，在行业下行阶段，选择聚焦中低端客户群体的置业需求。由于其客群价格弹性高可利用促销方式快速去库存，从而保障企业整体收益。

2. 日本房企：轻重并举

日本财团经济发达，房地产企业综合开发、业务协同促进成为了主要特点。日本头部房企开发业务仍保持规模，持有型业务稳步增长。随着存量时代的来临，高度依赖都市圈发展的日本房企很难通过区域扩散来对抗周期风险。因此，向轻资产服务延伸从而拓展新业务增长点成为日本房企穿越周期的共同特征。轻资产模式以运营能力为核心，在投资机构参与下，从而打通"投资建设、运营管理、投资退出"整条产业链，充分利用外界资源，减少自身投入，从而提高盈利能力。日本房企业务模式的特点是：全产业链覆盖、存量房业务（图5-6）。

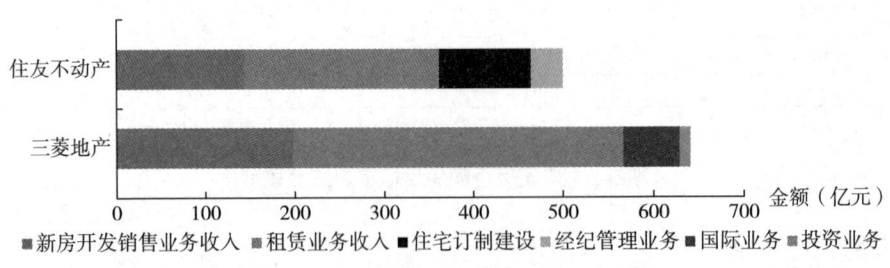

图5-6　日本头部房企业务布局及收入情况

数据来源：企业年报，中指研究院整理。

（1）全产业链覆盖。三井不动产除了传统的重资产开发业务外，还经营代建、销售、租赁、管理等轻资产业务，形成轻重并举的综合模式。一方面，通过代建业务贡献大量存量房客户资源，并帮助增加经纪业务和物业管理的收益。另一方面，在物业管理、经纪业务等多个纵向服务的基础上横向囊括住宅、商业、酒店、物流等多个业态，从而实现价值链上的突破，发挥集团综合优势。

（2）存量房业务。随着日本城市化进程的结束，新房市场增量空间锐减。以三井为代表的房地产公司积极拓展存量房市场，发展房屋经纪业务和出租公寓业务，并开拓了基于包租或托管的出租公寓业务，打造出租公寓管理品牌。其旗下管理的出租公寓超九成为外部资产，管理能力、品牌价值成为其核心竞争力。

3. 新加坡房企：资产管理拓展业务版图

新加坡房企模式，典型代表是凯德的资产管理模式，通过私募基金为传统开发经营项目提供资金，而 REITs 为前期投资提供了退出机制。借鉴新加坡资产管理模式有助于国内大型企业进行转型升级。

资产管理模式，其商业逻辑通过"投、融、管、退"四个方面进行管理，即前期资本运作团队为项目进行投资管理，中期商业管理团队对项目进行运营管理，最后通过资本运作团队在资本市场退出完成整个项目进程。凯德集团资产管理的关键在于从资本退出的收益率要求出发，计算资产获取的内在价值和运营要求，同时参与项目的开发运营和退出环节，并获取物业开发利润、运营增值收益、基金管理费用和租金收益等。该模式特点是：双基金模式、强运营服务能力，见图5-7。

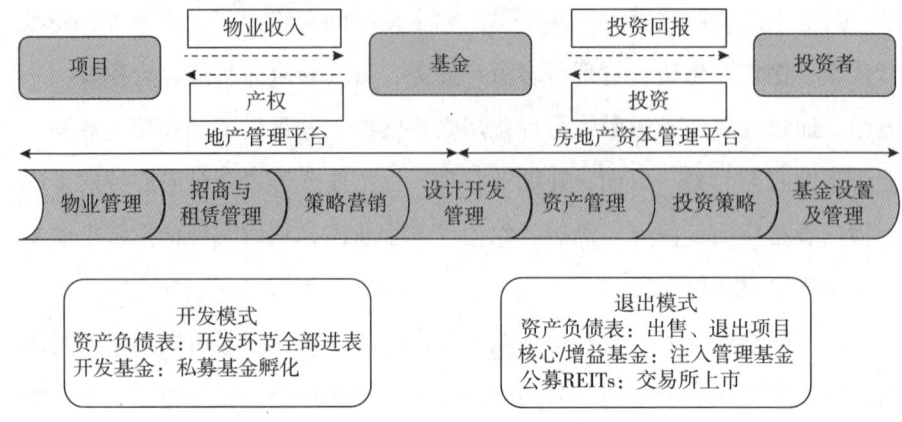

```
┌──────┐   物业收入    ┌──────┐   投资回报    ┌──────┐
│ 项目 │ ←---------→  │ 基金 │ ←---------→  │投资者│
│      │     产权     │      │     投资     │      │
└──────┘              └──────┘              └──────┘
    ←——— 地产管理平台 ———→  ←——— 房地产资本管理平台 ———→

 物业管理  招商与    策略营销  设计开发  资产管理  投资策略  基金设置
          租赁管理            管理                          及管理
```

```
开发模式                         退出模式
资产负债表：开发环节全部进表      资产负债表：出售、退出项目
开发基金：私募基金孵化            核心/增益基金：注入管理基金
                                 公募REITs：交易所上市
```

图 5-7　新加坡房企资产管理模式

数据来源：公开资料，中指研究院整理。

（1）双基金模式。商业物业和开发物业的前期投入较高，存在一定的资金压力，凯德集团利用私募基金进行培育和孵化。待项目现金流稳定后注入REITs获得价值变现，并在期间收取租金收益。最后，REITs通过对基金培育的项目具有优先购买权来形成双基金配对模式。

（2）运营服务能力。凯德集团兼顾房地产开发商、房地产运营商、资产管理人三个身份，实现了全生命周期开发，占据行业价值链附加值较高的部分。同时，业务覆盖包括购物中心、写字楼、住宅、产业园区等全物业形态，具备较强的运营服务能力。在此基础上，凯德建立多元化平台通过在产业价值链上的综合竞争力，在全球30多个国家的250多个城市开展业务。

海外代建制模式兴起和发展时间相对较长，制度规范相对完善，相关研究也较为细化和成熟，实践经验较为丰富，对我国房地产代建行业发展有着重要借鉴意义。从海外理论研究方面来看，相关学者主要在代建制度规范、管理激励、合作评估等方面进行了深入的研究，从不同的角度对该模式进行了深入的探讨与分析。从操作实践来看，如日本三井不动产等在转型中发力轻资产业务，把代建作为重要方向。

综合来看，海外发达国家的房地产代建已经处于相对成熟的发展阶段，尤其房地产金融属性突出，而我国房地产代建仍处于快速发展期，政府代建仍在不断改革完善和深度市场化，而商业代建刚刚起步，总体仍在摸索与学习进程中，因此学习和借鉴海外房地产代建经验对我国房地产代建发展具有重要的意义。

第二节 美国房地产代建模式

一、美国政府投资项目管理模式

美国作为典型的联邦制国家，其各州拥有相当广泛的自主权，联邦政府、州政府以及地方政府分别对各自的工程项目进行管理。其中联邦政府投资项目涉及面较广，主要包括住宅及城市规划、农业设施、水利设施、军事及国防设施、交通等方面。美国政府投资项目的管理模式有自行管理、部分自行管理和全部委托监理公司管理，其中房地产代建作为政府投资项目管理中的重要组成部分并未独立出来。就房地产开发模式而言，美国专业分工细致，每一环节部门通过完成各自的任务获取利润。项目主导多为基金类资本，开发商、建筑商、中介商以及其他环节都属于围绕资本的价值链环节。其中房地产代建属于建筑与工程服务行业，参与者多为"地产开发公司""管理咨询公司""监理公司"等，一般采用CM模式。

1. 管理模式

（1）政府自行管理。自行管理是指联邦政府或地方政府在投资兴建设规模适当、工艺较为简单的工程,以及政府有关部门具有较强管理能力时,工程建设管理全部由政府部门自行管理。自行管理分为两种方式,目前广泛采用的方式为:政府管理者通过招标方式挑选总承包商,并直接挑选分包商,一个工程至少由五家承包商建造,即总承包商(一般指土建部分)、电气、给排水、暖通、装饰等五个专业的承包商。另外一种方式为政府管理者通过招标确定总承包商,总承包商再招标或委托分包商,现在较少采用。

(2)部分自行管理。当工程建设规模较大,或政府管理力量较弱时,政府管理相关部门就会聘请部分监理工程师与政府管理人员共同管理工程。

(3)全部委托监理公司管理。当政府有关部门没有相应的管理人员或工程规模太大,则往往全部委托给监理公司全面管理。委托监理公司管理工程建设的具体形式有两种:一种是委托监理公司挑选承包商,另一种是业主挑选承包商后再委托监理公司管理。

2. 美国政府投资项目管理的特点

(1)严格区分政府项目和私人项目进行管理。政府工程和私人工程中的住房工程管理分别由总务管理局和住宅与城市建设部来管理。美国对政府工程的教练角色与对私人工程的裁判管理角色是严格区分的。

(2)政府投资项目的管理高度专业化。美国政府投资项目按照铁路、交通、航空、水利、建筑等领域进行划分,专业工程类项目由各专业项目行政主管部门管理。

(3)政府工程建设与金融保险市场有着密切关系。美国的政府工程项目,无论是业主、工程师、承包商都与银行、保险公司有着非常密切的联系。如在工程承包时,政府业主通常要求承包商在承包工程时办理各种保险,承包商也需要银行的各种贷款。在办理保险和银行贷款的过程中,保险公司和银行将会慎重地审查企业的承包能力、履约记录、营业记录和资信状况，据此决定是否给予承包商担保，通过这种方式约束承包商的承包能力与其实际能力相一致。

（4）CM项目管理的社会化程度高，覆盖范围广。美国的重点建设项目以及民用建筑项目一般也均实行CM制，同时服务的范围包含酒店、写字楼、商业设施、业厂房、学校等工程，CM服务覆盖率达到95%以上。

（5）项目管理科学规范、工作效率高。一方面，美国的工程管理服务一般为全过程服务，但多偏重于前期阶段，如可行性研究、规划、设计等，充当政府的专业参谋和顾问。另一方面，美国实行的是高技术、高智能、现代化的代建服务，重视开发和利用新技术、新材料、新方法，并通过项目决策委员会，共同研究开发过程中的有关问题。

（6）工程咨询公司对工程项目的取费，一般是按工程造价或总体服务费用计取。费率标准一般是工程造价的5%~10%；同时，监理工程师在负责该项目过程中的电话费、交通费、差旅费、加班费、各种检测设备使用费等均由政府另外承担。

二、美国房地产商业代建模式

经过100多年的发展，美国房地产市场呈现精细化、专业化和金融化三个特征。行业分工明确，土地开发商负责土地开发，地块划分商负责地块的规划设计，中介经纪负责市场销售策划，保险机构负担灾害风险、抵押信用风险、产权保险风险，抵押服务则负责抵押贷款的后续管理等等。在市场不断成熟的背景下，美国房地产企业多具有金融属性，以资本代建为主，接下来以铁狮门和汉斯地产为代表性企业对商业代建模式进行说明。

1. 铁狮门的商业代建模式

自1978年成立以来，铁狮门投资、开发和运营了390多个项目，总物业面积达 1.665 亿平方英尺，业务遍布四大洲八个国家和地区的 30 个市场，在美国、欧洲、拉美、印度和中国的物业资产组合总值超过 802 亿美元。

铁狮门的业务延伸至行业的整个领域，包括投资与开发、设计与工程、租赁、物业管理、投资管理和可持续发展，实现产业链纵向一体化。尤其是投融资管理和物业运营管理的成熟，奠定了其在高端物业投资以及管理中的行业地位。铁狮门的基金运作体现了企业的金融属性（图 5-8）。

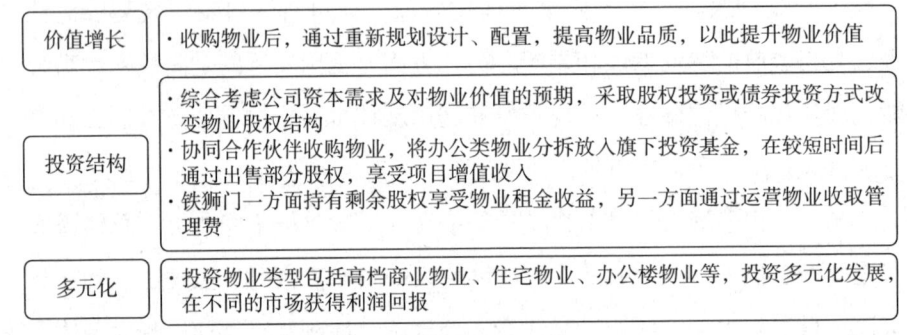

价值增长	·收购物业后，通过重新规划设计、配置，提高物业品质，以此提升物业价值
投资结构	·综合考虑公司资本需求及对物业价值的预期，采取股权投资或债券投资方式改变物业股权结构 ·协同合作伙伴收购物业，将办公类物业分拆放入旗下投资基金，在较短时间后通过出售部分股权，享受项目增值收入 ·铁狮门一方面持有剩余股权享受物业租金收益，另一方面通过运营物业收取管理费
多元化	·投资物业类型包括高档商业物业、住宅物业、办公楼物业等，投资多元化发展，在不同的市场获得利润回报

图 5-8　铁狮门基金运作模式

数据来源：中指研究院综合整理。

铁狮门的基金运作模式是通过减少资金占用规模来提高资金使用效率，其合资基金能够以不到 5%（通常只有 1%）的资本投入分享项目 40% 以上的收益。铁狮门基金的运营分别由其澳大利亚子公司（Tishman Speyer Australia）和总部的全球投资组合管理部（Global Portfolio Management）负责。以铁狮门旗下 Tishman Speyer Office Fund（简称 TSOF）为例，铁狮门初始投入资本金仅为 Prime Plus 1.01% 的股权，通过旗下子公司 TST PH 获得了 Prime Plus 100% 持有的写字楼物业的全部运营权利。

铁狮门 TSOF 基金的盈利包括基础费用和额外收入两项。作为 TSOF 的实际管理人，铁狮门及其旗下的 TS Manager 在项目的开发、持有、运营阶段收取各类费用，作为基本管理费；通过业绩提成分享投资物业价值升值带来的超额收益。根据信托协议，自 TSOF 上市之日起，TSOF 每五年进行一次超额业绩提成。

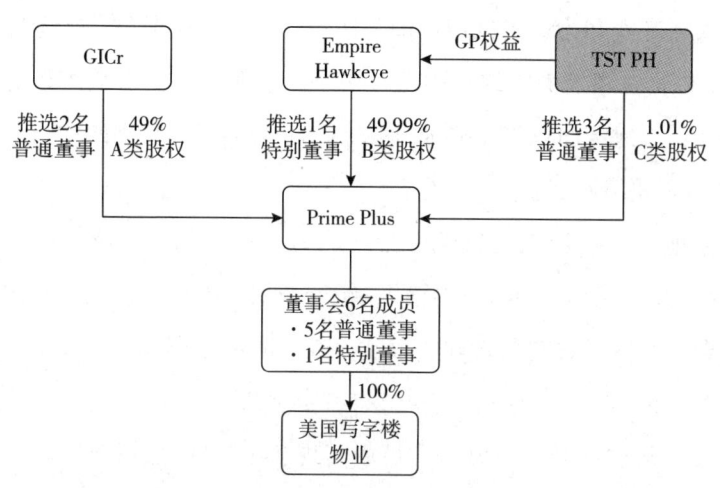

```
                        GP权益
   GICr      Empire Hawkeye  ──────  TST PH

推选2名 │49%    推选1名 │49.99%    推选3名 │1.01%
普通董事│A类股权 特别董事│B类股权   普通董事│C类股权
        │          │                  │
        └──────→ Prime Plus ←─────────┘
                    │
            董事会6名成员
            ·5名普通董事
            ·1名特别董事
                │100%
            美国写字楼
              物业
```

图 5-9　铁狮门 TSOF 如何运用小额资本金获取全部运营权利

数据来源：中指研究院综合整理。

2. 汉斯地产的商业代建模式

汉斯地产成立于1957年，总部位于美国得克萨斯州休斯敦市，为全球最大的房地产投资与开发管理服务商之一。经过60年的发展，汉斯地产的业务遍及20个国家的192个城市，资产管理规模达932亿美元。

汉斯地产有投资、开发和管理三大业务板块。

在投资领域，汉斯地产建立了"募集权益资金——开发、收购与管理——权益分红"融资模式。自1991年以来先后发起设立52个投资工具，包括基金、投资信托、有限合伙公司等，管理资产规模超280亿美元。

在开发领域，汉斯地产业务涉足房地产开发的各个环节，包括土地获取、物业收购、规划设计、工程建造、销售、出租、咨询服务等。在开发方式上，汉斯地产除自有开发经营外，还采用合作开发、第三方代建等方式。

在物业管理领域，汉斯地产建立了一套完整的物业管理规范，以客户满意、人楼齐安和为业主创造价值为宗旨。目前，汉斯地产在全球管理着483个项目，总建筑面积约1.99亿平方英尺。其中，汉斯地产自身拥有并管理的项目总建筑面积为1.07亿平方英尺，为第三方管理的项目总建筑面积为9100万平方英尺。

汉斯地产具备较强的价值链整合能力，三个业务领域互相支撑，成就汉斯地产从传统的"拿地—找钱—银行贷款"的运作模式，转向"募集权益资金—开发、收购与管理—权益分红"的运营模式。在投资环节，汉斯地产在发起设立的金融工具中，自有资金仅占10%~30%，其他资金均来源于投资机构和个人投资者，可以实现3~10倍的杠杆效应。在基金管理上，委托著名专业基金、投资银行管理，汉斯地产主要负责找项目。在开发环节，汉斯地产追求产品本身的性能良好、可靠耐用，与著名建筑材料、设备供应商长期合作，能以相当优惠的价格采购品质上乘、性能优越的材料和设备。在管理环节，汉斯地产在产品设计时即充分考虑到未来的营运费用，后期物业管理费用低。因此，许多第三方代建项目都交其管理，如摩根士丹利在纽约的总部大楼由汉斯地产代建，在大厦完成后汉斯凭借超高的服务满意度获取了该栋大楼的物业管理权限。

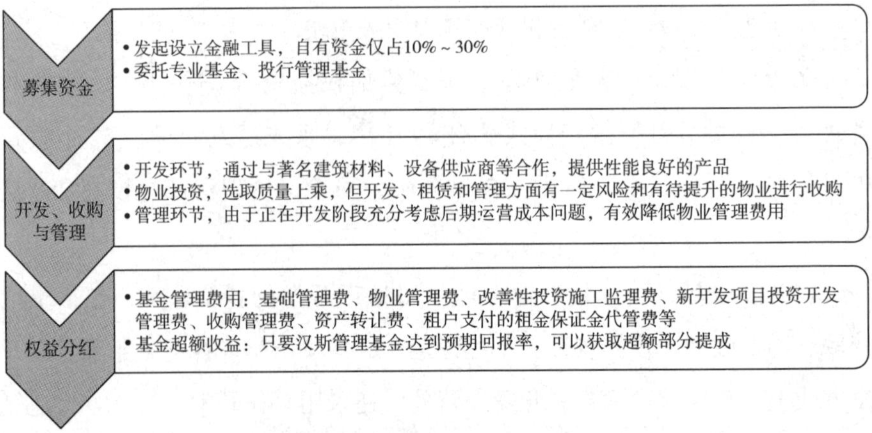

募集资金
- 发起设立金融工具，自有资金仅占10%~30%
- 委托专业基金、投行管理基金

开发、收购与管理
- 开发环节，通过与著名建筑材料、设备供应商等合作，提供性能良好的产品
- 物业投资，选取质量上乘，但开发、租赁和管理方面有一定风险和有待提升的物业进行收购
- 管理环节，由于正在开发阶段充分考虑后期运营成本问题，有效降低物业管理费用

权益分红
- 基金管理费用：基础管理费、物业管理费、改善性投资施工监理费、新开发项目投资开发管理费、收购管理费、资产转让费、租户支付的租金保证金代管费等
- 基金超额收益：只要汉斯管理基金达到预期回报率，可以获取超额部分提成

图 5-10　汉斯地产代建运作模式

第三节　英国房地产代建模式

英国的住房开发供应体系一直处于不断改进完善的过程中，保障性住房和私人房地产开发商融资结构不断完善，房屋开发建设水平不断提升，住房拥有率大幅提高。从历年住房建设情况来看，英国的住房供应主体主要有3个，即私有企业、住房协会和地方政府。第二次世界大战后，英国为了解决战后严重的住房短缺问题，政府作为住房供应的主体，进行了大规模的住房建设。在20世纪40年代后期及20世纪50年代期间，地方政府负责建设的住房占同期住房建设总量的77.6%和64.3%。英国政府在战后相当长时间内承担了住房建设的主要任务，是住房供应的绝对主体。虽然从1960年代开始，私有企业逐步取代了地方政府，但在20世纪60~70年代，由政府负责和政府补贴的住房建设量仍占总量的一半左右。

从20世纪80年代开始，受新自由主义经济影响，英国政府减少对非市场化房屋的支持，导致住房供应体系发生了根本的变化，私有企业逐步占据了新住房建设的绝对主导地位。1990—2011年，私有企业平均每年完成当年新建住房总量的84%，新建住房供应几乎完全依赖于私有企业。此外，住房协会的作用也逐步增强，从20世纪60年代开始，其住房建设的总量逐步增加，并从20世纪80年代开始接替政府，成为为低收入人群提供住房的主体。到1990年以后，住房协会在住房供应体系中的地位已经取代地方当局，成为得到政府支持的重要住房供应组织，每年由其负责完成的新住房占总住房建设量的比例都在10%以上。

英国代建业务的发展离不开英国的政府采购制度。当前国际上通行的政府采购制度起源于欧洲，早在1782年英国就已经实行了政府采购，中央各部门的采购活动都是在政策指引的基础上进行的。经过长期的发展演变，特别是1973年英国加入欧洲经济共同体以后，逐步形成了一套较为完善的政府采购体系和运作规则。包括政府采购的政策和原则、采购机制、采购方式、法律法规及基本程序。英国代建业务主要围绕政府代建、私人代建展开。

一、基于政府采购的代建模式

政府采购的基本方式可以概括为：一是精心挑选供应商，要求他们以各自的生产产量、产品规格和生产执行情况进行竞争性投标；二是对于价格为主要因素又相对较容易些的合同，各部门采取公开招标方式，让任何对合同感兴趣的供应商都参加投标竞争；三是对于较复杂的合同，如私有经济项目，则采取协商和竞争投标相结合的方式进行；四是对于少数极为复杂的合同，则只采取有竞争性的协商谈判方式；五是对于极廉价的采购或极例外的特殊情况，采取单方投标的方式；六是投标后再协商的方式，这种方式可以更好地用好资金和改进合同细节，对买卖双方都有好处。

二、英国政府代理建设模式

英国的建筑工程项目分为两类，一是私人工程项目，二是政府工程项目。其中，私人工程项目（即非国家、非政府项目）主要包括工业、商业、学校、房屋、私人医院、仓库、房屋协会等。这类工程主要以"私人工程合同形式"为依据。政府工程项目主要分为以国防设施等为代表的中央政府项目；以监狱、国会、税务办公室、社会保安、法院等建筑为代表的公共办公楼项目；以道路、桥梁、铁路、隧道、港口等为代表的公共基础设施项目；以公立医院、学校等为代表的公共服务建筑。这类项目主要采用由政府制定的"政府项目合同形式"。此外，地方政府项目主要分地县级和区级政府项目，主要类型包括地方公共设施、区县政府楼、警察局、水处理、地方法院、图书馆、健康中心等。在英国，私人工程项目和公共项目的管理无太大区别。

近10年来，政府的许多项目呈现私有化趋势。英国政府的建设主管部门主要是"英国环境交通区域部"（DETR–Department of the Environment Transport and Regions），该部于1997年6月由英国原环境部与交通部合并而成。一般来说，政府主要是通过立法来规范建设行为，并不对其实施过程进行具体的监督与管理。对于不同的项目类型，通常采用不同的合同条件通过全面仔细的规范建设行为以达到建设活动的有序进行。目前英国总的趋势是政府项目的减少，许多政府项目都逐渐转成私人项目。

除了环境交通区域部，其他涉及政府投资的部门包括教育劳工部（DFEE）、国防部（MOD）、财政部（Treasury）、外交部（HO）等。涉及政府投资建设项目的管理经历了以下发展历程：首先，政府建筑工程是由公共建筑部负责的，采用以工程清单为基础计算的工程合同管理。随后政府采用了PSA模式，即"财产服务代理（Property service Agency）"。近20年来英国在政治方面发生的变化也给建筑业带来了影响。在近些年中，政府投资建设项目逐步采取建立经审查的承包商、咨询人员清单（即DETR/NQS体系）及设立合同处等方式实施管理，PSA逐渐消失转化为私人承包商和咨询单位。

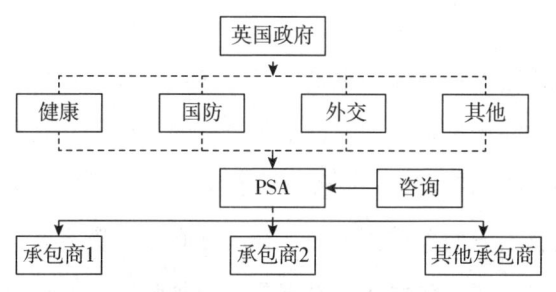

图 5-11　英国政府投资项目管理的 PSA 模式

数据来源：中指研究院综合整理。

（1）PSA 以项目管理者的身份代表政府对项目进行管理。一方面 PSA 雇用建筑师、测量师和工程师组建相应的管理机构，其组织结构如图 5-9；另一方面，PSA 也委托咨询机构完成专业化的咨询工作。通过实施 PSA 的管理模式，PSA（专家机构）在业主（政府）与承包商之间建立了一种好的联系，同时 PSA 机构制定的政府项目合同（GC Works Contracts）对保证项目的实施能顺利进行起到积极作用。

（2）经审查的承包商、咨询人员清单及设立合同处。英国政府采用审查的承包商、咨询人员的清单，即 DETR（英国环境交通区域部）/NQS（国家资质认证系统）体系。在 DETR/NQS 方式下，将严格审查承包商的各项情况，并给予项目规模限制（如小于 200 万英镑）。政府部门通过选择资信度高的承包商、咨询人员，来保证工程项目的有效实施，同时私人业主也可购置审查清单供项目中使用。从理论上讲，今后将进一步采用这样的审查清单，以减少承包商和咨询人员繁多的问卷调查表，合同处的作用主要是委托监理进行项目的管理。

第四节　德国房地产代建模式

德国实施政府投资项目的主要方式是通过财政进行投资，财政投资可分为直接投资和间接投资。为促进德国经济的发展，尤其是两德统一后东部地区的发展，联邦政府在基础设施及公共设施建设方面多采用直接投资方式，在企业发展方面多采用津贴、补助等间接投资方式，从而形成大量的政府投资项目。在保障房的建设方面，德国政府主要通过税收减免和兴建福利性公共住宅来保障供给，同时政府也鼓励个人、非营利住宅公司、自治团体等建造"保障性住房"。

一、基于政府采购的代建模式

德国政府采购的方式有三种：公开招标、不完全公开招标（有限招标）、以谈判方式将合同分配给公司（定向招标）。公开招标不能限制投标者数量，不能暗示；有限招标是对部分内容进行招标，必须写明有限招标，将资料寄给采购方感兴趣的公司；定向招标可以公开、直接跟几家公司谈判。德国的《采购法》规定了政府采购在国民经济发展中需要达到的三个目标：公开性和透明度目标、促进和利用世界竞争的目标、使私人公司处于平等竞争水平的目标

二、德国 Project Controlling 模式

Project Controlling 模式于 20 世纪 90 年代中期在德国首次出现并形成相应的理论。Project Controlling 可以直译为"项目控制"，实际上是建设工程业主的决策支持机构。其日常工作就是及时、准确地收集建设工程实施过程中产生的与工程三大目标有关的各种信息，并科学地对其进行分析和处理，最后将处理结果以多种不同的书面报告形式提供给业主管理人员，使业主能够及时地做出正确决策。这种模式适应大型建筑工程业主高层管理人员决策的需要。Project Controlling 模式的出现反映了工程项目管理专业化发展的一种新的趋势，即专业分工的细化，Project Controlling 单位只为业主服务。它一般适用于大型和特大型建设工程，不能作为一种独立存在的模式，在这一点上，Project Controlling 模式与 Partnering 模式有共同之处。

德国政府投资项目一般设立专门机构对项目进行全程管理，代替政

府行使业主职能。专业机构的管理内容主要包括：①确定项目投资考核决策因素，包括经济、环保、政府利益、科技、技术等诸多因素，一般产投比需大于2以上才能通过。②论证与批准的严格程序，从而形成申请报告递交州政府批准。申请内容包括开竣工日期、投资金额、资金来源、经济效益评估、技术标准等等，均须进行公开，接受公众监督。③组织程序实施。政府大中型项目均需进行公开招投标选择施工队伍，且均采用无标底方式。④项目预算管理。项目一经确定，必须保障计划内资金供应，如果超支则超支部分需要按投资权、归属向联邦政府或州政府申请追加。如果联邦政府与财政部门发生矛盾，最终由联邦政府总理决定。同时超支部分将由政府进行严格评审，最终报议会批准。

通过招标选择设计、开发等单位往往是专业从事项目投资建设管理的咨询机构。咨询机构拥有大批专业人员，具有丰富的项目建设管理知识和经验，熟悉整个建设流程。通过对项目进行管理，从而在项目建设中发挥重要的主导作用。同时通过制定全程项目实施计划，设计风险预案，协调参建单位关系，合理安排工作，能极大地提升项目管理水平和工作效率，同时使用单位也可从盲目、繁琐的项目管理业务中超脱出来，将精力更多地放到本职工作上去。

三、德国私人代理建设模式案例

如图5-12，成都的英特尔A7T7项目为建筑面积约60000平方米的芯片基地，位于成都进出口加工区西区，项目包括一幢两层厂房，一幢三层办公楼和一幢单层动力厂房，以及化学品仓库、污水处理、加气站、巴士站等。该项目业主为英特尔股份有限公司，由德国美施威尔（中国）有限公司负责设计、采购、施工，并由工料测量师和第三方顾问辅助完成。

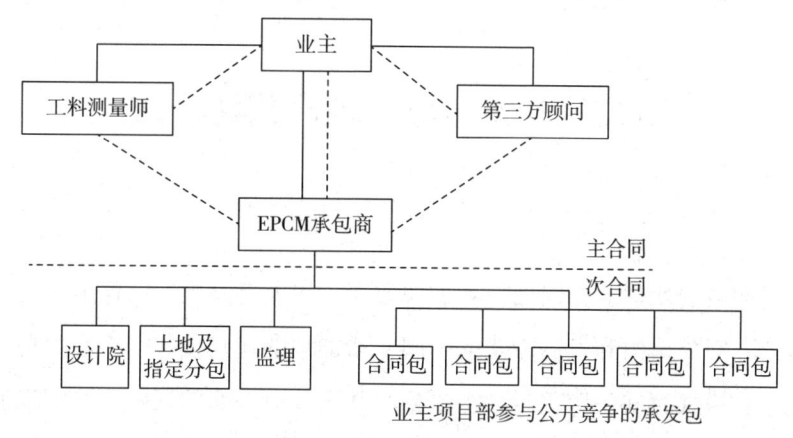

第五章　海外房企转型及代建模式研究 / 277

图 5-12　德国私人代建"成都英特尔 A7T7"项目

数据来源：中指研究院综合整理。

EPCM 承包商是收取总价固定服务费的承包主体，参与全过程领导与项目承包范围内一切工程成本有关的设计、采购和施工管理、进度计划安排、详细设计、国际采购、政府批准；协调设计合同包和承发包策略；分包商和供应商的预审、招投标、授标；施工管理；在施工阶段提供设计支撑服务；质量保证、质量管理；调试和验收；安全管理、安全培训。

工料测量师的服务范围主要包括：编制 30%、60%、90% 图纸的工程量清单造价估算；与 EPCM 复核风险预留费用、设计方案假设、设计标准、计价依据、项目内容等问题；参与设计、财务、采购、项目管理会议；编制合同规划，包括勘探、临时工地用房、底下结构、上部结构、室外景观、绿化、合同结构等 42 个合同包；与 EPCM 复核设计矛盾、图纸界面、计价标准等问题；参与资格预审、评标和中标通知书的编制；施工期间预审变更、编制中期付款证书、编制结算书。

第三方顾问主要负责：廉政要求；安全要求（每百名员工每年工伤率低于 0.4%）；建厂标准（设计任务书的编写）；财务控制；进度控制。

第五节　新加坡房地产代建模式

新加坡的代建业务发展与新加坡政府"居者有其屋"的保障房建设密不可分。因为国情和发展方式的不同，新加坡的代建模式与中国房地产企业的代建模式存在一定差异，主要分为基于政府采购的代建模式和以凯德置地小股操盘、基金运作为代表的资本代建模式。

一、基于政府采购的代建模式

新加坡政府国家发展部设立建屋发展局和公共工程局，分别负责公营住宅和政府工程的建设管理。新加坡的建屋发展局成立于1960年2月，它是国家发展部署下的法定机构之一，也是新加坡唯一的公共住屋机构。建屋发展局的职责主要包括：其一，提供高品质的住屋及优良的服务，以及组屋区策划与改善住屋有关公共基础设施，使居民拥有高素质的生活环境。其二，通过组屋区更新计划，改善屋龄较大的组屋区，提升到现代组屋的水平。其三，替其他政府机构管理一些工程，比如填土、设计与建设出租车转换站、教堂和体育场。建屋局所有的专业服务如规划、设计、工程和品质测量都由建屋局提供，实际的工地施工是通过公开招标的方式让私人承包商承建，建屋局则负责工地的监督。详见图5-13。

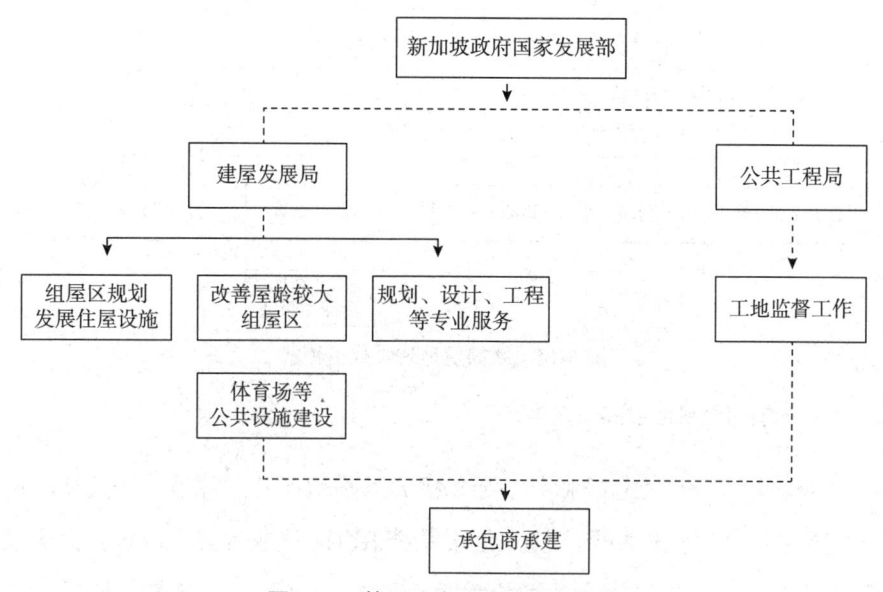

图 5-13　基于政府采购的代建模式

数据来源：中指研究院综合整理。

二、凯德置地代表的资本代建模式

凯德置地通过信托基金等形式与资金方建立起合作模式，在房地产开发链条中进行全程或部分参与融资、设计、开发、管理及服务，以小股操盘的形式实现与合作方的共同盈利。私募基金是凯德集团成功运作的重要支撑。在与机构投资者合作发起基金的过程中，凯德集团充分发挥了自己在房地产投资领域的专业优势，在按照一定比例出资的同时，还充当基金管理人，不但可以获得不菲的管理收入，也可以拓展房地产资产管理领域的业务，为凯德集团提供了长期稳定的资金来源。

图 5-14 凯德置地资本代建模式

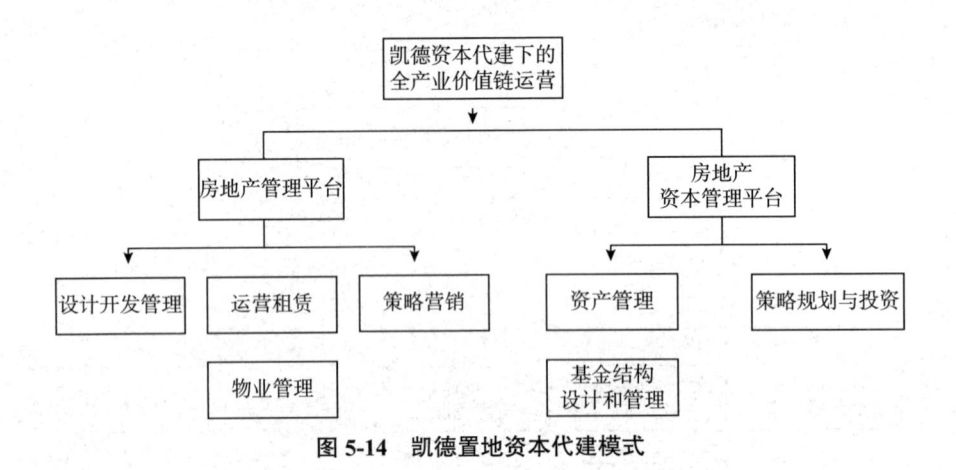

数据来源：中指研究院综合整理。

凯德集团参与发起的私募基金积极介入房地产开发环节，等到项目培育成熟之后，再把这些资产注入上市基金 REITs 里或者转手出售，在实现项目推出的同时获得较高的溢价收益。早在 2003 年，凯德集团便成立了"凯德置地中国住宅基金"，筹集资金 0.61 亿美元，全部投放于凯德中国位于上海和北京的项目。在"凯德置地中国住宅基金"运作成功的基础上，凯德集团于 2005 年成立"凯德中国发展基金"，私募规模达到 4 亿美元。该基金成立 7 天之后，凯德中国就把部分资金投向考察已久的宁波市场，以 10.7 亿元拿下宁波江北区一块 9.8 万平方米的土地。

凯德置地比较具有代表性的资本代建模式为在中国境内的持有物业凯德商用中国信托（CRCT）。CRCT 于 2006 年 12 月 8 日在新加坡证券交易所上市，是新加坡首只且唯一一只专注投资于中国购物中心的房地产投资信托基金。CRCT 的长期目标是投资位于中国包括香港和澳门，以零售商业地产为主的多元化收益型物业组合。其中为 CRCT 提供基金管理和物业管理的公司均为凯德子公司。凯德集团在持有商业物业一定比例权益、获取租金和升值收益的同时还可以通过提供基金管理服务和物业管理服务收取费用。借助 REITs 结构，凯德集团可以不断将成熟商业项目注入套现,减少商业项目中的资金沉淀,加速资本的高效流动,充分提高资金利用率。

表 5-1　　CRCT 的管理费

费用类别	费用名称	条件与金额
经营管理费	基本费用	CRCT 持有物业价值的 0.25%,按年支付
	业绩提成费	CRCT 净收入的 4%,按年支付
	授权投资管理费	CRCT 投向非房地产的授权投资金额的 0.5%,按年支付
其他重大费用	物业管理费	每个物业,总收入的 2%,按年支付
		每个物业,净收入的 2%,按年支付
		每个物业,净收入的 0.5%,以代替租金佣金
	收购费	CRCT 授权投资物业收购价格的 1%~1.5%
	处置费	CRCT 授权投资物业处置价格的 0.5%

数据来源:中指研究院综合整理。

CRCT 的结构设计:凯德置地间接持有 CRCT 份额的 20%,同时通过全资子公司 Property Managers,获得了 Project Companies 100% 持有的零售物业的全部运营管理权利。作为代表凯德置地的运营团队,CRCT Manager 并不持有 Project Companies 的股权,而仅是签订了物业管理协议。

CRCT 的盈利模式:①基础费用。作为 CRCT 的实际管理人,凯德置地及其旗下的 CRCT Manager 和 Property Managers 也收取相应的管理费。②额外收入。除了上述的日常管理费用,凯德置地从 CRCT 中获得的额外收入来自其持有 20%CRCT 单位份额(该比例在 CRCT 上市之初以来至今基本保持稳定),可以享受基金分红收益。根据简单估算,在 2007—2013 年这七年间,凯德置地从 CRCT 获得的年均分红收入约 0.1 亿新元,再加上年均提取的基础管理费收入约 0.12 亿新元,相比其初始投入的 1.5 亿新元(CRCT 运营物业总价值 7.57 亿新元 ×20%),年均投入资本回报率约为 15%(0.22÷1.5)。综上所述,凯德置地主要盈利来源既包括其提取自 CRCT 的基础管理费用,也包括其持有 CRCT20% 份额获取分红带来的额外收入。

CRCT采用制度：合伙人制度对小股操盘具有重要意义。①使运营团队在持股比例较低的情况下仍是项目公司在经营层面的主导者。在合伙人制度下，运营团队的持股股权比例即使很低，仍然可以通过董事推选机制，保持对项目公司在经营层面上的实际控制权。②可以通过灵活设计激励机制，稳定核心团队，共享公司成长。除了通过契约约定分配给运营团队基础管理费和额外收入之外，对运营团队进行股权激励也是一种有效的选择。股权激励在CRCT中较为典型，CRCT运营团队的收入，可以选择现金，也可以选择现金折算的CRCT份额。这一选择权通过授予运营团队基金份额，使得他们与CRCT的份额持有者成为更紧密的利益共同体，有利于CRCT的长期成长和价值实现。此外，合伙人从优秀员工中提拔，使企业员工以长远眼光看待自己的职业规划，提高员工的忠诚度，减少人才流失率。

第六节　日本代建模式

一、日本政府投资项目管理模式

1. 定义

日本政府投资项目是指国家、地方公共团体以及其他的公共团体采购的土木建筑工程（包括土木建筑工程的有关工程设计、调查和用于土木建筑工程的机械类的制造）、测量（土地的测量、地图的承制以及政令规定以外的测量用照片摄影等），并包括国土交通大臣指定的有关资源开发的重要土木建筑的工程和测量。

2. 日本政府投资项目的管理特点

（1）通过立法稳定投资，以专项计划指导投资。日本政府为了保证投资政策的连续性和稳定性，通过建立、健全立法，将政府投资行为完全纳入立法的保护和监督之下，为政府投资提供了法律依据，有效发挥政府投资的宏观调控作用。由于日本实行政府主导的市场经济体制，将整个国家基础设施的建设纳入国家计划，并与国土开发计划紧密配合，在不同时期通过制订中长期发展计划，明确政府投资总方向，同时采用专项计划对相关产业实施产业倾斜。

（2）采用类企业化经营管理模式。日本政府投资项目采用企业化的经营管理办法，由国家和地方经营基础设施的公共企业，一方面在经营上拥有地区垄断的特权，允许发行债券，减免税收和从财政得到补助和贷款；另一方面经营活动必须接受政府监督，财务需上报政府审查，服务价格和收费由政府核准，企业领导人由政府任命。

（3）招投标方式确定承包商。日本政府投资项目的招投标方式有：一般竞争招标、指名竞争招标和随意契约。最常采用的方式是一般竞争招标，在招投标过程中，采用"低价中标"原则，同时设置最低限制价格机制和低投标调查制度，防止倾销。

（4）实施保证制度保护发包者利益。日本政府投资工程在签订合同后，为避免发包者的损失，要求承包商履行各种保证制度，包括契约保证金、金融机关的保证、履约保证保险、履约担保和工程完工保证人等形式。

二、日本商业投资项目管理模式

日本由于土地私有化，很多人都是在自己的宅基地上建造房子，为代建服务领域的发展提供了较大的市场基础。日本房地产企业的代建业务更多倾向于私人代建业务，接下来将以积水住宅为代表进行论述日本的代建模式。

积水住宅成立于 1960 年，经过 50 多年的发展，企业的业务内容包括独户住宅业务、租赁型住宅业务、住宅翻新改建业务、房地产投资业务、独户商品房业务、住宅楼商品房业务、城市再开发业务、国际业务及其他业务（园林绿化景观业务等）。目前，积水住宅已经建立起"承建型业务""资产型业务"和"开发型业务"三项商业模式的均衡发展，其中"承建型业务"收益约占五成。

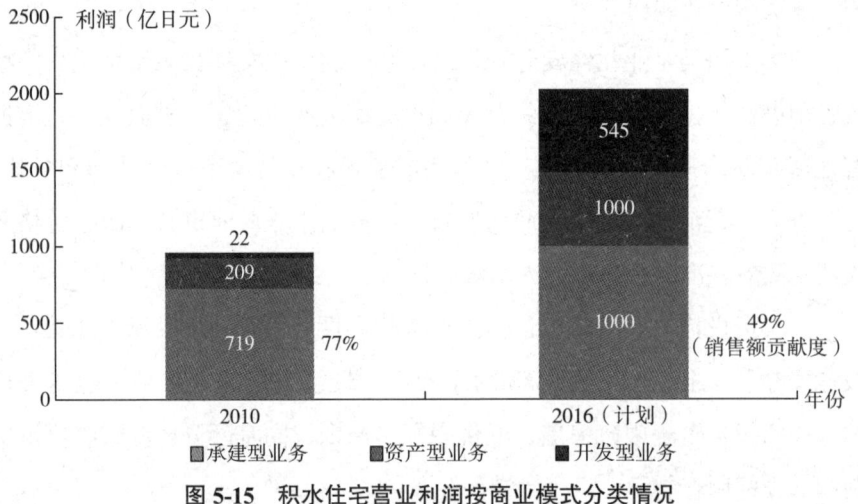

图 5-15 积水住宅营业利润按商业模式分类情况

数据来源：《积水住宅株式会社企业社会责任报告 2016》，中指研究院综合整理。

2015 年度，积水住宅实现 18588.79 亿日元的销售额，其中承建型业务（独户住宅业务和租赁型住宅业务）占比达 42.8%、资产型业务（翻新改造、房地产）占比 31.3%、开发型业务（独户商品房、住宅楼、城市再开发）占比 16.8%，承建型业务是其最为重要的业务类型。

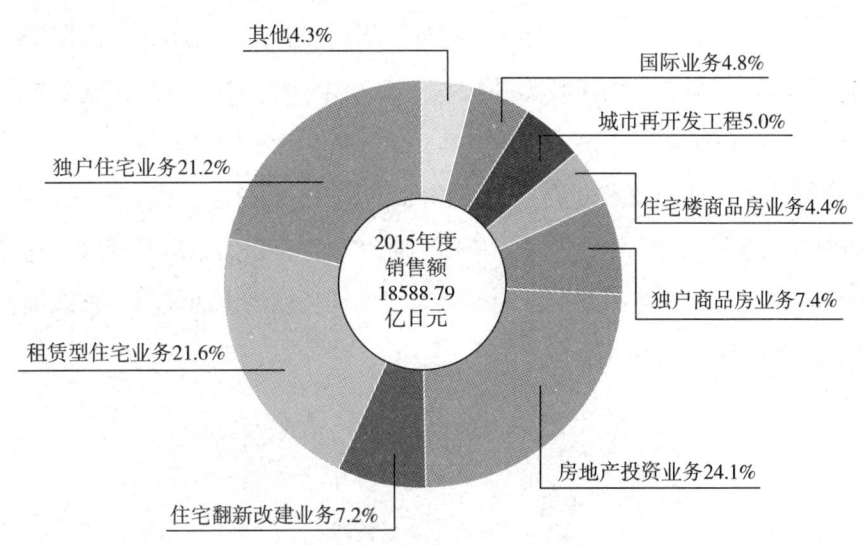

图 5-16 积水住宅各业务销售额占比

数据来源：《积水住宅株式会社企业社会责任报告 2016》中指研究院综合整理。

积水住宅承建型业务的特点有两个。

（1）"责任施工"确保最高的施工品质。积水住宅为了确保可靠的施工品质，构建了"责任施工"体制，由全资子公司积和建设及合作施工组织组成"积水住宅会"。通过开展培训等提高技能水平，还通过独自的管理体系将工程计划、检查信息及施工进展情况进行可视化，时刻与"积水住宅会"保持共享，严格执行质量管理（图 5-17）。

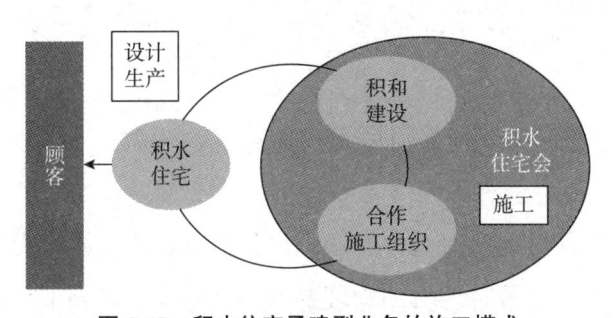

图 5-17 积水住宅承建型业务的施工模式

数据来源：中指研究院综合整理。

（2）租赁型住宅从建设施工到中介、运营和管理，皆由集团内部实施运营管理。积水住宅的租赁型住宅"SHA MAISON"的特点是根据多样化需求，与独户住宅同样设计自由度高，但入住率和稳定经营取决于后期的运营和管理。集团7家全资子公司积和不动产，承揽从招租到建后包租、维护管理的全套租赁经营业务，集团内部对项目全程实施运营管理，在稳定的房地产投资业务体制下，确保高入住率和长期稳定的经营，长期维护业主的资产价值。[①]

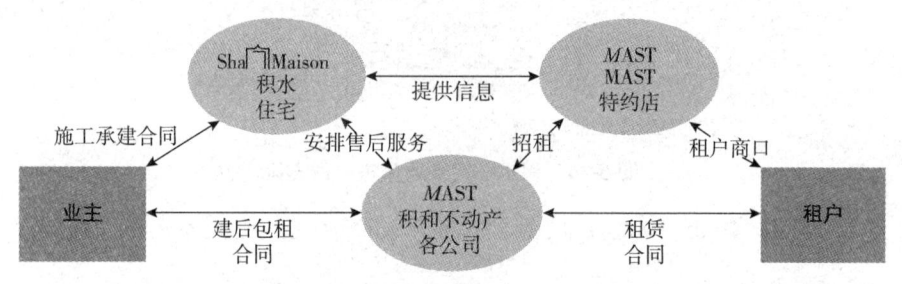

图 5-18 积水住宅租赁住宅的运营模式

数据来源：中指研究院综合整理。

第七节 香港地区房地产代建模式

一、香港政府投资项目管理模式

根据投资性质和政府监督管理部门的差别，香港政府投资项目分为私人工程和公共工程，两者的管理要求差别较大。私人工程由屋宇署负

[①] 积水住宅：《可持续发展报告2016》。

责管理，其主要职能是制定并执行私人楼宇的安全、卫生、环境标准。公共工程由房屋委员会和工务局负责。香港房屋委员会根据政府制订的长期发展计划，对公共房屋建设提出具体政策及计划。工务局的职责是负责所有与工务工程有关政策的制定，对公共工程进行统一建设，统一管理。

1. 政府采购原则

香港政府的采购以经济效益为原则。香港政府投资项目的管理政策注重经济效益，以使项目投入与产出较为均衡，从而助推项目的实施。除此之外，采购原则还包括向公众负责、保证清楚明确、公开公平的竞争。具体原则如表5-2。

表5-2　　　　　　　　　　香港政府采购原则

采购原则	主要内容
向公众负责	政府采购的资金来源于全港公民的纳税，所以政府采购应该向纳税人负责，而且政府采购部门有责任向立法机关、纳税人以及有意参与的供应商解释采购决定
合乎经济效益	投标书评审首先是价格是否合理，同时也会对产品或服务的品质、表现、售后等等相关服务是否合理进行评审
清楚明确	政府采购部门在招标文件内尽量列示所有必需资料，保证交易程序及作业方法清晰明确，使供应商和承包商全面了解竞标工程，提供契合要求又具竞争力的投标书
公开、公平的竞争	所有投标者一视同仁。政府采购部门在制定规格时，不会给国际贸易带来不必要的障碍；在投标准备期间，确保有意投标者获得同样的资料；在确定中标者时，不会因产品产地不同而区别对待等

数据来源：中指研究院综合整理。

2. 政府采购方式

香港政府一般采用公开招标的招投标形式，以工程造价预算代替标底，不作为评标的依据，一般采用最低价中标原则。

表 5-3　　　　　　　　　香港政府采购的招标方式

招标方式	主要内容
公开招标	招标公告会在政府宪报、报纸、互联网等公开，所有供应商/承包商均可自由投标
选择性招标	在政府宪报刊登招标公告，或发信邀请为选择性招标工作设立的认可供应商/承包商名册上的所有供应商/承包商参加
资格预审招标	只发信邀请经资格预审程序而获财经事务及库务局常任秘书长（库务）在听取中央投标委员会的意见后所批准的供应商/承包商投标
单一招标或局限性招标	只邀请一个或数个获财经事务及库务局常任秘书长（库务）或政府物流服务署署长批准的供应商/承包商投标

数据来源：中指研究院综合整理。

3. 政府采购管理

设立工务局对政府投资项目集中管理，接受机构监督。香港政府专门设立工务局，其下属各署都以业主身份代表香港政府，对政府投资项目的工程建设进行全方位、全过程周密的管理。且各工务部门有专业人员从事设计及管理等工作，有时也聘请社会上的顾问工程师。工务局作为政府机构，在行使政府的业主职能时受各种建筑条例的约束，而且在资金支付等环节上需要接受库务署等政府机构的监督。

采用承包商和专业人士制度。香港政府对投资项目承包商的选取相当严格：首先，环境运输及工务局对公共工程承建商进行管理，设有认可公共工程承建商名册和认可公共工程物料供应商及专门承造商名册，承造商必须符合相应的财务、技术及管理准则等，才可获准名列上述名册，且环境运输及工务局会对名册不断增加、删除以及更改，每月都会更新。

香港政府投资项目一般由环境运输及工务局负责，在项目太大或人手不够等特殊情况下，也可委托社会工程造价咨询组织代行管理。工程建设社会咨询师专业人士包括建筑师、工程师和测量师。政府投资项目的建设有专门的顾问筛选程序，通过组建顾问筛选委员会，经过初步筛选和最终筛选两个阶段为政府投资项目选择顾问。

二、香港地区商业投资项目管理模式

随着工程项目日趋庞大复杂，大型屋宇建筑工程合约多以单一项目形式选择具备多种专业能力的承建商。香港房地产企业堪称"全能开发商"，其业务链条涵盖投资买地、开发建设、营销销售、物业管理等全产业链，并且一家企业通常独立完成。香港土地资源的稀缺性有利于形成行业巨头，行业集中度高，前十家地产商的开发量约占香港市场总量的80%左右。这也造成了香港房地产企业多采用重资产模式，即以获取土地为中心，如长江实业地产、新鸿基地产、新世界发展、恒基兆业等通常采用拿地、盖房、销售、物管"一条龙"的开发模式。因此，香港房地产企业在本土的商业投资项目建设基本是以企业自主开发为主，代建较少。但香港公司擅长快速兴建优质高层住宅及办公大楼，享誉国际，境外特别是亚洲市场对这些专长需求殷切。因此，香港建造商以亚洲尤其是中国内地为主要输出市场，提供项目管理、承建及工程顾问等数大类的服务。

表 5-4　　　　　　　　　香港建造服务输出情况

	2010 年	2011 年	2012 年	2013 年
价值（亿美元）	1.44	1.42	3.29	3.90
占总服务输出份额（%）	0.2	0.2	0.3	0.4
同比增长（%）	4.1	-1.1	130.8	18.7

数据来源：中指研究院综合整理。

第六章

房地产代建发展趋势及风险

第一节 代建市场规模及趋势分析

随着房地产行业进入高质量发展阶段，营造高质量房屋产品成为未来发展方向。房地产代建本质是品牌输出和优秀管理经验输出，是符合国家倡导的发展方向的，未来发展空间充足。其中，在商品房领域，城投和地方国资托底拿地、非房企拿地开发需求等，均为代建业务提供了空间；同时，在城市更新、保障性住房领域代建业务都有巨大的发展潜力；此外，随着政策完善，资本代建也将会加速探索，迎来一定的发展。

一、代建市场规模预判

受全国总人口开始下降、城镇化放缓、人均住房面积增长放缓等因素影响，房地产行业正在进入新的发展阶段。根据中指研究院测算，"十五五"期间，新增城镇人口带来的住房需求约18.7亿平方米，居住面积提升引致的住房需求约18.4亿平方米，拆迁改造引致的住房需求约13.5亿平方米，合计城镇住房需求总量约50.6亿平方米（年均10.1亿平方米）。

从代建来源看，根据中指研究院统计，典型代建企业商业代建与政府代建的占比约为 7∶3。其中，商业代建的主要来源包括城投及地方国资的托底拿地和中小房企；政府代建的主要来源为安置房等保障性住房。城投拿地方面，2021—2024 年间，城投拿地整体较稳定，预计未来也将保持平稳，不会有较大规模增长。中小房企方面，根据中指研究院《中国房地产百强企业研究报告》，百强企业销售额市场份额逐年上升但增幅较小，预计未来也将趋于平稳。安置房等保障性住房方面，受政府宏观调控影响，未来规模将保持平稳。基于此，我们预计，"十五五"期间，房地产代建规模将总体保持平稳。

从供需关系来看，近年来，房地产企业纷纷成立代建平台，入局代建，2020—2024 年间，代建入局企业以年均 50% 的数量增长，至 2024 年末，入局代建企业已超 100 家。随着代建竞争加剧，未来，代建也会朝着高质量方向发展，在这一过程中，必然会有企业逐渐退出。在代建市场空间稳定的情况下，剩余的优质代建企业会寻找更加优质的项目进行代建。因此，随着代建企业的减少，企业代建规模也将会有所下降。

基于此，本书认为，"十五五"期间，房地产代建空间仍在，但行业规模会经历前期下降，后期趋于平稳的状态。结合"十五五"期间城镇住房需求总量情况，房地产代建的规模将保持稳定，预计未来年均总规模将维持在 1.5 亿平方米左右。

二、代建细分市场潜力

需要看到，未来房地产代建行业规模虽然会趋于稳定，但代建空间仍然广阔，主要由于商业代建、政府代建和资本代建的需求仍然存在，而随着国家倡导房地产高质量发展，代建机会也会更加倾向于房地产企业。但随着代建竞争加剧，部分企业退出会成为必然，优秀的代建企业在项目选择方面也将拥有更多的主动权和优势。

1. 商业代建

中国房地产行业周期性高点已过，正朝着高质量方向发展。房地产代建本质是输出优秀的品牌和管理经验，营造更高质量的房屋产品，是符合中国房地产发展方向的，因此，未来充满了发展空间。其一，2021年以来地方国资托底拿地趋势明显，入市率最高值不超过40%。由于地方国资开发能力不足，"城投拿地+房企代建"的模式为房地产代建企业提供新的发展机遇。其二，当前，我国房地产代建委托方较为单一，未来，非房企中的大型国企、科技类、产业类等企业必将成为代建委托方中重要组成部分，为商业代建提供较强发展空间。

2. 政府代建

除了商品住宅以外，未来住房总需求仍有大量以非市场化供应为主，主要包含政府主导的城市更新、保障房等领域。目前新的政策形势下，重点城市政策性住房将会大比例提升，政府代建市场广阔。

在房地产行业从"增量"市场向"存量"市场转变背景下，"招拍挂"市场拿地竞争日趋激烈，以城市更新、城中村改造为代表的存量更新市场方兴未艾。据测算，22个城市待改造城中村规模约10亿平方米，其更新市场蕴含着重要的政府代建机遇。

根据"十四五"规划，保障性安居工程带来的政府代建需求仍将维持一定规模。保障性租赁住房方面，"十四五"全国计划筹集保租房870万套（间），2021—2023年全国已建设筹集保障性租赁住房约573万套（间）。2024年上半年，全国已建设筹集保障性租赁住房约112.8万套（间），全国仍需筹集约166.2万套（间）。配售型保障房方面，14号文明确配售型保障房发展模式，重点解决工薪收入群体住房困难问题；中长期推动建立新模式，商品住房回归商品属性，保障房供给补位，均为政府代建提供结构性机遇。

与此同时，城市基础配套设施建设中，体育场馆、文化场馆、学校、医院等公建类设施均需由代建实现。以往该类设施多以设计院设计、建筑公司施工管理的代建形式完成。但随着"绿色建筑""低碳"等理念的深入推广，部分具有较强设计、开发能力的房地产企业在这些领域优势更加突出，并可以实现从设计到管理、运营等一体化全过程服务，未来从事该类代建的空间也十分充足。

3. 资本代建

随着金融创新政策及模式成熟，资本代建未来也将有更多发展机遇。当前，代建企业与大型金融机构联手，在引入金融机构资本及化解房地产不良资产领域深入合作，在此过程中，代建方获得代建服务和项目投资双重收益，有效提升代建业务回报率。

国内已经出现一批经验丰富、专业能力突出的房地产金融公司。如光大安石经过逾十年在境内外不动产投资领域的精耕细作，已经形成了包括股权投资、结构化投融资、不动产资产证券化等在内的多条成熟产品线。截至2023年底，其存续资产管理规模约468亿元，为金融资本介入房地产市场发挥了重要作用。

在此背景下，金融机构有充足动力引入专业的代建方来增加投资渠道并盘活房地产类不良资产。未来，随着政策完善及金融创新的持续推进，银行、保险等金融资本，以及无法在传统行业获取可观回报的社会资本也会有机会进入代建领域，资本代建也将迎来发展期。

三、代建市场未来发展趋势

近年来，随着房地产市场深度调整，房企积极探索新发展模式，房地产代建领域获得了较快发展，房企纷纷成立代建平台，寻找新的业务增长点。房地产企业的纷纷入局，也将带来激烈的市场竞争，面对竞争，房地产代建未来将呈现战略化、品牌化、专业化和特色化四大发展趋势。

1. 战略化：实施"轻重并举"业务战略，代建是战略支撑

近年来，房地产行业进入深度调整期，房地产企业高负债、高杠杆、高周转模式难以为继，政府倡导构建房地产发展新模式。在此背景下，房地产企业纷纷实施"轻重并举"战略，其中，代建具有轻资产、抗周期性等特征，是"轻资产"业务的重要战略支撑，受到房企青睐。据统计，目前已超过百家房地产企业涉足代建领域。如龙湖龙智造、新城建管和幸福安基均是2022年成立的代建品牌。其中，龙湖看好代建未来发展，并且有很强的"逆周期"特性，因此积极参与代建业务。新城控股在房地产行业深度调整期间，在过往轻资产代建摸索经验的基础上，持续探索新发展路径。为顺应政府、合作方和购房客户在行业发展新形势下的需求，整合集团能力与资源，成立了专注于房地产代建代管领域的业务平台新城建管。2022年7月，华夏幸福将业务分为六大核心板块，每项业务均形成各自的轻重结合的新业务体系，成立幸福安基作为代建的品牌。滨江集团2010年便介入商业代建，后期由于代建波及自身品牌，开始弱化代建业务。2023年8月，滨江集团完成团队组建，再次踏足代建领域，通过品牌影响力进一步向外延伸，将代建业务作为新增长点，轻重并举，以抵御当前下行的行业风险。

2. 品牌化：提升品牌影响力，带动业务发展

房地产代建本质是品牌输出，品牌作为双方信任的基础，在代建领域尤为重要。一方面，积极提升代建品牌影响力，确立行业标杆地位，有助于带动代建业务拓展。同时，2021年以来，部分房地产企业陷入流动性危机，在寻求自救的过程中，部分专业领域优势强的企业成立代建公司。对于此类品牌受损企业，需剥离原有主品牌，创立新代建品牌，以降低品牌受损带来的不利影响。另一方面，房地产代建企业需格外重视自己的羽毛，夯实自身产品品质，提升项目甄别和风险管控能力，避免代建过程中因内外部因素造成的品牌受损。

3. 专业化：提升专业能力，加强业务标准化和数字化

为在激烈的市场竞争中保持优势，优秀代建企业特别是头部代建企业通过标准化和数字化，创新发展模型，加强经营管理能力，不断提升专业能力和服务能力。如绿城管理发布"M登山模型"和"绿城M" APP，从六大营地、23个服务节点动作，指导代建团队在服务全过程中与委托方建立牢固的信任关系，以规范化、流程化的专业服务，确保项目经营兑现度。中原建业2022年12月成立了"城市合伙人理事会"，以一种全新的商业制度模式，开阔了代建合作的空间，迄今已进行了3次集中签约。2023年9月，中原建业正式对外发布全新的代建信赖体系——中原建业代建C平台，在品牌溢价能力、管理红利能力不断叠加的基础上，构建新模式和新逻辑。金地管理专注于服务力的打造和提升，率先在行业内建立了体系化的服务标准和模型，打造出"服务金三角"模型，包括委托方驾驶舱、《委托方服务白皮书》《代建服务质量体系》，持续升维代建服务力，引领代建行业服务力标准革新，为委托方提供优质服务。龙湖龙智造以数字化能力为底座，围绕虚拟建造、客户驾驶舱、智慧工地等数字化技术，实现全建造链条的数字化场景融合赋能，提升复杂项目的管理效率。未来，更多房地产代建企业或将制定符合自身特色的代建标准化体系和模型，为加速项目拓展、提升管理效率等提供数字化支持。

4. 特色化：发挥特色能力优势，以特色代建进行突围

当前，代建领域竞争日益激烈，部分房地产代建企业在产业、文旅、绿色住宅等领域通过特色代建进行突围。其一，部分代建企业依托自身综合开发能力和片区打造经验，在城市片区统筹开发运营中，具有代建核心优势，形成一定的专业能力壁垒。其二，房地产代建企业依托自身已有的上下游产业链的资源优势，以及成熟业态打造的经验和管理模式，通过"前期咨询、招商招才、规划设计、成本管控、工程管理、园区运营"等全流程管理，代建产业园、特色小镇等项目，实现特色品牌输出。其三，房地产代建企业凭借优秀的管理能力、专业的技术支持和敢于创新的尝试精神，在商办、酒店等领域打造专业代建品牌。其四，房地产代建企业聚焦于绿色科技等领域，为商品住宅代建注入差异化要素，依靠差异化建立品牌优势，赢得广阔市场空间。

第二节 房地产代建的问题与痛点

我国房地产代建目前仍处于初期发展阶段，房地产代建企业在代建领域探索过程中，依旧面临一些问题和痛点，其中包括以下几点。

（1）无统一代建法律法规，代建双方权责界定难。从目前国家及地方政府出台的一些与代建制相关的法律法规和政策来看，均存在地方性和片面性，未形成国家的法制体系对代建制进行明确。代建主体在实施项目全过程代建时，其法律主体地位一直处于项目服务咨询机构和业主单位之间游离，没有明确界定代建单位独有的项目法人地位，从而出现较大的法律纠纷风险

和经济合同风险，给整个代建项目的目标实现带来很大的不确定性。

（2）代建企业参差不齐，代建品质难有保障。当前，入局代建的房地产企业日益增多，但是，由于企业资质千差万别，管理经验各异，代建项目品质也难得到保障，不仅会对企业自身的业务开展造成损害，甚至会影响到行业对代建的认知。

（3）房地产行业下行，代建项目营利性受到考验。随着入局者增加，近年来代建费率持续压缩，非常考验代建企业的成本管控能力，一旦出现成本溢出问题，则可能会带来项目亏损的风险。同时，若经营的不好，亏损的概率也会增加。尤其是当前低迷的市场环境下，如果选择项目的专业能力不足、市场研判能力不够、经营测算和管理能力不足，尤其是对项目的策划定位不准，客户模型做不好，没有能力为委托方创造价值，代建企业亏损可能性巨大。

（4）代建企业服务意识差，难为委托方实现价值变现，影响代建口碑。代建行业是服务业，房企的开发能力不代表代建能力，要深刻理解委托方的需求，并及时满足，为委托方实现价值变现。虽然房地产代建多是一次性合作（除非委托方拥有多宗土地需要多次代建，可能产生复购），但是代建的本质还是品牌输出，品牌口碑才是代建企业的核心竞争力。优秀代建企业可以不断通过项目打造行业内口碑，提升项目获取机率。

第三节　房地产代建行业风险与防范

机遇之外，代建市场发展也存在着一定的风险。尽管近年来各地相继出台代建相关政策推动代建制的实施，但总体而言，我国代建制起步较晚、制度不够健全、管理经验相对缺乏，而且，代建制管理的项目大多投资大、持续时间长、参与方操作流程复杂，导致代建市场存在一定的风险。目前，关于代建行业的风险主要包括两个角度，一是业主方的角度，主要包括代建制度风险、代建单位选择风险、代建主体风险等；二是代建方的角度，主要包括业主方的风险、政策和制度风险、工程管理风险等。本书主要从代建方角度对代建行业风险进行分析，并结合实际提出相应的风险防范对策。见图6-1。

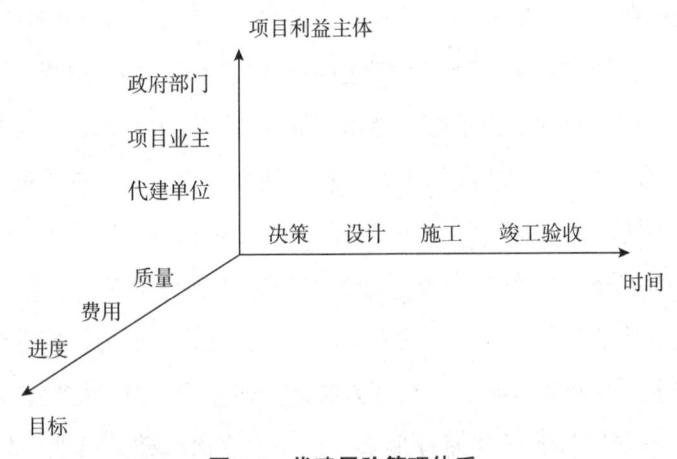

图6-1 代建风险管理体系

具体来看，目前国内房地产代建行业的风险主要体现在如下几个方面。

一、外部风险

1. 政策及制度风险

政策及制度风险是指由于各种制度不够完善而引起的管理不够规范和政策制度变化概率大的风险。从目前国家及地方政府出台的一些与代建制相关的法律法规和政策来看，均存在地方性和片面性，未形成国家的法制体系对代建制进行明确。代建主体在实施项目全过程代建时,其法律主体地位一直处于项目服务咨询机构和业主单位之间游离,没有明确界定代建单位独有的项目法人地位,从而在进行项目建设程序办理审批和合同履行时处于被动地位。此类风险出现的主要原因仍然是国家相关法律体系未健全所致,在代建单位进行合同履行过程中阻力重重,从而会出现较大的法律纠纷风险和经济合同风险,给整个代建项目的目标实现带来很大的不确定性。

此外,国家对房地产行业融资政策的调控对业主方的融资工作影响较大,收紧的融资政策会使得业主方资金链紧张,出现现金流风险。对于代建项目而言,后续建设资金无法保证,给代建方带来极大的风险,使得企业无法承担项目建设投资资金缺乏的风险,从而导致代建项目停工。

2. 房地产市场风险

房地产市场风险是指在房地产交易变现所需的期间内,由房地产市场价格、供求关系等因素的变化,以及房屋价格与借款人收入之间的情况变化而形成的交易市值发生负面变化的风险。国际国内环境的变化莫测、居民收入预期的变动等都可能导致房地产市场价格出现下跌,或供过于求的风险,而代建作为房地产行业发展的新兴细分领域,尤其是商业代建无疑深受影响。

二、内部风险

1. 代建参与主体风险

目前,房地产代建市场上参与代建的企业主要是以大型的全国性房企和具有较强品牌影响力的区域型房企构成。参与者不多,参与主体差别也较为明显，且商业模式仍处于持续的探索和创新阶段，市场的不确定性较大。

对于业主方来说，一旦业主单位建设资金出现不足导致后续资金无法正常支付，其项目的设计、施工、监理及采购等环节均会因为资金短缺而停止，甚至出现大范围的履约风险，面临下属单位的起诉风险。建设资金短缺还会造成项目工期的增加，承包商的索赔导致投资成本增加，若资金缺乏无法及时解决，或将出现项目交付难风险，对于业主单位及代建单位的社会声誉及品牌均会带来负面的影响。对于代建方来说，如果代建企业代建项目出现施工质量等问题，同样也会给代建企业品牌形象带来一定的负面影响。同时，随着行业的发展和技术、观念的转变及革新，对于房地产代建参与企业也提出了更多的要求，需要参与主体不断因势利导、强化自身，在愈发激烈的市场竞争中脱颖而出。

2. 委托—代理风险

从委托—代理关系来看，房地产代建行业的风险主要集中在委托方干预风险、政府干预风险以及履约风险三个方面。委托方干预风险方面，由于委托方和代建方在产品开发理念、管控理念以及后期营销等环节不可能完全一致，委托方可能对项目的设计、实施、销售和收尾进行干涉，双方在多个环节将出现分歧，往往导致项目难以推进或中途解约。政府干预风险方面，由于政府规划调整带来的设计、工程调整、进度干预等风险在政企合作中仍屡见不鲜。政府换届、领导变更、规划调整、进度干预等都会对项目造成一定影响。尤其代建企业相对弱势的谈判地位，更需要谨慎对待政府干预项目的风险。合作履约风险方面，委托方和代建方一方或双方对项目的理念、付款、团队管理等往往存在偏差，因此在项目执行过程中合同履约风险随时存在。

三、风险防范策略

1. 健全相关法律体系，强化政府集中管理

首先政府应健全代建制的相关法律法规，使得项目实施全过程有法可依，从而减少纠纷，维护各方利益。其次，政府部门应加强集中管理，更加便于宏观调控，统筹安排资金使用。如美国政府投资项目基本集中在住宅与城市建设部、交通部、总务管理局等几大部门；日本由国土交通省管理；香港政府则全部由工务局统管。

2. 进行融资风险评估，有效降低资金风险

首先，代建单位在签订代建合同之前，必须充分地调查研究项目建设资金来源以及资金落实情况。全面了解建设单位的财务状况，结合项目投资及分解计划，要对其资金来源方式及支付方式等内容严格约定于代建合同中去。利用其合同条款约定，出现资金不足甚至引起损失时，代建单位必须利用法律手段进行索赔维权。其次，对于业主单位的资金来源渠道，代建方要结合国家相关融资政策，提前进行融资风险评估，有效降低资金风险。

3. 严格开展合同条款审核工作，明确合同条款权责利相关约定

对于合同风险，双方在合同订立时，应对合同审核工作进行严格控制，应在代建合同中清晰约定各方的责权利，借助合同分配风险。对于项目材料认质认价、委托方决策指令等流程进行明确说明，对工程变更、延期原因等所造成的费用变更的计算方式进行明确。缕清管理流程，加强精细化管理，将合同管理过程中可能出现的风险进行回避，或采用约定的技

术措施降低风险，从而保障双方利益最大化。此外，代建方须优化项目拓展渠道，优先选择信誉度高、执行力强的政府机构，同时选择土地、规划条件明晰的合作项目，并尝试建立"政府－委托方－代建方"三方合约机制，增加项目顺利执行的强制性保障，降低项目不确定性。代建企业必须严格落实各项法律法规和技术标准，与有关部门开展密切合作。

4. 提升代建企业水平，提高风险防范能力

与发达国家不同，我国专业化分工尚未达到成熟阶段，同时独立第三方机构仍没有能力对项目开发的各类资源进行有效整合，因此现阶段的第三方代建更多的是依托于房地产开发企业旗下的第三方平台，在项目开发设计各环节仍有较高的依赖性。因此，我国房地产代建企业应继续强化综合服务能力，向产业链前后两端进行服务延伸，在品牌输出和管理输出的基础上，打造综合化服务平台。

此外，代建方应主导"地产＋金融"合作，强化创新，严防风险。地产基金是放大地产企业经营能力的杠杆，能够较大解除管理者的资本约束，在不同约束条件下会产生不同的结果。在流动性高的市场环境中，财务杠杆收益远远大于经营杠杆收益，金融投资人往往成为主导，利用地产管理团队来获取资产和管理资产，从而赚取资产升值收益。反之，当流动性紧缩时，资产价格下行，项目收益将大幅缩水，地产基金也将面临收益难以覆盖融资成本。例如，奉行纵向一体化的铁狮门公司利用地产基金模式，以不到5%的资本投入，通过提取地产开发链条各个环节的相关管理费和参与旗下地产基金超额收益的分配，分享了地产项目40%以上的收益。然而，2008年以来，由于在地产高峰期收购物业的价格过高，铁狮门旗下多个基金出现严重亏损，甚至一度陷入债务危机。因此，地产企业如何在与金融机构的合作中抵御诱惑，把控主导地位，控制财务杠杆，成为其能否长期存在的关键。

参考文献

[1] Srabana Gupta, Richard E.Romano.Monitoring the principal with Mutiple Agents[J]. *Rand journal of Economics*.1998, 29（2）: 427~435

[2] Khaled Al-Reshaid, Nabil Kartam.Design-build pre-qualification and tendering approach for pubic projects[J].*International Journal of Project Management*, 2005（4）: 309~320

[3] Almohawis.Soliman A.Al-Sultan, Ahmad S. Building Research and Informantion, London: *Chapman&Hall Ltd*, 1994, 211~213

[4] Grossman S and O Hart. An Analysis of the Principal-Agent Problem[J].*Econometrica*.1983（51）: 7~45

[5] Abdulaziz A Bulshait.Incentive/disincentive contracts and its effects on industrial projects. Int.[J].*Project Mgmt*.2003（21）: 63~70

[6] Bower D, etal. Incentive mechanism for Project suceess.[J].*Mgnt.in Engrg*.2002（1）: 37~43

[7] Dewatripont M Jewitt I Tirole J.Multitask agency ploblems: focus and task clustering[J]. *European Economic Review* 2000（44）: 869~877

[8] M.Bertolini, Application of the AHP menthodology in making a proposal for a public work contract[J].*International Journal of Project Management*. 2006（24）: 422~430

[9] Donald S. Barrie, Boyd C. Paulson Jr. *Professional construction management*[M].Oxford: [England] Malden, MA, 1997.

[10] 本刊编辑部.房地产转型轻资产模式分析[J].城市开发,2015(06).

[11] 陈静文.德国房地产开发程序对我国的借鉴意义[J].德国研究,2007(3).

[12] 陈志华,成虎,周红.代建制的风险分析与控制策略[J].经济问题,2006(4):26~27.

[13] 崔宏轶.政府投资工程集中代建管理模式的改革研究[J].河南机电高等专科学校学报,2006(4):44~47.

[14] 方俊,徐武建.政府投资工程代建管理模式研究[M].武汉:武汉理工大学出版社,2007.

[15] 房地产标杆企业研究:铁狮门——基金开起地产金融发动机[R].高通智库,2013.

[16] 冯小雨.中国一种可能的商业地产金融模式研究——以凯德置地为例[D].北京:对外经济贸易大学,2012.

[17] 郭留洋.政府投资项目代建制管理模式研究[D].天津大学,2006.

[18] 郭敏,覃琪,秦义春.英国住房金融政策演变、现状及启示[J].区域金融研究,2013(9).

[19] 国务院.国务院关于投资体制改革的决定(国发(2004)20号),2004.7.

[20] 郝建新,尹贻林.美国政府投资工程管理研究[J].技术经济与管理研究,2003.

[21] 何新华,胡文发.引入代建制推进工程管理体制创新[J].中国水运,2002(5):32~35.

[22] 胡昱,严竞浮.政府投资项目管理的新模式——代建制[J].北京建筑工程学院学报,2003,(3):87~90.

[23] 黄晓云.房地产项目开发中代建制管理模式思考[J].工程项目管理,2006(4):115~118.

[24] 积水住宅.可持续发展报告2016[M].日本:积水住宅,2016.

[25] 纪茂全.代建制在房地产开发项目中的应用研究[J].项目管理技术,2003(12):98~101.

[26] 柯洪.基于企业代建模式的公共项目管理绩效改善研究[D].天津:天津大学,2007.

[27] 乐加栋等.万科的下个十年：小的也是美好的——借鉴铁狮门与凯德置地谈小股操盘[R].广发证券，2014.

[28] 李彪，柴红锋.基于改进模糊优选模型的代建单位评选方法研究[J].河海大学学报（自然科学版）2006（3）：231~234.

[29] 李俊夫，李玮等.新加坡保障性住房政策研究及借鉴[J].国际城市规划，2007（4）

[30] 李求军.房地产开发：从"香港模式"到"美国模式"[J].中国房地产，2008（8）.

[31] 李玉.我国商业地产转型轻资产运营模式的研究[D].北京：北京交通大学，2015.

[32] 李越梅，刘迪.代建制激励与约束机制模型的构建[J].辽东学院学报，2008（3）：173~175.

[33] 辽宁立杰咨询有限公司.项目代建制的制度、管理与实践[M].北京：机械工业出版社，2007.

[34] 林作明，王萍.政府性投资项目代建模式探讨[J].财政研究，2009（7）：26~29.

[35] 龙昊.房企转型发力轻资产模式[N].中国经济时报，2016.

[36] 路宏达.美德日房地产信托的启示[J].工业技术经济，2007.

[37] 吕乃基，兰霞.微笑曲线的知识论释义[J].东南大学学报（哲学社会科学版），2010（3）.

[38] 聂梅生.房地产要抓住微笑曲线的两端[J].中国房地产业，2014（8）.

[39] 潘颖.非经营性政府投资工程建设项目代建制管理模式研究[D].济南：山东大学，2011.

[40] 苏斌.政府投资项目代建制激励机制设计[J].技术与方法，2009（2）：116~119.

[41] 王博学.基于代建模式的我国房地产企业财务战略研究[D].长春：吉林财经大学，2014.

[42] 王容.房地产开发产业链专业化分工与集成化整合模式研究[D].重庆：重庆大学，2012.

[43] 王润.关于房地产公司从事项目代建管理的思考[J].科技信息，2010（13）.

[44] 王新征，马可栓.政府投资项目代建制存在问题与对策研究[J].南阳师范学院学报，2010（1）：22~26.

[45] 乌云娜，牛东晓. 政府投资建设项目代建制理论与实务 [M]. 北京：电子工业出版社，2007.

[46] 香港特别行政区政府统计处. 2014年屋宇建筑、建造及地产业的业务表现及运营特色的主要统计数字 [Z]. 香港特别行政区政府统计处，2015.

[47] 徐江闩. 我国代建制管理模式改革研究 [D]. 重庆大学，2006.

[48] 严玲，尹贻林. 政府投资项目代建制绩效改善途径：基于项目治理的观点 [J]. 水利水电技术，2006（1）：98~103.

[49] 杨林生，钟才根，何锡兴. 工程建设项目代建制的现状与发展问题 [J]. 建设监理，2005（1）：35~38.

[50] 叶陶. 代建制管理模式在房地产项目开发中的应用研究 [M]. 武汉：武汉科技大学，2012.5.

[51] 尹国森. 房地产商业代建模式研究及风险防范 [J]. 管理方略，2013（4）：158.

[52] 曾国华. 代建制下激励机制问题研究 [J]. 项目管理，2009（5）：67~70.

[53] 张华平，马燕，阮斐. 政府投资工程实施方式代建制改革研究 [J]. 建筑经济，2004，（12）：23~30.

[54] 张华平. 代建制：改革政府投资项目的管理 [J]. 城市管理，2004（1）：48~51.

[55] 张雷. 凯德置地"双基金"玩转地产 [J]. 房地产导刊，2011（7）

[56] 张伟，周国栋. 实施投资代建制的几点思考 [I]. 宏观经济管理，2006（7）：57~59.

[57] 张玥. 新型城镇化背景下我国房地产开发模式转型研究 [D]. 济南：山东师范大学，2015.

[58] 赵阿敏. 政府投资项目代建制模式比较与优化研究 [D]. 天津：天津大学，2014.

[59] 周国栋. 政府投资项目代建制改革研究 [J]. 建筑经济，2005（4）：20~28.

[60] 周义. 英国的房地产市场与住房政策及其启示 [J]. 学术研究，2003（6）

[61] 朱俊文，刘共清，尹贻林. 政府投资工程管理方式的国际管理 [J]. 中国工程咨询，2002（11）

[62] 宋卫平：让更多的人住上好房子. 新浪网 http://finance.sina.com.cn/chanjing/